중국 시장
브랜드 전략

중국 시장
브랜드 전략

| 박종한, 김민수 지음 |

THE BRAND STRATEGY IN CHINESE MARKET

궁리
KungRee

브랜드가 중요하다!
(Brand Matters!)

"처음부터 브랜드에 관심을 가지고 매력적으로 키워나가야 합니다."
중국 시장 진입에 성공한 기업의 경영자들이 이구동성으로 하는 말이
다. 제품의 품질이나 기능을 넘어 브랜드가 주는 무형의 가치를 극대화
할 때 그것이 곧 매출과 기업의 성장으로 이어진다는 말이다. 브랜드를
잘 구축하지 않고서도 시장에 진입할 수는 있겠지만, 브랜드를 제대로
구축하지 않고 장수하는 기업은 없다. 독특하고 가치 있게 자기만의 브
랜드를 가꾼 기업과 그렇지 않은 기업의 운명은 판이하게 달라진다.

　기술이 발전하면서 제품 간의 차이는 갈수록 줄어들고 있다. 따라서
세계적인 다국적 광고회사 오길비앤드매더의 회장 셸리 라자루스의 말
대로 '이제는 브랜드 싸움'이다. 제조업자들은 제품을 팔지만 소비자
는 브랜드를 산다. 강력한 브랜드는 무한한 가치를 지닌 성공의 지름길

이다. 브랜드의 구축은 중국 시장에 진입하기 전부터 시작되어야 한다. 그 첫걸음을 어떻게 떼어야 하는지, 구체적으로 무엇을 어떻게 해야 하는지 궁금하지 않을 수 없다. 이 책은 그 길을 안내하는 나침반이 될 것이다.

중국 시장의 매력은 끊임없는 성장에 있다. 대도시를 중심으로 소비자의 구매력이 지속적으로 향상됨과 동시에 그 범위가 지방 중소 도시와 농촌으로 확장되고 있다. 그 동안 우리 기업은 대부분 값싼 노동력을 활용한 생산비 절감 차원에서 중국에 접근하였다. 그러나 최근 들어 외국 기업에 대한 우대조치 폐지, 높은 관세, 중국 내 인건비 상승, 중앙 정부의 노조 활동 지원에 따른 사업 환경의 악화 등으로 중국은 생산 기지로서의 장점을 점차 상실해가고 있다. 반면 세계 최대의 인구를 배경으로 한 소비 시장의 활력은 전세계 어느 지역도 따라오기 어렵다. 이에 따라 현지에서 생산 설비를 갖추고 현지 시장 공략에 나서는 기업들이 점차 늘고 있다. 시장의 관점에서 중국에 접근할 때 떠오르는 중요한 화두 중 하나가 브랜드다.

또한 중국 시장 환경이 변화하자 브랜드의 중요성은 더욱 부각되었다. 중국의 시장 상황을 보면, 80년대는 상품만 있으면 팔리는 공급자 중심의 시장이었다. 90년대 접어들어 대부분의 제품에 공급 과잉 현상이 연출되면서 경쟁이 극도로 심화되었다. 이 과정에서 날로 똑똑해져 가는 소비자들에게 어떻게 하면 자기 제품을 제값 받고 팔 것인가 하는 문제가 초미의 관심사로 떠올랐다. 시장에서 자리를 잡고 오래도록 중국인들에게 사랑받는 제품으로 남으려면 그들의 머릿속에 최고의 브랜드라는 이미지를 심어주어야 한다. 중저가 시장에서는 중국의 로컬 기업과 경쟁해서 매출은 물론이거니와 제대로 수익을 올리기가 쉽지 않다. 가격 경쟁에 있어서는 세계 어느 기업도 중국 로컬 기업의 상대가 될 수 없다. 잭 트라우트가 말했듯 '차별화된 가치를 제공하지 못한다면 싸게 팔 수밖에 없는데' 가격 인하 경쟁으로 내딛는 순간 중국 로컬 기업의 저가 공세에 몰려 속절없이 침몰하게 되어 있다.

이처럼 브랜드의 중요성에 대한 인식이 갈수록 높아지고 있지만 중국 진출을 코앞에 둔 기업들 대부분이 중국 시장에서 브랜드 관리를 어떻게 해야 하는지, 브랜드를 강화하려면 어떤 문제를 해결해야 하는지, 구체적으로 어떻게 추진해야 하는지에 대해 명확히 알지 못하는 경우가 많다.

브랜딩은 인식의 싸움이다. 실제의 모습도 중요하지만 소비자들의 마음속에 어떻게 인식되느냐가 훨씬 더 중요하다. 파워브랜드란 목표시장에 더 높은 가치를 제공할 수 있고 고객의 니즈를 더욱더 만족시키는 것에 기반을 둔다. 고객의 니즈를 충족시킬 수 있다면 어떤 브랜드든 파워브랜드가 될 수 있다. 예컨대 한국의 고급 제품이 반드시 중국에서도 고급 제품으로 대우받는 것이 아니듯 한국에서 저가 제품이라고 해서 중국에서도 같은 대우를 받는 것은 아니다. 어떤 제품이든 중국 시장에서 소비자들에게 어떻게 인식되느냐에 따라 그 가치가 정해진다. 고급 브랜드로 인식시키면 그렇게 인식할 것이고 저급 브랜드로 인식시키면 역시 저급 브랜드로 인식할 것이다. 한국에서 중저가 브랜드였던 이랜드가 중국 시장에서는 오히려 고가 브랜드로 리포지셔닝함으로써 시장 진입에 성공한 사례를 보라. 고급 브랜드로의 성공은 고급 이미지를 통해 소비 심리를 사로잡은 결과일 뿐이다.

한국 시장에서와 마찬가지로 중국 소비자에게 강력한 브랜드로 자리 잡기 위해서는 먼저 브랜드 아이덴티티(Brand Identity)를 정립해서, 네임(name), 로고(logo), 패키지(package), 가격(price), 광고(advertisement), 판촉(promotion) 등 다양한 브랜딩 요소에 일관되게 적용하고 각 요소의 진단 및 평가를 통해 기존 아이덴티티를 강화 또는 수정해가야 한다.

이 책은 많은 중국 브랜딩 프로젝트를 수행하면서 필자들이 얻은 현장 경험을 바탕으로 중국 시장에 진출하는 한국 기업의 성공적인 브랜딩을 돕기 위해 집필한 것이다. 아직 부족한 점이 많지만 이 책의 발간을 서둘렀던 것은 브랜딩 전략에 대한 현장에서의 요구 때문이었다. 가급적 쉽게, 그리고 사례를 들어 현장에 바로 적용할 수 있도록 설명하려고 노력했다. 그 과정에서 중국어로 된 네임이나 슬로건을 만나게 되겠지만, 일일이 발음과 의미를 달아놓은 만큼 내용 파악에 어려움은 없을 것이다.

이 책이 세상에 나올 수 있도록 도움을 주신 많은 분들께 감사를 드리고자 한다. 중국 현지의 시장 및 문화와 관련하여 집필 당시 중국에 있던 김석영, 송지현, 정소영 교수와 메타브랜딩 중국 지사의 팀원인 위앤펑과 네이미스트 주쉬샹으로부터 많은 도움을 받았다. 최호칠 팀장은 업무에 쫓기면서도 중국의 상표법과 상표 분쟁에 관한 질문에 대해 매번 실시간으로 관련 자료를 보내주고 응답을 해주었다. 메타브랜딩 중국사업부의 김주리 팀장과 조명희 연구원은 틈틈이 원고를 읽으며 조언을 하는 한편, 이 책에 실려 있는 도표와 그림과 사진 자료를 수집하고 정리하는 일에 많은 시간을 할애해주었다. 이화영 선생이 없었다면 이 책이 이렇게 넓이와 함께 깊이를 지니고 세상에 얼굴을 내밀수 있었을까. 이 책을 짜임새 있고 아름답게 꾸미는 데 궁리출판사가수고를 해주셨다. 끝으로 이 책의 출판을 마음으로 격려하고 지원해주신 (주)메타브랜딩 식구들과 박항기 대표에게 감사의 말씀을 전한다. 아프리카 속담에 이런 말이 있다고 한다. "빨리 가고 싶으면 혼자서 가라. 멀리 가고 싶으면 함께 떠나라." 아주 작게 시작했지만 길을 가면서 많은 이들을 만났고 그들이 지금은 동행자가 되었다. 그리하여 이제까지 걸어온 길보다 훨씬 더 멀리 많은 곳을 여행할 수 있겠다는 믿음이 생긴다.

필립 코틀러가 말했듯 "마케팅의 핵심은 브랜드 구축에 달려 있으며, 브랜드를 구축하고 관리하는 것이 마케팅의 시작이자 끝이다." 지금 이 시각에도 중국의 곳곳에서 고군분투하는 한국의 기업인들이 보다 장기적인 브랜드 전략을 갖추는 데 이 책이 도움이 되었으면 한다.

2008년 8월

박종한 · 김민수 씀

**차
례**

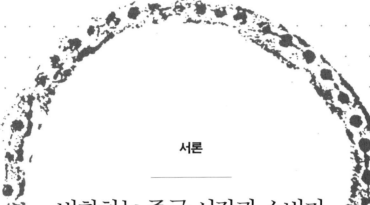

서론

변화하는 중국 시장과 소비자

중국의 소비자들은 예전에 비해 브랜드를 훨씬 더 중요하게 생각한다. 1970, 80년대의 중국 소비자는 상품을 구매할 때 가격이나 품질을 중요한 고려 요인으로 삼았다. 이왕이면 품질 좋은 제품을 값싸게 구하길 바랐던 것이다. 그런데 최근 조사에 따르면 소비자의 구매 고려 요인 중 브랜드와 디자인 등 제품 외적 요소의 중요도가 점점 커지고 있다. 베이징브랜드자산평가회사(北京名牌資产评估公司)에서 2005년에 실시한 소비자 조사에 따르면 이러한 변화를 분명히 알 수 있다. "상품을 고를 때 보통 무엇을 가장 먼저 따집니까?"라는 질문에 브랜드를 본다는 소비자가 38퍼센트로 제일 많았고, 그 다음이 가격(22퍼센트), 디자인(20퍼센트), 제품 안내(20퍼센트) 순이었다.[1]

　특히 자국 브랜드보다는 외국 브랜드에 대한 선호도가 높아서, 같은 품질이라도 외국 상표가 붙은 제품이 중국 제품보다 몇 배 높은 가격으로 팔린다. 이제는 제품만을 놓고 판단하는 것이 아니라 브랜드를 보고 구매 의사 결정을 내리는 것이다.

이렇게 구매 행태가 바뀐 데에는 두 가지 요인이 작용하고 있다. 하나는 충분한 구매력을 갖춘 중산층의 성장이고 또 하나는 시장에서의 공급 과잉이다.

|

소비자 구매 행태의 변화:

제품 구매에서 브랜드 구매로

오늘날 중국 국민은 유사 이래 가장 부유한 시대를 살고 있다. 역대 어느 왕조에서도 이루지 못한 풍요로운 생활을 다수의 국민이 누리고 있다. 최근의 한 연구보고서에 따르면, 중국은 1700년부터 1900년대 중반까지 1인당 GDP가 구매력 평가 기준으로 6백 달러를 크게 넘은 적이 없다. 장기간 성장 없는 지속을 하면서 먹고사는 문제를 해결하는 게 항상 현안이었다. 신해혁명(1911년)에 의해 청나라가 망한 뒤 이어진 장기간의 혼란기 동안 최저점을 보이다가 덩샤오핑의 개혁과 개방 정책 실시 이후 연평균 8퍼센트의 고도성장을 하면서 중국인들의 실질 소득도 가파른 상승 곡선을 그리게 된다. 문화대혁명이 한창 진행되던 1970년에 구매력 평가 기준으로 783달러였던 개인 소득이 시장 개방 이후 10년이 지난 1990년에 1,858달러로 상승하고, 그로부터 다시 11년 뒤인 2001년에는 3,175달러로 급상승하였다. 다음의 그래프는

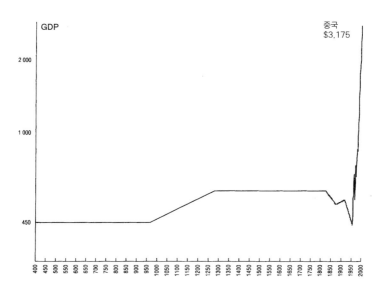

지난 1,600년 간의 경제상황

1,600년 간의 중국의 경제상황을 간략하게 보여준다.[2]

SASI 그룹의 연구 자료에 따르면 중국인의 개인 소득이 2015년이면 1만 3천 달러에 달할 것이라고 한다.[3] 경기변동(Business Cycle)에 따라 굴곡은 있겠지만, 지금으로 봐서는 몇백 년 동안 눌려왔던 성장 잠재력이 덩샤오핑의 시장 개방 정책을 통해 한꺼번에 폭발하여 끝없이 날아오를 것 같은 느낌을 준다.

그렇다면 중국에 충분한 구매력을 갖춘 중산층이 얼마나 될까. 중국 국가통계국[4]에서 제시하는 통계를 그대로 믿기는 어렵지만, 일단 중국 전체 인구의 20퍼센트인 2억 6천만 명은 그런대로 여유 있게 사는 중산층이고, 이 중에서도 전체 인구의 상위 5퍼센트인 6천 5백만 명은 상당한 수준의 구매력과 생활 수준을 갖춘 고소득자로 보는 것이 일반적이다.

이에 비해 미국의 보스턴 컨설팅 그룹과 와튼 비즈니스 스쿨에서 공동 기획한 최근 자료에서는 다소 충격적인 소식을 전해준다.[5] 보고서에 따르면 2004년 중국에서 자산 규모 10만 달러가 넘는 부유층이 159만 가구로, 인구로 환산하면 전체 인구의 0.5퍼센트가 안 되는 5백만~6백만 명 가량이다. 그러나 이들이 소유한 부(富)가 중국 전체의 61퍼센트(8,230만 달러)나 되어서, 나머지 99.56퍼센트의 비(非) 부유층 자산인 5,270만 달러를 훌쩍 뛰어넘는다. 중국은 극소수의 가진 자와 다수의 가지지 못한 자로 구성되어 있어서 중산층이 생각만큼 튼튼하지 못하다는 것이다. 그나마 다행스러운 것은 고도 경제성장으로 해마다 적잖은 중국인들이 중산층으로 상향 이동하고 있다는 점이다. 연간 가구당 소득이 4천 3백 달러에서 8천 7백 달러 사이인 계층을 중산층으로 본다면, 중산층은 전체 인구의 2퍼센트 정도인 2천 5백만 명에서 3천만 명 정도가 된다. 이들이 컬러 TV와 휴대전화, 개인용 컴퓨터, 맥주의 주요 소비층이다.

사실 중산층은 마음가짐이 크게 좌우한다. "당신은 중산층이라고 생각합니까?"라고 물으면 그 대답은 반드시 소득과 비례하지 않는다. 희망이 있으면 버는 것보다 더 많이 지출하고, 그렇지 않으면 많이 벌어도 지갑을 닫는다. 중국의 중산층은 한국이나 일본에 비해 미래에 대해 낙관적이다. 중국 경제는 최근에도 연 10퍼센트대로 성장하고 있으며 그 추세는 향후에도 크게 꺾일 것 같지 않다. 소득의 증가와 함께 미래에 대한 낙관적 전망이 중국의 중산층으로 하여금 기꺼이 지갑을 열게 한다. '위에광쭈(月光族 yuèguāngzú)'라는 말이 있다. '그 달(月)에 벌어서 그 달에 다 써버리는(光) 사람들(族)'이라는 뜻이다. 특히 20대에서 30대 초반의 직장인 미혼남녀 사이에서 보이는 현상이다. 소비의 주력으로 성장하는 이들에게 미래는 더 나은 세계로 활짝 열려 있다.

|

시장의 변화:

공급자 중심에서 수요자 중심으로

과거 60, 70년대 사회주의 계획 경제하에서는 돈이 있어도 물건이 없어서 소비를 할 수 없었다. 일을 열심히 한다고 해서 잉여농산물이나 생산물이 본인에게 귀속되지 않는 상황에서는 소출을 늘리기 위해 노력할 이유가 없었고 이것은 전반적인 생산 수준 저하로 이어졌다. "인간은 인센티브에 의해 움직인다."는 경제학의 격률을 무시한 공산권 사회에서 공통적으로 나타나는 폐해가 중국에서도 나타난 것이다.

꼭 필요한 물건은 사적인 인간 관계(이것을 'guānxi'라고 한다)를 통해 구했다. 개인적인 '관시'를 통해 알음알음으로 일을 처리하는 것을 '뒷문을 통한다(走后门 zǒuhòumén)'고 하는데, 이 말이 생겨난 것도 이때이다. 80년대에 시장을 개방하고 자본주의적 생산 시스템을 도입하면서 외국의 자본과 기술과 공장이 들어오고 토착 기업도 우후죽순처럼 생겨나 제품 생산이 급격하게 늘면서 시장에 물건이 쌓이기 시작했다. 하지만 전반적으로 상품의 질적 수준이 낮아서 웬만큼 형태만 갖추면 만드는 즉시 팔리는 좋은 시절이었다.

물고기가 많은 곳에 강태공이 모이는 법이다. 물건만 만들어놓으면 즉시 팔려나가는 매력적인 시장을 사람들이 놓칠 리 없다. 새롭게 기업가 정신으로 무장한 수많은 사람들이 시장으로 뛰어들었다. 세금 수입의 확대를 노린 지방 정부도 무차별적으로 국내외 기업을 유치했다. 그 결과 중국 전역에서 극심한 중복 투자가 초래되었고, 결국 대부분의 품목에서 공급 과잉 현상이 일어났다. 중국 상무부가 발표한 소비재 시장의 주요 상품 수급에 관한 분석보고서에 따르면 2004년의 경우 조사 대상인 6백 종의 주요 상품 중 무려 74.3퍼센트에 달하는 446종의 상품이 공급 과잉이었다.[6] 공급 과잉은 필연적으로 가격 인하 경쟁으로 이어졌다. 웬만한 품질의 제품으로는 제값 받고 팔기 어려운 상황으로 바뀌었다. 시장의 주도권이 자연스럽게 공급자에서 소비자에게 넘어간 것이다.

공급자 시장에서는 굳이 브랜드 관리를 하지 않아도 매출이 일어나고 수익이 발생한다. 소비자 시장으로 이행하면 상황이 달라진다. 고만고만한 좋은 제품은 지천에 깔려 있다. 이러한 시장에서는 시장의 룰을 소비자가 정한다. 그리하여 소비자들이 원하는 것이 무엇인지를 이해하고 그들이 원하는 것을 제공하는 기업은 생존하고, 그렇지 못한 기업은 도태된다. 뛰어난 품질과 디자인, 서비스 등의 구비는 내수 시장에서 살아남기 위한 필요조건에 불과하다. 소비자는 그 이상의 것을 원한다. 그것이 무엇일까? 그 답을 찾기 위해서는 브랜드를 이해해야 한다. 다음 도표[7]는 중국 시장의 변화와 브랜드에 대한 소비자의 인식 변화를 일목요연하게 보여준다.

:: 패러다임의 변화: 제품 소비에서 브랜드 소비로 ::

	공급자 시장		소비자 시장	
	중앙 계획 경제 시대 1949~78년	시장의 개방 1980년대	경쟁의 과열 1990년대	패러다임의 변화 2000년대
시기별 특징	중앙 정부에서 자원 배분 국가에서 생산 수단 소유	가격 구조 개혁 소유 구조 개혁 시장의 개방	동종 품목의 공급 과잉 치열한 경쟁 시장의 세분화 소비자 기호의 변화	소비자의 요구가 많아짐 프랜차이징의 증가 로컬 기업의 성장 WTO 가입 이후 경쟁의 국제화
주요 성공 요인	목표 생산량 달성 정치적·사회적 목적에 부응	억압되었던 수요를 만족시키기 위한 기술과 자본의 획득	기업의 규모 키우기 브랜드 자산 가치 증대	제품 단위의 브랜드 구축 고부가 가치 제품으로의 전환 장기적인 관점에서의 광고와 브랜딩 전략 글로벌 브랜드 육성

자료 출처 : Schlevogt, Kai-Alexander의 "The Branding Revolution in China" (China Business Review, May~June, 2000, p.54)를 바탕으로 《LG주간경제》(2001. 6. 6)를 참조하여 작성함.

브랜드와 브랜딩

이제까지 특별한 정의 없이 써온 브랜드와 브랜딩이란 말의 개념을 정리해야 할 때가 되었다. 미국마케팅협회(AMA)의 정의에 따르면 "브랜드란 소비자로 하여금 판매자 또는 판매자 집단의 제품이나 서비스를 식별하고 경쟁자의 제품이나 서비스를 구별하도록 의도된 이름, 용어, 심벌 디자인 또는 이것의 조합"이다. 여기서는 브랜드의 눈에 보이는 측면만을 언급하고 있는데, 실제 브랜드는 눈에 보이지 않는 추상적인 영역까지 포함하는 개념으로 이해해야 한다.

브랜드는 무엇보다도 신뢰, 즉 믿고 살 수 있는 표시이다. '브랜드(brand)'라는 단어의 기원은, 고대 노르웨이의 농장주들이 소유자를 표시하기 위해 자신의 가축의 엉덩이에 낙인을 찍었다는 'brandr'라는 말에서 유래했다는 데 대체로 동의한다. 이 말이 변해서 'brand'로 되었다는 것이다. 특정 제품이 누구의 것인지 표시하고 알리기 위한 목적에서 나왔다는 것은 곧 브랜드의 본원적 기능이 '신뢰'라는 점을 설명한다. '이 제품은 누가 만들었으니 믿을 수 있다. 이 제품에 이상이 생기면 그에게 찾아가면 되겠다'는 믿음을 주는 것이 브랜드라는 것이다. 물론 신뢰를 기반으로 하지 않고도 원하는 이미지를 전달할 수는 있겠지만, 신뢰가 전제되지 않으면 그 이미지가 구매로 이어지기는 어렵다.[8]

브랜드라는 말이 처음에는 소유자를 명시하는 데서 시작되었지만 현대에 오면서 가리키는 범위가 소비자의 경험과 의식 세계까지 포괄하는 쪽으로 확장되었다. 단순히 한 기업의 제품이나 이름을 가리키는

'Brand'

'Product'
범위
속성
사용
품질 / 가치
기능적 혜택

브랜드 철학

브랜드 심볼

브랜드 개성

브랜드 솔루션

브랜드 문화

브랜드 징글

속성적 효익

사회 공헌 효익

감성적 효익
자기 표현

HONDA The Power of Dreams
환경과 사회 공헌을
함께 생각하는 기업

Ninja
도전과 창조, 다양한
분야를 개척하고 창조

SSAMZIE
한뼘 갤러리,
싸지길 등을 통해
문화와 패션을 접목

LOCK&LOCK
신개념 밀폐 용기
속성을 전달

BMW
즐거움,
운전자에게 기쁨과
성공의 이미지를 전달

유한킴벌리
환경,
자연을 생각

Apple
브랜드 심볼

hp invent
HP의 혁신, 개발을
심볼 맞의 슬로건을
통해 전달

intel inside
B2B 기업이지만,
인텔 인사이드 징글을
통해 소비자에게
친근하고 쉽게 인지

것만이 아니라, 그 제품을 구매하고 사용하는 과정에서 얻게 되는 '특별한 느낌, 신뢰, 자기 과시, 자부심, 존재의 표현' 같은 경험까지 브랜드의 일부로 봐야 한다는 의견이 지배적이다. 앞의 이러한 브랜드의 속성을 잘 보여준다. 브랜드는 제품(product)과 관련된 제반 정보를 기본 바탕으로 하여 그것으로부터 발산되는 다양한 이미지를 자신의 모습으로 포함하는 폭넓은 개념이다. 즉, 브랜드는 '이름, 용어, 심벌 디자인 또는 이것의 조합'을 넘어서 소비자가 향유하고 느끼는 다양한 혜택과 이미지까지 포함하는 개념으로 이해해야 한다. 그러므로 앞에서 미국 마케팅협회에서 내린 브랜드에 대한 정의는 좁은 의미에서 브랜딩의 출발점을 명시한 것으로 이해하면 된다.

강력한 브랜드는 소비자에게는 믿음, 위험으로부터의 보호, 자부심, 의사 결정의 간소화, 의미 부여 등의 가치를 제공하고, 기업에게는 프리미엄 가격, 매출 증대, 자매품의 매출과 마케팅 비용의 감소, 유통 지배력, M&A시 화폐 가치 등을 제공한다.

다음은 (주)메타브랜딩에서 만든 Brand Circle Model™이다. 이에 대해서는 제2부에서 자세히 설명할 예정인데, 눈에 보이고 손에 잡히는 것부터 마음으로 느끼고 머리로 생각해야 하는 추상적인 것까지 다양한 요소로 구성된다는 것을 알 수 있다.

브랜딩(Branding)이란 이와 같은 브랜드를 기획하고 개발하여 소비자의 마음속에 심어주는 일련의 활동 또는 과정을 일컫는다. 중국어로는 '다짜오 핀파이(打造品牌 dǎzào pǐnpái)'라고 한다. 브랜딩 과정에서는 하나 이상의 브랜드 구성 요소(브랜드 네임, 로고나 심벌 등)를 통해 제품을 '상표화'한 다음, 그 브랜드의 정체성(Identity)뿐만 아니라 제

Metabranding Brand Circle™

품의 디자인과 시장화되는 방식 등을 통해 다른 브랜드와 차별화되는 독특한 컨셉을 창출해야 한다.' 차별화된 가치가 만들어지는 경로는 매우 다양하다. 네임, 디자인, 색채, 광고 등 다양한 요소들이 활용될 수 있다. 예를 들어 우리는 기업이나 제품의 특별한 디자인에 반응한다. 손에 잡히는 코카콜라 병의 날렵한 모습, 베스킨라빈스 간판의 자극적인 핑크색, 맥도널드의 노란 M자. 마치 축구장에서 붉은색 상의를 보고 '붉은 악마'를 떠올리듯 이름 외에 다양한 상징을 보고 해당 제품과 서비스를 떠올린다. 또 이런 것도 있다. 'Just do it', 'Enjoy', '침대는 가구가 아니라 과학입니다', '대한민국 대표브랜드' 등. 이 슬로건들은 각각 나이키, 코카콜라, 에이스침대, 삼성 브랜드와 강하게 연결되어 있다. 인텔 인사이드의 독특한 소리까지 포함하여 이들 모두가 브랜드의 일부이고 전략적으로 활용해야 할 대상이다.

이 책의 구성

이 책은 크게 세 부분으로 구성되어 있다. 제1부인 1장에서 4장까지는 브랜드 구축의 디딤돌이 되는 '네이밍, 로고 디자인, 슬로건 개발 및 상표 등록의 중요성과 절차'에 대해서 다루고, 제2부인 5장에서 8장까지는 중국 시장에서의 브랜딩 프로세스를 전반적으로 기술한다. 제3부에서는 중국 소비자의 구매 행태에 나타날 소비 트렌드를 10가지로 정리하여 보여준다.

1장에서는 중국 시장에서의 브랜드 네이밍에 대해 기술한다. 무슨 일이든 첫 단추를 잘 끼워야 한다. 이런 의미에서 네임을 잘 짓는 것은 대단히 중요하다. 기억하기 쉬우면서 차별화된 네임을 갖는 것이 시장 진입을 앞둔 시점에서 제일 중요한 브랜딩 의사 결정이다. 브랜드 네임은 낚시에 쓰는 바늘(hook)에 비유될 수 있다. 소비자가 상품을 구매하여 사용하고 재구매를 반복하는 과정에서 최종적으로 남는 것은 상품의 이름이다. 따라서 상품의 이름은 독특하고 차별적인 메시지를 담아서 한 번 보거나 들으면 낚시바늘처럼 박혀서 좀처럼 잊지 못하게 만들어야 한다. 이름을 잘 지어놓으면 일단 시작이 순조롭다고 하겠다.

2장에서는 슬로건의 기능과 개발 절차 등에 대해 소개한다. 슬로건은 광고뿐만 아니라 제품의 패키지에 쓰여서 '나는 누구인가'를 외치는 역할을 한다. 제품과 네임을 단시간에 소비자에게 알리는 데 슬로건만한 것이 없다. 슬로건은 제품의 패키지나 광고에 지속적이고 반복적으로 사용함으로써 자연스럽게 소비자의 입에 오르내리게 해야 한다.

뒤에서 살펴보겠지만 오리온 초코파이나 농심 신라면의 중문 슬로건과 같이 소비자에 의해 자발적으로 퍼져나간다면 그 제품은 반 이상 성공한 것이나 다름없다. 슬로건은 또한 광고에 장기적으로 사용되면서 기업이나 제품의 비전과 철학을 소비자에게 각인시키는 역할을 하므로 신중하게 개발되어야 한다. 슬로건이 지닌 메시지는 전적으로 음성 언어에 의지해 전달된다. 물론 인쇄 광고에서는 문자로 표현되겠지만 그렇더라도 입을 통해 읽히는 것을 전제로 해서 개발된다. 이때 운율을 살리는 것이 무엇보다 중요하다. 운율이 있으면 자주 들어도 쉽게 지루해지지 않고 재미있게 각인된다. 슬로건은 마치 한 줄의 시구를 짓는 것과 같다. 한국어나 영어와 마찬가지로 중국어로 시를 지을 때는 전통적으로 그 나름의 고유한 법칙이 있다. 중국어에 특유한 성조(tone)의 음감을 잘 살려야 하며 자음과 모음의 조화도 신경 써야 한다.

3장에서는 로고 디자인에 대해 소개한다. 로고는 이름을 담는 그릇이다. 브랜드 네이밍을 통해 선택된 이름을 시장과 제품과 기업의 성격에 맞게 시각적으로 보여주는 일을 이 단계에서 하게 된다. 대충 그려놓은 이름보다는 제품과 기업의 특성에 맞추면서 경쟁 제품이나 기업과는 차별화된 이미지를 보여주는 로고가 기억하기 쉽다. 중문 네임의 디자인을 위해 중국 한자의 특성과 디자인에 대한 이해와 지식이 필요하다.

4장에서는 상표 등록에 대해 소개한다. 브랜드 네임과 로고와 관련된 모든 활동을 법적으로 지원받기 위해서는 유관 기관에 등록을 해야 한다. 무엇보다도 브랜드 네임의 등록을 서두르는 것이 좋다. 우선 당신의 기업 또는 제품명을 중국에서 사용할 수 있는지 확인해야 하며,

이미 누군가 쓰고 있다면 다른 이름으로 바꿔야 한다. 일정액을 지불하고 빌려 쓰는 것도 한 방법이지만 불안 요소를 평생 안고 가는 것을 원하는 기업은 없을 것이다. 상표를 등록 출원하여 최종 사용 허가를 받을 때까지 12개월에서 18개월 가량 걸린다. 그러므로 기업과 제품이 중국에 진출하기 훨씬 전부터 상표 등록에 신경을 써야 한다. 설사 상호(trade name)라 할지라도 상표(trademark) 등록을 해놓는 것이 좋다. 아니 필수적이다. 만약 당신이 하지 않는다면 누군가 다른 사람이 먼저 등록 할지도 모른다. 그리고 당신의 사업이 번창하길 기다려 사용권 침해로 제소하면서 막대한 보상을 요구할 것이다.

이 책의 제2부는 브랜드 구축과 커뮤니케이션 및 관리 절차에 대해 논의한다. 브랜드의 정신이자 영혼이라고 할 수 있는 브랜드 아이덴티티(Brand Identity)를 개발하여 소비자에게 인식시키는 과정을 보여주는 것이 논의의 핵심이다. 한 가지 주의해야 할 점은 한국에서 개발된 제품이 중국 시장으로 들어갈 경우, 기존의 기업 또는 제품의 아이덴티티를 수정 또는 보완하거나 아예 새롭게 개발해야 한다는 점이다. 브랜딩의 대상이 한국의 소비자에서 중국의 소비자로 바뀌기 때문이다. 중국 시장에 맞게 아이덴티티가 새롭게 설정되는 순간 기존의 브랜드 요소에도 변화가 생기게 된다. 즉, 브랜드의 네임, 로고, 패키지 디자인, 슬로건, 그리고 광고, 유통, 가격, 판촉 모든 면에서 체계적인 조정이 가해진다.

5장에서는 브랜드를 만드는 기획 단계에 대해 설명한다. 이 단계에서는 쉽게 말해 새로운 브랜드를 어떻게 만들 것인가 설계하게 된다. 새로운 브랜드를 만들기 위해서는 수많은 요소들을 고려해야 하는데,

(주)메타브랜딩의 독자적인 모델인 BIFM(Brand Identity Flow Model) 중 첫 단계인 BCM(Brand Circle Model)이라는 툴(tool)에 따라 새로운 브랜드를 기획하고 개발하는 과정을 설명한다. BCM은 브랜드를 구성하는 뿌리가 되는 브랜드 철학(Brand Philosophy)과 브랜드 비전(Brand Vision), 브랜드 컨셉(Brand Concept), 그리고 브랜드를 구성하는 요소인 상징(Symbol), 제품(Product), 퍼스낼리티(Personality), 효익(Benefit)의 네 부분으로 구성되어 있다. BCM은 브랜드 매니저가 브랜드를 기획할 때 처음 단계에서 매우 유용한 툴이다. BCM은 브랜드를 완성하는 각 구성 요소들을 체계적으로 구분하고 정리하게 해준다는 면에서 새로 브랜드를 개발하는 경우뿐만 아니라 기존의 브랜드를 점검할 경우 체크리스트로도 활용할 수 있다.

6장에서는 중국 소비자의 인식 속에 어떻게 차별적이고 강력한 브랜드로 포지셔닝할 것인지에 대해 설명한다. 어떤 이미지를 소비자의 머릿속에 구축할 것인가를 결정하는 것이 BIFM의 포지셔닝 단계의 핵심 사항이다. 여기서 중요한 것은 소비자에게 전달하고자 하는 핵심 가치가 브랜드 아이덴티티를 도출하는 것이다. 이를 도출하기 위해 3C(Company, Customer, Competitor) 관점에서 브랜드를 분석하고 중요한 가치를 선정하는 과정에 대해 설명한다.

7장에서는 브랜드 이미지를 제대로 구축하기 위한 구체적인 실행 방안을 소개한다. 다양한 고객 접점에서 브랜드 아이덴티티를 소비자에게 전달하기 위해 어떤 매체를 선택하여 어떻게 활동해야 하는가라는 Brand Delivery System이 논의의 핵심이다. 이 과정에서 광고, PR, 판매 촉진, 유통 채널 등에 대한 설명을 하게 된다.

8장에서는 브랜딩 전략의 실행이 처음의 기획대로 진행되고 있는지 점검하는 과정을 기술한다. 소비자에게 전달한 브랜드 아이덴티티가 소비자의 머릿속에서 제대로 구축되고 있는지에 대한 점검이 이뤄져야 한다. 이를 위해 기업이 전달하고자 하는 브랜드 아이덴티티와 소비자의 머릿속에 새겨져 있는 이미지 사이에 갭(Gap)이 있는지 분석하고 이를 통해 브랜드 요소의 수정과 보완을 위한 가이드라인을 제시하게 된다. 이것이 피드백 단계이다.

제3부에서는 최근 중국 소비자의 구매 행태에서 보이는 소비 트렌드를 10개의 키워드로 요약하여 기술한다. '건강(Health)', '뷰티(Beauty)', '그린(Green)', '향수(Nostalgia)', '개인주의(Egoism)', '신애국(Neo-Patriotic)', '퓨전(Fusion)', '소프트(Soft)', '네트(Net)', '공익(Public Good)'이 그것인데, 이러한 정보는 한국 기업이 중국에서 브랜드 마케팅을 수행할 때 중요한 지침으로 활용할 수 있을 것이다.

어느 기업이건 외국 시장으로 진출할 경우 자사의 브랜드를 일관되게 글로벌화할 것이냐 아니면 현지화할 것이냐를 놓고 심각하게 고민한다. 원래 브랜딩 전략에서 가장 중요한 것은 일관성(Consistency)을 유지하는 것이다. 브랜드가 노출되는 곳에서는 어디든 항상 똑같은 어조와 방식을 견지해야 한다. 브랜드 네임에서 패키지나 광고에 이르기까지 브랜드의 핵심 가치를 기반으로 제반 전략을 장시간 일관되게 전개해야만 한다. 하지만 글로벌 마켓에서는 상황이 다르다. 모든 것을 동일하게 가지고 들어갈 수만 있다면 별문제가 없다. 하지만 대개의 경우 문화나 시장 환경의 차이 때문에 브랜드 전략에 적절한 수정과 보완이 필요하다. 중국 시장은 미국을 제외하고는 세계에서 가장 큰 단일 시장으로 중국 시장 자체가 글로벌 마켓으로 변해버렸다. 'Think Global, Act Local'. 생각은 세계지도를 앞에 펼쳐놓고 전개하되 행동은 지역 특성에 맞게 하라는 말이다. 두 마리 토끼를 다 잡자는 의도에서 '글로컬리제이션(Glocalization)'이라는 신조어도 생겨났다. 아예 코카콜라처럼 'Think Local, Act Local'을 구호로 삼은 기업도 있다. 브랜딩 전략의 핵심인 일관성 문제는 중국 시장에 들어간 다음부터 적용된다. 중국 현지에서의 모든 활동이 현지 특성에 맞게 설정된 브랜드 아이덴티티를 중심으로 그것을 일관되게 구현하고 강화하는 방향으로 나아가야 한다는 말이다. 해외 시장에서 브랜드를 개발하고 성장시키는 일이 말처럼 쉽지 않다. 어려운 만큼 체계적이고 전략적인 접근이 필요하다. 이제 중국 시장에서의 브랜딩의 기초가 되는 중문 네임의 개발부터 차근차근 살펴보기로 하자.

1부

중국 시장과 브랜딩 실무

중국 소비자에게 강력한 브랜드로 자리 잡기 위해서는 네임(name), 로고(logo), 패키지(package), 가격(price), 광고(advertisement), 판촉(promotion) 등 다양한 브랜드 요소에 대한 일관된 관리가 필요하다. 기업의 경영진은 대개 브랜드가 기업의 장기 성장에 꼭 필요하며, 중국 시장에서도 제품의 품질과 가격이 아니라 궁극적으로는 브랜드로 승부를 걸어야 한다는 것을 알고 있다. 문제는 어디에서 어떻게 시작해야 할지 모른다는 점이다.

1부에서는 '한국 기업이 중국 시장에 진출하여 제품을 출시한다고 할 때 첫 단계에서 준비해야 하는 네임, 슬로건, 로고 및 상표 등록 문제에 대해 자세히 살펴보기로 한다.

1장

좋은 네임이
마케팅 효과를 높인다

네이밍은 브랜딩의 시작이다. 브랜드를 출시할 때 가장 선봉에서 소비자와 만나는 것이 네임이고 소비자의 머릿속에 끝까지 남는 것이 또한 네임이다. 자기의 브랜드를 소비자들 사이에서 하나의 문화로 만들려면 우선 그 존재를 소비자에게 확실하게 각인시켜야 한다. 낚시 바늘처럼 한번 박히면 도저히 빼내기 어렵게 만들어야 한다. 제품이 몸으로 느끼는 것이라면 그것을 마음에 담을 때 필요한 것이 브랜드이다. 수많은 경험들이 마음에 담기겠지만 그것들이 가리키는 방향을 따라가 보면 결국 '네임'으로 귀착될 것이다.

좋은 네임은 브랜드의 이미지 구축 및 판매에 보이지 않는 프리미엄을 제공한다. 잭 트라우트와 알 리스의 『포지셔닝(Positioning : The Battle for Your Mind)』에 실린 다음과 같은 이야기는 우리의 관심을 끌기에 충분하다.

심리학 교수 두 명이 미국의 교사들을 대상으로 사람의 이름에 대해 가지고 있는 선입견에 관한 실험을 하였다. 내용이 같은 작문 답안지를 '데이비드'와 '엘머'라고 이름만 다르게 쓴 다음 다른 답안지와 섞어서 채점을 하게 했다. 이를 통해 대단히 흥미로운 결과를 얻을 수 있었다. 데이비드의 점수가 엘머의 점수보다 일관되게 높게 나왔던 것이다. 왜 그럴까? 교사들이 가지고 있는 모종의 선입견 이외에 다른 이유를 발견할 수 없었다. '데이비드'라는 이름은 우등생으로, '엘머'라는 이름은 열등생으로 보는 편견이 잠재의식 속에 자리잡고 있었던 것이다. 우리는 이름만 가지고도 대상에 대한 판단이 이렇게 달라질 수 있다는 사실에 주목할 필요가 있다.

중국어 이름은 영어 이름보다 더 직접적으로 영향을 미친다. 고급 승용차 '볼보(VOLVO)'는 중국인에게 아무런 의미가 없는 영문 자모의 나열에 불과하지만 그것의 중문 네임인 '푸하오(富豪 fùháo)'는 '부유하고 고급스럽다'는 이미지를 명확하게 드러낸다. '벤츠(BENZ)' 역시 마찬가지다. 영문 네임은 단순한 상징에 불과하지만 중문 네임인 '번츠(奔驰 bènchí)'는 '타의 추종을 불허할 정도의 속도감'을 느끼게 한다. 이러한 의미는 원래의 영문 네임 어디에도 없었던 것으로 중문으로 네이밍하는 과정에서 생긴 것이다. 이것은 중국의 문자가 뜻글자이기 때문에 만들어지는 현상이며, 바로 이 점 때문에 중문 네이밍은 새로운 가치 창조의 작업으로 간주된다.

이제 중문 네임과 관련하여 몇 가지 질문을 해보자. 한국에서는 MicroSoft나 Intel, Dell, Google을 영문 그대로 쓰고, 소비자가 알아서 '마이크로소프트, 인텔, 델, 구글'이라고 부른다. 중국은 어떨까? 실제 중국에서는 대부분의 글로벌 기업이 영문 네임만 쓰지 않고 중문 네임을 함께 사용하고 있다. 그 이유는 무엇일까? 중문 네임을 잘 살펴보면 원래의 영문과 발음도 다르고 원래 네임에서 보이지 않던 새로운 의미도 가지고 있다. 글로벌 기업이 그런 네임을 선택하는 까닭은 무엇일까? 기왕에 중문 네임을 써야 한다면 누가 어떻게 만들어야 하는 걸까?

1. 중문 네임이 꼭 필요한가?

답을 먼저 말하면, 중국 시장에서는 중문 네임이 꼭 필요하다. 그 이유는 다음의 세 가지 때문이다.

소비자에게 영문 브랜드 읽는 법을 알려주기 위해 필요하다

첫째 이유는 영어와 중국어가 가진 발음 체계의 차이에서 기인한다. 중국의 일반 소비자에게 영어는 발음하기 쉬운 언어가 아니다. 영어에는 중국어에 존재하지 않는 발음이 있으며 또한 같은 철자라도 다르게 읽히는 경우가 많다. 두 언어의 발음 체계가 다르기 때문이다.

예를 들어 초콜릿 '킷캣(KitKat)'을 보자. 한국어로도 발음하기 어렵지만 중국어로는 더 어렵다. 중국인들에게 이것을 보여주면 열이면 열 모두가 막막해한다. 표준 중국어에 [ki]라는 발음이 사라진 지 오래이다. 즉, 중국어에는 '키'라는 발음이 없다. 또한 [-it, -at]와 같이 끝소

리가 〔-t〕로 끝나는 발음 역시 존재하지 않는다. 영어를 좀 배운 사람에게 억지로 읽으라고 하면 '키트카트'나 '키터카터'처럼 모음/ㅡ/나 /ㅓ/를 넣어서 읽을 것이다. 일본 사람들이 '김치(kimchi)'의 발음이 안 되어서 '기무치(kimuchi)'라고 읽는 것과 같은 이치이다. 그러므로 KitKat은 중국 시장에서만큼은 브랜드 네임으로서의 자격을 상실했다고 해도 과언이 아니다. 아직 이런 느낌이 잘 와닿지 않는다면 BVLGARI라는 브랜드를 떠올려보자. "이걸 한국어로 어떻게 읽지?" "세계적인 명품 브랜드를 몰라? '불가리'라고 하는 거야." 누군가 그렇게 말해주었으니까 그렇게 읽는 것뿐이지, 볼 때마다 답답하긴 마찬가지일 것이다. 그러니까 중국인들이 KitKat을 보면서 느끼는 감정이 바로 이렇다고 생각하면 된다(참고로 V는 원래 U에서 온 것이다. W를 'double U'라고 하지 않는가. 라틴어에서는 U를 V로 쓰고 U로 읽는다).

이 난관을 어떻게 극복할 것인가. 이때 필요한 것이 중문 네임이다. 중문 네임을 별도로 만들어서 소비자에게 제공하는 것이다. BVLGARI를 '불가리'라고 읽듯 KitKat은 이렇게 읽으면 된다고 중국어로 써주는 것이다. 그렇게 해서 개발된 중문 네임이 '치차오(奇巧 qíqiǎo)'이다.

쉬운 글자를 선택하여 '신기하고 묘한' 맛을 연상시키도록 맛깔나게 잘 지었다. 그런데 다른 이름도 가능할 텐데 왜 '치차오'라고 했을까? 뒤에서 기술할 '훌륭한 네임의 조건'을 읽고 스스로 답을 찾아보자.

입소문을 활용하기 위해 필요하다

중국인들에게 제품 구매를 결정하는 데 영향을 미치는 중요한 변수 중 하나가 입소문이다. 중국인들은 전통적으로 '아는 사람(自己人 쯔지런 zìjǐrén)'과 '모르는 사람(陌生人 모어성런 mòshēngrén)'을 명확하게 구분하는 습성이 있다. 자기와 가까운 주위 사람에 대해서는 의존도가 매우 큰 반면, 모르는 사람은 신뢰하지 않는 경향이 강하다. 이 때문에 중국인들에게 아는 사람이 입으로 전달하는 메시지의 영향력은 매우 클 수밖에 없다. 그런데 KitKat처럼 아예 그 발음을 입에 올리기도 어렵다면 큰 문제가 아닌가? 알려주고 싶어도 발음이 안 되니 말이다.

구전효과(word of mouth)를 중국어로 '코우삐이 샤오잉(口碑效应 kǒubēi xiàoyìng)'이라고 한다. 소비자들은 상품을 팔려는 광고주의 메시지보다 상품이나 서비스를 구매했거나 사용해본 소비자들의 경험과 제품 평가를 더 신뢰하기 마련이다. 이때 브랜드의 네임이 머뭇거림 없이 자연스럽게 입에 오르내릴 수 있어야 한다. 영문 네임은 심지어 SONY처럼 아주 단순한 구성의 단어라고 해도 중국인이 그것을 소리

내서 읽는 데에는 심리적 장벽이 존재한다. 중국어에는 'so'라는 발음이 존재하지 않기 때문이다.

사례를 하나 소개하겠다. 화장품 브랜드 개발 프로젝트 수행차 중국 항저우 시를 방문했을 때의 일이다. 경쟁 브랜드 조사를 위해 한 대리점을 방문했는데, 거기서 만난 현지 중국인 대리인은 한국의 화장품 브랜드 하나와 일본의 '시세이도(Shiseido)'를 함께 판매하고 있었다. 제품 포장에 적혀 있는 영문 'Shiseido'를 가리키며 그에게 물어보았다.

"중국 사람들은 이 브랜드를 어떻게 읽습니까?"

"'쯔성탕'이라고 읽습니다."

"영문은 읽지 않습니까?"

"아, '스세이도' 말이군요. 우리끼리는 가끔 쓰지만 보통 중국 소비자들은 그렇게 말하지 않습니다."

(그는 '시'를 '스'라고 발음하고 있다. 'shi'를 중국어 발음기호로 읽으면 '스'가 되기 때문이다.)

'시세이도'는 원래 '資生堂'을 일본식으로 발음한 것이다. 그러니까 '資生堂'이라는 한자 네임이 있고 이것을 일본어로 읽으면 '시세이도'가 되며 이것을 중국어로 읽으면 '쯔성탕(zīshēngtáng)'이 되는 것이다.

ＳＨＩＳＥＩＤＯ 資生堂	일본식 발음	중국식 발음
	しせいど shi sei do 시세이도	資生堂 zī shēng táng 쯔성탕

시세이도가 중국 시장에 들어간 것은 1981년의 일이다. 이때에는 광

고나 패키지, 브로셔 등에 '資生堂'이라는 한자 네임과 'Shiseido'라는 영문 네임을 함께 썼다. 시세이도 측에서는 중국의 소비자들도 'Shiseido'로 불러주기를 희망했을 것이다. 브랜드 전략에서 일관성만큼 중요한 것은 없기 때문이다. 하지만 중국인들에게 'Shiseido'는 대단히 낯선 언어 조합이다. 표준 중국어 발음 체계에 sei나 do는 존재하지 않는다. 그나마 친숙한 것으로 shi가 있는데 이것도 중국식으로 읽으면 '시'가 아니라 '스'가 된다. 반면에 '資生堂'은 그들에게 매우 익숙한 한자로 받아들여졌다. 소비자들은 자기에게 친숙한 쪽을 선택하게 된다. 따라서 그들은 '쯔성탕'으로 부르기 시작했고 시간이 지나면서 습관으로 굳어졌다. 그래서 지금은 'Shiseido'를 보더라도 반사적으로 쯔성탕을 떠올리게 되었다. 여러분도 중국에 가면 시험 삼아 물어보기 바란다. "화장품 중에 '시세이도'라는 제품을 아십니까?" 별로 없을 것이다. "그럼, '쯔성탕'이라는 브랜드는요?" 다수로부터 긍정적인 답을 들을 것이다. 시세이도는 결국 중국 시장에서 '쯔성탕'이라는 새로운 네임을 갖게 된 것인데, 'Shiseido'보다는 '資生堂'이 중국 소비자들 사이에서 구전 효과를 일으키기에 적절하므로 기업 측에서도 현실을 받아들이고 그렇게 쓰고 있다.

사업자 등록시 의무적으로 필요하다

어느 기업이든 중국에서 사업을 하려면 회사 상호를 등록해야 하는데, 이때 중문 네임을 의무적으로 기입해야 한다. 중국의 관련 법규가 그러하다. 이때 등록할 상호(trade name)는 기업을 대표하는 브랜드(corporate brand)로 사용하기 위해 상표(trademark) 등록까지 해놓는 것이 좋다. 상호와 상표 등록에 대해서는 4장을 보라. 다음에서 알 수 있듯이 중국에 진출한 대부분의 글로벌 기업들이 하나같이 중문 네임을 함께 쓰고 있다.

Armani	아르마니	阿玛尼 아마니 āmǎní
Amazon	아마존	亞马遜 야마쉰 yàmǎxùn
Benetton	베네통	贝纳通 뻬이나통 bèinàtōng
Hermès	에르메스	爱马仕 아이마스 àimǎshì
McDonald	맥도날드	麦当劳 마이땅라오 màidāngláo
Nike	나이키	耐克 나이커 nàikè
TheFaceShop	더페이스샵	菲诗小铺 페이스 샤오푸 fēishī xiǎopù

이제까지의 논의를 정리해보자. 특히 여성 고객을 타깃으로 제품의 기능적인 측면이 구매에 결정적인 영향을 미치는 화장품이나 생필품 등에 있어서 '입소문' 은 강력한 마케팅 수단이 된다. 입소문이 나기 위해서는 우선 제품의 기능과 가격, 이미지가 좋아야 하지만 그에 못지않게 그 네임이 발음하기 쉬워야 한다. 중국인에게 영어는 발음하기 어려운 언어이다. 그래서 외국에서 들어온 네임은 인명이든 지명이든 중국어로 바꿔 '하나로 통일해서' 부르는 것이 습관화되어 있다. '로마에 가면 로마의 법을 따르라' 는 말이 있다. 이것을 중국어로 '루샹쒜이쑤(入乡隨俗 rùxiāng suísú)' 라고 한다. 브랜드 네임 역시 그러해야 한다.

중국 진출을 생각하는 당신 기업에 영문 네임밖에 없는가? 그렇다면 첫 번째로 펼쳐야 할 마케팅 전략은 중국 소비자들이 편하게 사용할 수 있는 멋진 중문 네임을 개발하여 그들에게 선사하는 것이다.

2. 영문 네임도 중요한 기능을 한다

국산 브랜드보다 외국 브랜드에 보다 많은 신뢰를 보내는 중국의 소비자들에게 영문 네임은 제품에 대한 보증 역할과 사용자의 자부심을 높이는 기능을 한다. 만약 영문 네임 없이 중문 네임만 쓴다면 중국 소비자들은 그것을 쉽게 자국의 로컬 브랜드로 인식할 것이고, 그만큼 평가절하하게 될 것이다. 앞에서 언급한 'Shiseido'를 예로 든다면, 설사 모든 소비자들이 '쯔성탕(資生堂)'으로 부른다 해도 영문 네임을 버릴 수는 없다. 영문 네임을 버리고 '資生堂'만 쓰는 순간 그것은 고가의 고급 화장품이라는 이미지를 잃고 점차 중저가의 토착 브랜드 이미지로 전락할 것이기 때문이다.

그래도 의문이 말끔하게 풀리지 않았을 수 있다. SONY도 그렇고 KitKat은 더더욱 제대로 읽을 수도 없다면서 왜 써야 한다는 것인가? 그 이유는 영문 네임과 중문 네임의 역할이 다르기 때문이다. 소비자와 만나는 현장에서 이들은 각기 중요한 역할을 하게 된다. 영문 네임은 해당 브랜드의 이미지를 고급화하고 차별화하는 데 기여하고, 중문 네임은 실제 소비자와 커뮤니케이션을 하는 데 중요한 역할을 한다. 따라서 중국 시장에서 신제품을 런칭할 때에는 우선 영문 네임부터 개발하고 그 다음에 그에 적합한 중문 네임을 개발해야 한다. 다음은 영문 브랜드와 중문 브랜드를 함께 사용한 로고의 예이다.

ROLEX 로렉스
劳力士 láolìshì

Nestlē 네슬레
雀巢 quècháo

3. 훌륭한 브랜드 네임의 조건

일반적으로 좋은 네임이란 발음이 용이해야 하고(readability), 기억하기 좋아야 하며(memorability), 네임을 통해 제품에 대한 이미지가 선명하게 떠올라야 한다(relevance). 물론 다른 제품의 네임과 차별성(differentiation)을 가져야 한다. 이때 무엇보다도 중요한 것은 영문이든 중문이든 네임에 부정적인 의미나 이미지가 있어서는 안 된다는 점이다.

발음하기가 쉬워야 한다

네임이 어려우면 안 된다. 소비자의 머릿속으로 부담 없이 파고들려면 우선 그 이름이 쉬워야 한다. 프랑스 포도주의 판매가 부진한 이유 중 하나가 프랑스어로 된 이름이 미국이나 남미산 포도주보다 읽기가 어렵기 때문이라고 한다. 그리하여 프랑스의 포도주 업계에서는 2007년 봄부터 프랑스산 포도주의 국제 경쟁력을 높이기 위해 미국, 호주, 칠

레산 포도주와 경쟁하고 있는 중급 와인에 대해 '프랑스의 포도원들 (Vignobles de France)'이라는 단일 브랜드를 도입하기로 했다. 단순히 원산지만 밝히는 것으로 통일한 것이다.

발음의 난이도를 가늠하는 첫 번째 기준이 네임의 음절수이다. 중문의 경우 2음절 내지 4음절 정도가 무난하다. 중국어 단어 중에서 대다수가 2음절(약 72퍼센트)이고 나머지가 1음절이나 3, 4음절이다. 단어의 길이가 5음절 이상 넘어가면 읽는 데 어려움을 느낀다. 그래서 아예 짧게 축약해서 말하는 것이 중국인이다. '全国人民代表大会(quánguó rénmín dàibiāo dàhuì 전국인민대표대회)'는 '全人大(quánréndà 전인대)' 라고 하고 WTO의 중문 네임인 '世界貿易组织(shìjiè màoyì zŭzhī 세계무역조직)'을 '世貿(shìmào 세무)'라고 줄여 말한다.

여기서 한걸음 더 나아가 WTO 가입을 중국어로 '加入世界貿易组织 (jiārù shìjièmàoyìzŭzhī)'라고 하는데, 생활 속에서는 역시 이렇게 긴 말보다는 '入世 rùshì'라는 2음절 단어가 더 보편적으로 사용된다. 마치 '2% 부족할 때'를 줄여서 "2% 주세요."라고 하는 것과 같은 이치다. 여러분이 알고 있는 중문 브랜드 네임을 떠올려보라. 대개 2~4 음절일 것이다.

하나의 글자는 크게 자음 부분과 모음 부분으로 구성된다. 중국어 발음 중 자음부분에서는 난이도를 따지기가 어려우므로 모음 부분의 선택에 주의를 기울여야 한다. 상식적으로 예상할 수 있듯이 복잡한 형태의 모음보다는 단순한 형태의 모음이 발음하기 쉽다. 그래서 단모음 (a, e, i, o, u)이 발음하기 쉽고 그 다음이 이중모음(ai, ei, ia, ie, ao, ua, ou, uo)이며 그 다음이 삼중모음(uai, iou, ueng, iong)이다. 개별적으로 볼 때 'ü'가 들어간 'üe, üan, ün'이 모두 발음하기 어렵다. 실제로 조사해보면 모음 부분의 난이도와 브랜드 네임의 선택에 상관 관계가 있음을 알 수 있다. 그러므로 네임을 새로 개발할 때에도 복잡한 쪽보다 단순한 쪽을 선택하는 것이 좋다.

글자를 조합하여 네임을 만들 때 수사적 반복 기법을 활용하면 보다 쉽고 재미있는 네임을 만들 수 있다. 예컨대 어린이와 청소년 대상 건

강음료 회사인 '와하하(娃哈哈 wāhāhā)', 과자와 스낵류의 대표 기업인 '왕왕(旺旺 wàngwàng)'이 그 예이다. 이것들은 10대 이하의 어린이 식품 브랜드답게 양성모음의 반복 사용을 통해 밝고 경쾌한 느낌을 주고 있다.

도요타 자동차 브랜드 Camry의 중문 네임 '카이메이루이(凱美瑞 kǎiměiruì)'도 추천할 만하다. 중문 네임의 발음에서 알 수 있듯 모음 부분이 모두 복모음이며 또한 /i/로 끝난다. 동일한 모음을 반복 사용함으로써 발음하기 쉽다는 면도 있지만, 자꾸 입에 올리다보면 은연중 음악적 리듬감까지 느껴진다.

기억하기 쉬워야 한다

브랜드는 소비자의 머릿속에 침투하여 작용하는 개념이기 때문에 쉽게 기억할 수 있어야 한다. 일단 기억의 저장고에 들어가야 구전(word of mouth)도 기대할 수 있다. 그렇다면 어떤 네임이 기억하기 쉬울까?

첫째, 중문 네임도 영문이나 한국어 네임과 마찬가지로 짧고 단순한 것이 기억하기 쉽다. 짧고 단순하게 만드는 법에 대해서는 앞에서 서술했

으므로 여기서는 생략한다.

둘째, 브랜드가 독특하거나 재미있으면 기억하기 쉽다. 어린아이들이 가지고 노는 장난감 레고(Lego)를 중국어로는 '러까오(樂高 lègāo)'라고 한다. 한국어로 '레고'라 하면 그 제품만 떠오르지만 중문 네임 '樂高'는 네임 자체에서 '즐거움'까지 느끼게 된다. 이것이 바로 중문 네이밍의 힘이다. 중국의 여성 내의 브랜드 '아이니(艾妮 àiní)'도 기억하기 쉬운 네임이다. '艾妮'는 발음이 '愛你(ài nǐ)'와 비슷하다. 발음만 들어보면 쉽게 '당신을 사랑합니다'가 떠오른다. 그러니까 '艾妮'는 특정의 제품을 가리키는 동시에 '그것을 사용하는 당신을 사랑한다'는 의미까지 나타낸다. 재미있지 않은가? 이처럼 동음이의어를 활용한 네임을 쓰면 중국 소비자들도 한번 더 눈길을 준다.

또한 한자의 아이콘(icon)적 특성을 잘 활용하면 기억에 도움을 줄 수 있다. 중국의 브랜드 네임은 항상 한자의 옷을 입고 소비자와 만나게 된다. 한자는 형태와 함께 소리와 의미를 아울러 지니고 있다. 마치 아이콘이 그림과 함께 어떤 의미를 표시하는 것과 같다. 예컨대 '바람의 그림자'라는 낭만적인 뜻을 지닌 '펑잉(风影 fēngyǐng)'은 홍콩의 영화배우 정이지앤(郑伊建 Zhèng Yijiàn)을 모델로 하여 히트를 친 비듬 샴푸이다. 얼핏 봐서는 네임과 제품 사이에 어떤 관련성도 없는 것 같다. 그런데 글자를 자세히 뜯어보면 아하! 하면서 고개가 끄덕여진다. 그림자 '影'자의 '彡'가 바로 터럭, 즉 머리카락을 의미하는데 로고를 디자인하면서 글꼴을 변화시켜 마치 머리카락이 바람에 날리는 형상을 보이고 있다. 제품과 글자가 절묘하게 어우러지는 것이다('펑잉' 제품에 대해서는 2장에서 자세히 논함). '팅메이(婷美 tíngměi)'는 여성 의류 브랜드 네임인데 '婷'이란 글자 속의 '女'자가 소비자의 성별을 살짝 드러내고 있다. 아울러 이 네임의 발음이 '팅메이(婷美 tīng měi 대단히 아름답다)'와 같아서 '이 브랜드를 입은 당신, 너무 아름다워요'라는 의미 연상까지 숨겨놓았다는 사실을 알면 또 한번 무릎을 치게 된다.

이런 면에서 볼 때, 휴대전화 모토로라의 중국어 네임 '모어투어루어라(摩托罗拉 mótuōluóla)'는 썩 잘된 네임이 아니다. 애초부터 길거니와 도대체 2음절로 줄여 부르기도 어렵게 되어 있다. 만약 앞의 두 음절만 따서 '모어투어(摩托 mótuō)'라고 하면 motor라는 뜻으로 오토바이인 '모어투어처(摩托车 mótuōchē)'를 가리키게 된다. 지금 중국에 가면 '摩托罗拉(mótuōluóla)'를 쓰지 않고 'MOTO'만으로 광고 캠페인을 벌이고 있음을 목격할 수 있다. 처음부터 소비자들이 2음절로 줄여서 부를 것을 예상하고 '摩托'가 아닌 다른 글자를 선택했다면, 이제 와서 그렇게 엄청난 마케팅 비용을 쏟아부을 필요가 없었을 것이다.

당신 기업 제품의 영문 네임이 네 음절이 넘는다면 짧게 만드는 두 가지 방법이 있다. 하나는 중문 네임만큼은 아예 2음절 정도로 줄여 짓는 것이다. 빌 게이츠의 'MicroSoft'도 2음절인 '웨이루안(微软 wēiruǎn)'이고 세계적인 광고회사 오길비앤매더(Ogilvy&Mather)도 2음절인 '奥美(àoměi)'이다. 또 하나는 네 음절로 만들되 장차 소비자들이 2음절로 줄여 부를 것을 염두에 두면서 네이밍하는 것이다. (주)신원의 '베스띠벨리(Besti belli)'의 중문 네임은 '바이쯔 베이리(佰姿蓓丽 bǎizī bèilì)'이다. 아름다운(丽) 여성의 모습(姿)을 네임에 담는 동시에 장차 소비자들에 의해 앞의 두 글자 '佰姿(bǎizī)'만으로도 구전될 것을 미리 염두에 두고 네이밍을 한 것이다. 탁월한 네이미스트라면 이런 점을 계산해서 네이밍 해야 한다. 당신이 기업에서 마케팅이나 브랜딩 부문을 담당하고 있다면 중국의 네이미스트에게 그렇게 요구하면 된다.

제품에 대한 적절한 암시를 주어야 한다

좋은 브랜드 네임의 세 번째 조건은 제품에 관한 적절한 암시를 주어야 한다는 것이다. 즉 브랜드 네임이 제품과 관련성(relevance)을 가져야 한다는 말인데, 브랜드 네임에서 그것이 어떤 제품인지 적절히 나타내 줄 경우 그 네임을 인지하고 기억하기가 수월해진다. 예컨대 아기옷 브랜드로 '베비라'와 '아가방'은 제품의 종류를 잘 암시해주며, 구강청 정제 '가그린'이나 샴푸와 린스 겸용의 '하나로' 같은 상표명은 제품의 기능이나 편익을 잘 묘사하고 있기 때문에 소비자들이 상표명을 인지하기 쉽다.

중국 브랜드의 예를 보자. 세계적으로 명품 자동차 브랜드의 하나인 BMW의 중국 네임은 '바오마(宝马 bǎomǎ)'이다. 그 의미는 '고급스러운 말', 즉 '최고급의 운송 수단'이란 뜻이다. BMW가 운송 도구라는 면에서 '马'의 선택이 적절했다. 샤넬의 중문 네임은 '샹나이얼(香奈尔 xiāngnài'ér)'이다. 앞서 보았듯이 중국인에게 'Chanel'은 영문 철자의 나열에 불과하다. 하지만 '香奈尔'에서는 눈으로만 보아도 '香'을 물씬 느낄 수 있다. 대뇌의 감각 기관을 자극하는 고리(hook)가 하나 더 있는 것이다. 화장품 브랜드 '에스티 로더(ESTEE LAUDER)'의 중문 네임은 '야스란다이(雅诗兰黛 yǎshīlándài)'로서 우아한 품격과 고고한 아름다움을 소비자에게 약속하고 있다. '클리니크(Clinique)'는 '치앤삐(倩碧 qiànbì)'로서 아름다움과 젊음을 연상하게 하고 있다. '천(倩 qiàn)'

은 '아름답다'는 뜻이고, 이 글자 속의 '청(靑qīng)'은 시각적으로 젊음을 나타낸다.

에버랜드는 한국을 방문한 중국 관광객의 필수 코스로서 중문 네임이 '아이바오러위앤(愛宝乐园àibǎolèyuán)'이다. 중국에서는 한 자녀 갖기 운동이 오래 전부터 시행되어 지금 도시의 주민 거의 모두가 딸이든 아들이든 하나만 키우고 있다. 부모는 이들에게 필요한 것이라면 모두 제공하고 모든 것을 바쳐 헌신적으로 교육시키려 한다. 중국인들은 자기 자식을 '바오베이(宝贝bǎobèi)'나 '바오바오(宝宝bǎobǎo)'라고 부른다. 이런 점을 잘 활용한 네임이 에버랜드의 중국 네임 '爱宝乐园'이다. '아이바오러위앤'은 '어린이를 사랑하는 놀이공원'이란 뜻이니 어느 부모가 좋아하지 않겠는가!

차별적이어야 한다

잭 트라우트와 스티브 리브킨이 함께 쓴 『튀지 말고 차별화하라』에서 말하고 있듯 "차별화하지 않으면 도태된다".[10] 남과 비슷해서는 살아남기 어렵다. 상품수가 적고 커뮤니케이션의 양이 적었던 시대에는 브랜드 네임이 그리 중요하지 않았다. 그러나 요즘처럼 수많은 상품과 정보가 홍수를 이루는 현대 사회에서 과거처럼 차별화되지 않는 네임으로는 소비자의 머릿속에 침투하기 어렵다.

이제 대형 유통업체 이마트(E-Mart)의 브랜드 차별화 사례를 보자. 월마트(Walmart)의 중문 네임은 '워얼마(沃尔玛wò'ěrmǎ)'이고 까르푸의 중문 네임은 '지아러푸(家乐福jiālèfú)'이다. 월마트는 외국에서 들어온 신뢰할 만한 업체라는 이미지를 강조하기 위해 순수하게 음역

했고, 까르푸는 소비자와의 유대를 중시하여 '가정에서의 즐거움과 행복'을 네임에 담았다. 후발주자 이마트의 중문 네임은 '이마이더(易买得 yìmǎidé)'로서 앞의 두 예와 차별화된 의미를 전달하고 있다. 발음유사성에 초점을 두었다면 '이마터(易玛特 yìmǎtè)'쯤 되었을 것이다. 하지만 '易买得' 쪽이 '저렴하고 합리적인 가격으로 소비자에게 이익을 돌려준다'는 이마트의 핵심적인 브랜드 컨셉을 잘 표현하고 있다. 쉬운 한자를 조합하여 이마트 브랜드가 중국 소비자에게 줄 수 있는 효익(benefit)을 직접적으로 전달함으로써 월마트나 까르푸와 차별화된 이미지로 브랜드 커뮤니케이션의 효율성을 높이고 있다.

중국 주류 브랜드 중에서 브랜드 차별화 전략을 통해 시장 진입에 성공한 '진류푸(金六福 jīnliùfú)'의 사례를 보자. 중국인들이 즐겨 마시는 증류주(白酒, 일명 배갈)의 네임으로 제일 많이 쓰는 것은 생산지의 지명이고, 그 다음은 술을 만드는 재료나 술 빚는 방식이다.

지명 사용

샤오싱주(绍兴酒 shàoxìngjiǔ) : 浙江省 绍兴(저장성 샤오싱)

마오타이주(茅台酒 máotáijiǔ) : 贵州省 茅台(구이저우성 마오타이 현)

징주(京酒 jīngjiǔ) : 北京(베이징 시민을 위한 술이라는 뜻)

펀주(汾酒 fénjiǔ) : 山西省 汾县(산시성 펀 현)

시펑주(西凤酒 xīfèngjiǔ) : 陕西省 凤翔(산시성 펑시앙)

콩푸지아주(孔府家酒 kǒngfǔjiājiǔ) : 공자의 집안에 내려오는 제조법으로
만든 술

재료나 방식 사용

우량예(五糧液 wǔliángyè) : 다섯 가지 재료(옥수수, 찹쌀, 수수, 보리, 멥쌀)를 혼합해서 만든 술

주예칭(竹葉靑 zhúyèqīng) : 펀주(汾酒)에 여러 가지 약재를 넣어서 만든 술

우자피주(五加皮酒 wǔjiāpíjiǔ) : 오가피, 당귀 같은 약재를 넣고 만든 술

얼궈토우(二锅头 èrguōtóu) : 솥을 이중으로 놓고 걸러서 만든 술

전통적인 네임과 차별화된 네임을 개발하려면 어떻게 해야 할까. 쉽지 않아 보이지만 방법은 있다. 이들 사이에서 공통점을 찾아낼 수만 있다면 그것으로 이들을 묶어 한쪽으로 몰아버리고 비어 있는 곳을 찾아 네이밍을 하면 된다. 위의 경쟁사 제품의 이름을 잘 살펴보면 하나의 공통점이 보인다. 제조 지역이든 제조에 쓴 재료든 제조의 방식이든 결국은 제조업자의 관점에서 만들어졌다는 것이다. 그 반대쪽은 어디일까. 바로 소비자의 관점이다. 즉, 소비자의 위치에서 누리는 효익이 빠져 있다. 이 자리를 과감하게 꿰차고 나온 것이 '진류푸(金六福 jīnliùfú)'라는 브랜드이다.

중국의 소비자에게 '金'은 존귀함을 나타내고 '六福'은 여섯 가지 행운을 나타낸다. '寿(장수), 富(부유), 康(건강), 德(덕), 和(화목), 孝(효)'가 그것이다. 술을 마시면서 친구나 여러 지인들과 즐겁게 어울리며 동시에 여섯 가지 복까지 향유할 수 있다니 이보다 좋은 일이 또 있을까. '진류푸'는 중국인의 문화와 정서를 기가 막히게 파악하여 반영한 네임이다.

보통 술을 마시면 건강을 해치는 것으로 생각한다. 그렇다보니 앞에서와 같이 전통적인 네이밍 범위를 벗어나지 못한다. '진류푸'는 이에 대한 역발상의 결과, 3년이라는 짧은 시간에 약 2천억 위안의 매출을 올리는 5대 증류주(백주)의 하나로 성장하였다. 주류 업계에 '진류푸 신드롬(金六福现象)'이란 말이 나올 정도로 성공을 거둔 이면에는 이와 같은 전략적이고 차별화된 브랜드 네이밍이 있었다.

브랜드 네임의 차별화는 상표 등록을 위해서도 필요하다. 중국 시장은 브랜드의 전쟁터이다. 매년 20, 30만 개의 새로운 브랜드가 쏟아져 나온다. 따라서 어느 업종이고 웬만한 이름은 다 등록되어 있다. 이 때문에 쉽고 기억하기 좋으며, 제품 관련성도 높으면서 동시에 차별화된 네임을 얻기가 참으로 어렵다. 그러므로 전략적인 접근이 필요한 것이다. 시장에 대한 깊이 있는 분석, 브랜드에 대한 전략적 접근, 그리고

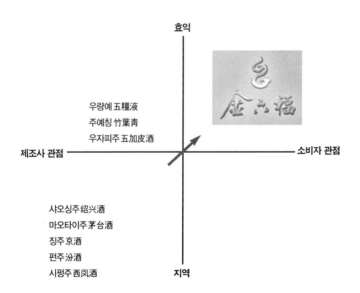

크리에이티브가 조화를 이룰 때 그것이 가능할 것이다.

부정적인 연상을 유발하지 않아야 한다

새롭게 브랜드 네임을 개발할 때 그 안에서 부정적인 이미지가 연상되어서는 안 된다. 전략적인 마인드가 없이 네이밍을 하거나 중국 문화의 특성을 경시할 경우 이 같은 실책이 생길 수 있다.

코카콜라의 음료수 브랜드인 '스프라이트(Sprite)'는 중국어로 '쉬에삐(雪碧xuěbì)'라고 발음한다. 영문 네임의 발음과는 한참 거리가 멀다. 여기에는 그럴 만한 사연이 있다. 우선 'sprite'는 '꼬마요정'이란 뜻이다. 서양 사람들에게는 귀여운 느낌을 주는 단어인데, 이것을 중국어로 '야오징(妖精 yàojīng)'이라고 번역을 해놓으면 그 느낌이 완전히 사라진다. 중국인에게 '妖精(요정)'은 어디까지나 '妖怪(요괴)'와 동의어로 '요사스러운 정령'에 불과하기 때문이다. 이런 의미를 제품의 네임으로 사용할 수는 없으므로 처음에는 소리에 무게를 두고 '쓰보라이(斯波来 sībōlái)'라는 이름으로 제품을 출시했다. 결과는 참패였다. 마케팅 전략상의 문제가 컸겠지만 '斯波来'라는 네임은 스프라이트가 지닌 소비자들에게 시원하면서도 풍부한 이미지를 연상시키기에는 너무나 무미건조했던 것이다. 고심 끝에 그 네임을 원음과는 다르지만 시원한 느낌을 주는 '쉬에삐(雪碧)'로 바꾸고 중국 본토 시장을 겨냥한 특별 광고를 제작하여 대대적인 홍보에 나섰다. 그 결과 '쉬에삐'는 중국인들에게 친숙한 음료 브랜드의 하나가 되었다.

면도칼 전문회사인 '도루코(DORCO)'의 중문 네임은 '두커(杜克 dùkè)'였다. 이 네임은 현지 소비자들에게 그다지 호응을 얻지 못했다. 발음이 거칠고 의미가 다소 위협적이었기 때문이다. '杜'는 '남의 접근을 막는다'는 뜻이고 '克'는 '극복하다, 싸움에서 승리하다'라는 뜻이다. 이런 의미라면 피부의 안전을 염려하는 소비자에게 두려움을 안겨주기에 족하다. 안전하면서도 상쾌한 느낌을 주어야 하는 제품 이미지에 맞지 않았다. 이에 새롭게 네이밍을 하게 되었고 그 결과 '두어러커(多乐可 duōlèkè)'라는 멋진 네임을 얻을 수 있었다. 도루코와 발음도 유사하고 부드러우며 게다가 사용자에게 '면도의 즐거움'이라는 새로운 컨셉을 안겨주는 훌륭한 네임이다. 하지만 중문 네임이 바뀜에 따라 도루코 측은 그 과정에서 패키지도 다시 만들고 홍보용 카탈로그나 중문 홈페이지 모두 새롭게 바꿔야 했다. 그동안 어렵게 쌓아온 브랜드 인지도를 포기하고 처음부터 다시 시작해야 했다. 이 과정에서 적지 않은 물적·시간적 비용이 발생했는데, 애초에 전문회사의 도움을 받았다면 전혀 지불할 필요가 없는 손실이라고 할 수 있다.

이런 잘못은 중국 기업도 범할 수 있다. 중국 식음료업체인 '와하하(娃哈哈)' 그룹은 2006년 초 '쐉와이와이(爽歪歪 shuǎngwāiwāi)'라는 어린이 유산균 음료를 내놓았다가 된서리를 맞았다. '쐉와이와이'가 중국 표준어로는 '매우 기쁘다'는 뜻이지만 푸젠(福建)성 및 타이완성 방언으로는 남녀 관계를 연상시키는 비속어이기 때문이다. 광고를 내보낸 중국 관영 CCTV는 심의 결과 법적인 문제는 없다고 결론을 내렸지만 아직도 인터넷 누리꾼 사이에서 논란이 가라앉지 않으면서 제품

이미지는 적잖은 상처를 입고 있다.

치열한 제품 경쟁으로 인해 품질의 차이점이 점차 좁혀지는 시점에서 장기적으로 소비자의 인식에 포지셔닝하는 것이 브랜드 네임이다. 이러한 브랜드 네임이 부정적인 연상을 자아낸다는 것은 마케팅에 있어 치명적인 약점이 아닐 수 없다.

|

4. 나쁜 네임은 어떻게 해야 하나?

현재 쓰고 있는 네임에 문제가 있다면 바꿔야 한다. 중국 시장과 문화에 대한 진지한 고려 없이 무심코 지은 네임이 그 회사의 이미지에 부정적인 색깔을 입히고 있다면 하루라도 빨리 고쳐야 한다.

일본 자동차 기업 중 '마쯔다(松田)'가 있다. '松田'을 중국어로 읽으면 'sōngtián'으로 발음되는데 이것은 '送天(sòngtiān)'(임종하다, 저세상으로 보내다)을 연상시킨다. 그러므로 '松田'이란 이름은 안전이 보장되어야 할 자동차 네임으로 사용할 수 없었다. 소비자들이 '送天'을 연상시키는 자동차를 선뜻 구입하려 하지 않을 것이기 때문이다. 이들은 고심 끝에 기업명을 바꾸기로 결정한다. 그래서 '松田'의 일본어 발음인 '마쯔다'를 중국어로 옮겨서 '마쯔다(马自达 mǎzìdá)'라는 네임으로 바꾸었다. 이 회사는 발음이 지닌 부정적 이미지 때문에 어쩔 수 없이 일본에서는 '松田', 중국에서는 '马自达'로 서로 다른 네임을 사용하게 된 것이다.

오리온 초코파이가 처음 중국에 진출할 당시 회사 이름이 '동양제과

(東洋製菓)'였다. 하지만 중국에서 사업체를 등록할 때는 '東洋'이란 말을 쓰지 않았다. 중국에서 '東洋'이란 단어는 '동양'이 아니라 '일본'을 가리킨다. 때문에 이 이름을 쓸 경우 일 년에 몇 번씩 발생하는 일본 상품 불매 운동에 쉽게 표적이 될 수 있다. 동양제과 측에서는 이 회사명 대신 '오리온(ORION)'을 가지고 중문 네이밍을 해서 얻은 '하오리여우(好麗友 hǎolìyǒu)'로 등록하였다. 경쟁사에서 '초코파이'라는 말을 먼저 등록한 바람에 할 수 없이 기업명인 '하오리여우'를 제품명으로도 쓰게 되었는데, 결과적으로 이 선택이 오리온 초코파이의 매출을 올리는 데 크게 기여하게 되었다. 중국인에게 부정적인 의미를 지닌 '東洋'이란 이름을 과감하게 포기함으로써 더 큰 것을 얻었다고 할 수 있다.

연예인들이 본래의 네임 대신에 예명을 만들어 쓰는 까닭은 이름이 지닌 영향력 때문이다. 패션업계에서 '김봉남'보다는 '앙드레 김'이 훨씬 세련되게 느껴지고, 힙합 스타일의 가수에게 '정지훈'보다는 '비(Rain)'가 더 어울린다. 이런 이름은 국내 시장을 넘어 세계 시장으로 뛰어드는 데에도 유용하다. 기업이든 탤런트든 브랜드 이미지를 가꾸는 데 이름이 부정적으로 작용한다면 과감하게 바꿔야 한다. 개그우먼 '이영자'처럼 본명 '이유미'가 너무 세련되게 느껴진다고 해서 보다 더 대중적인 느낌이 나는 쪽으로 바꾼 경우도 있지만 이건 특별한 경우이다.

5. 탁월한 네이미스트의 조건

탁월한 네이미스트가 갖춰야 할 조건은 다음과 같다. 중국어를 읽고 쓰고 말하고 창작할 수 있는 능력이 필요한 것은 당연하다. 그리고 시장의 변화와 네이밍 트렌드를 읽을 줄 알아야 한다. 차별화된 네임을 개발하려면 유관 업종의 경쟁사들이 어떤 네임을 가지고 있는지 알아야 하고, 향후 어떻게 바뀌어갈지 예측할 수 있어야 한다. 물론 중국의 소비자에게 어필하는 좋은 네임이란 어떤 것인지도 알아야 하며 무엇보다 중국의 문화(문학, 철학, 역사, 정치, 경제, 사회 등)에 대한 폭넓은 지식과 깊은 통찰력을 갖춰야 한다. 또한 브랜드에 대한 이해를 바탕으로 주어진 프로젝트의 문제 해결을 위해 전략적 사고를 할 수 있어야 한다. 남들이 동쪽으로 갈 때 서쪽으로 갈 수 있는 역발상의 마인드와 크리에이티브도 필요하다.

이 중에서 특히 '문화'에 대한 소양의 중요성을 강조하고 싶다. 다른 요소들은 교육과 실무 경험의 누적을 통해 일정 수준까지 끌어올릴 수 있다. 하지만 '문화'에 대한 소양과 통찰력은 하루아침에 갖출 수 있는 것이 아니다. 네이밍은 그야말로 언어를 가지고 노는 것이다. 소비자에게 다가가서 그들을 구매로 이끌 만한 매력적인 네임을 짓기 위해서는 그들의 언어와 문화에 대한 깊이 있는 이해가 필수적이다. 중국의 언어와 문자에는 3천 년의 역사와 문화가 고스란히 녹아 있다. 다시 말하면 3천 년 동안의 경험이 켜켜이 쌓여 있다는 말이다. 그러한 역사적 경험을 네임에 반영시킬 때 소비자들의 마음을 크게 울릴 수 있다.

메타브랜딩이 개발한 여러 네임 중 한 예를 들어보자. (주)신원의 여성 의류 브랜드 '씨(SI)'의 중문 네임은 '시이(熙伊 xīyī)'이다. '그녀를 빛나게 하다'라는 뜻이다. SI가 1음절인 만큼 중문 네임도 한 글자로 해야 하지 않느냐는 의문이 들 수 있는데, 상표 등록상의 관례에 따르면 한자(漢字) 한 글자로는 등록이 불가능하다. 우리나라에서도 한글 한 글자는 등록이 안 된다. 영문의 경우엔 두 글자도 안 된다. 예컨대 LG, GS, SK는 그 자체만으로는 등록이 안 되기 때문에 심벌을 만들어서 로고 형태로 상표 등록을 한다(심벌과 로고에 대한 설명은 3장을 볼 것). 2음절로 네이밍하면서도 SI와 발음이 유사해야 하는데 '시이(熙伊)'는 이러한 조건을 충족시킨다. 의미를 살펴보자. '熙(희)'는 밝고 화려하다는 뜻이다. SI의 제품 컨셉 중에서 '감각적인 신세대의 영캐주얼'이라는 이미지를 잘 반영한다. '伊(이)'는 중국의 고문(古文)에서 '저, 그'라는 지시대명사로 쓰인다. 특히 '伊人(yīrén)'는 여성을 지칭하여 '그녀'라는 뜻을 지닌다. 중국에서 중등 과정 이상의 교육을 받은 사람이라면 여성 의류 브랜드에 쓰인 '伊' 자에서 쉽게 '伊人'을 떠올리고, 자연스럽게 "所谓伊人, 在水一方"(소위이인, 재수일방)이라는 『시경』의 한 구절과 연결지을 수 있다. "아름다운 저 아가씨, 개울 건너편에 있네."라는 뜻이다. 당장 손을 잡고 말을 건네고 싶은데 개울에 가로막혀 그럴 수가 없는 젊은 총각의 애틋한 마음을 담고 있다. 이 문맥에서 '伊人'이 나타내는 '아름다운 아가씨'라는 뜻이 '熙伊'에 그대로 전이된다. 중국의 소비자들은 '熙伊'가 그러한 의도로 만들어졌다는 것을 쉽게 이해하고 동감을 표시한다. 이 정도의 역사적·문화적 지식은 이미 삶의 일부이기 때문이다. 결과적으로 '熙伊'

는 발음 면에서나 의미 및 제품 컨셉 면에서 SI와 대단히 잘 어울리는 멋진 네임이다. 탁월한 네이미스트라면 이 정도의 지식은 기본으로 갖추고 자유자재로 네이밍, 나아가 슬로건 및 광고 카피 제작에 활용할 수 있어야 한다.

|

6. 글로벌 기업의 중문 네임 개발

필자는 일찍이 중국에 진출한 글로벌 기업의 중문 네이밍 방식을 분석해본 적이 있다. 그때 이들이 자사의 영문 네임을 중문으로 옮기는 방식이 다음의 다섯 가지를 벗어나지 않다는 사실을 알게 되었다.

뜻을 옮긴다
원래의 브랜드 네임이 가진 의미를 중국어로 옮겨주는 것이다.

기업명	발음-의미	중문명	중문 의미
Apple	애플-사과	苹果 핑구어 píngguǒ	사과
Nestlé	네슬레-새 둥지	雀巢 취에차오 quècháo	새 둥지
Oracle	오라클-신탁	甲骨文 지아구원 jiǎgǔwén	점치기 위해 새긴 글
Volkswagen	폭스바겐-국민의 차	大众 다중 dàzhòng	대중

스티브 잡스, iMac, iPod 등으로 대변되는 애플 사의 중문 네임은 '핑구어(苹果 píngguǒ)'이다. '사과'를 더할 것도 없고 덜할 것도 없이

'사과'로 옮겼다. 이렇게 단순한 네임은 힘이 있다. 쉽게 기억되고 쉽게 구전되기 때문이다. '네슬레(Nestle)'는 스위스의 기업으로서 '새 둥지'이다. 영어의 'nest'를 떠올리면 된다. '새 둥지'를 중국어로 '냐오차오(鸟巢 niǎocháo)'라고 하는데 이런 일반명사는 상표로서의 독특한 식별력이 떨어져서 등록이 어려우므로 앞의 글자를 주위에서 흔히 보이는 '참새 작(雀)'으로 바꿔서 '취에차(오雀巢 quècháo)'라고 이름을 지었다. 전체적으로 발음상의 관련성보다는 의미를 고려하여 네이밍했다고 할 수 있다.

기업 전산화 프로그램 전문업체인 '오라클(Oracle)'의 중문 네임은 '갑골문(甲骨文 jiǎgǔwén)'이다. 영문 'Oracle'의 뜻이 '신탁, 신의 계시'인데 중국에서 신의 계시를 받기 위해 거북의 배 껍질이나 소의 대퇴골에 새긴 문자가 '갑골문'이기 때문에 서로의 유사성을 고려하여 이렇게 옮겼다. 그러니까 중국어에서 '갑골문'은 중국 고대의 문자인 '갑골문' 이외에 서양의 '오라클'사를 지칭하는 새로운 의미를 갖게 된 것이다.

'폭스바겐(Volkswagen)'은 독일어로 '국민의 차'라는 뜻이다. 제2차 세계대전이 일어나기 전인 1933년 8월, 히틀러는 평범한 국민들도 부담 없이 살 수 있는 값싼 소형 자동차를 만들라는 지시를 내렸다. 그 지시를 따라 포르쉐 박사가 만든 최초의 차가 '폭스바겐'이었고, 그 모양에 맞춰 '비틀(beetle 딱정벌레)'이라는 애칭이 붙었다. 1984년, 이 차가 이제 막 대외적으로 시장을 개방한 중국 상하이에 첫발을 내디딜 때, 이름을 어떻게 할까 많이 고심했을 것이다. 만일 'Volkswagen'을 소리가 나는 대로 중국어로 옮긴다면 길이도 길고, 중국어에 없는 발음을 억지로 표현하기 위해 많은 무리를 해야 했으리라. 하지만 그들은 '폭스바겐'의 개발 정신을 되살려 '대중을 위한 차'라는 뜻에서 '다중(大众 dàzhòng)'이라고 지었다.

이처럼 뜻을 살려서 쉬운 중국어로 옮기는 것은 모두 현지화에 무게를 둔 경우다. 이런 네임은 길이도 짧고 쉬운 중국어로 되어 있어서 친근한 느낌을 준다. 그런데 그런 장점의 이면에는 몇 가지 문제점도 있다. 첫째, 이러한 방법이 가능하려면 원래의 브랜드가 의미를 지니고 있어야 한다. SONY나 NOKIA 같은 네임은 근본적으로 의역이 불가능하다. 애초에 의미를 담고 있지 않기 때문이다.

둘째, 뜻을 옮긴 네임이 중국인에게 너무 친숙한 나머지 자국의 국산 브랜드로 인식될 가능성이 많다. 외국 브랜드가 누릴 수 있는 프리미엄을 포기해야 한다는 말이다. 중국 소비자들은 다소 비싼 가격을 치르더라도 외국 브랜드를 구매하려는 성향이 있다. 그 이유 중 하나는 이른바 명품 브랜드가 지닌 과시적 기능 때문이다. 고(高) 관여 제품으로 갈수록 로컬 브랜드 이미지의 탈피가 필요한 까닭이 여기에 있다. 끝으로 '大众'과 같은 이름은 상표법이 정립되어 있지 않은 초창기에나 등록이 가능한 네임이다. 어느 나라건 국민들이 일상적으로 사용하는 단어에 대해서는 독점적인 사용권을 주지 않기 때문이다.

소리 나는 대로 옮긴다

외국 브랜드 네임을 중국어로 옮기는 데 사용하는 두 번째 방법은 소리를 옮기는 것이다. 즉 우리가 'AUDI'를 '아우디'라고 하고 'SONY'를 '소니'라고 하듯 중국어로도 원음과 같은 소리가 나도록 옮기는 것이다. '스와치(SWATCH)'의 중문 네임을 보면 원래의 발음과 아주 흡사하다. 한자라는 뜻글자로 이렇게 발음까지 유사하게 네이밍할 수 있다는 점이 흥미롭다.

AUDI	아우디	→	奧迪	아오디	àodí
SONY	소니	→	索尼	쑤어니	suǒní
SWATCH	스와치	→	斯沃琪	쓰워치	sīwòqí

한국에서는 외국 회사명이나 제품명을 대부분 소리 나는 대로 옮긴다. 한국산이 아니라 외제라는 느낌을 주면서 상대적으로 고급스러운 느낌을 줄 수 있기 때문이다. 중국의 소비자들도 일반적으로 외국 제품에 프리미엄을 얹어주는 경향이 있기 때문에 외국 기업의 제품명은 소리를 옮겨서 표기하는 경우가 많다.

그런데 이렇게 소리를 옮길 때 부딪치는 문제는 원래 브랜드 네임의 소리와 똑같이 옮기기가 쉽지 않다는 점이다. 위의 AUDI나 SONY, SWATCH는 중국어로도 거의 똑같이 음역되었지만 이럴 수 있는 경우는 그다지 많지 않다. 왜냐하면 중국어와 영어, 또는 한국어의 발음 구조가 다르기 때문이다. 참고로 옆의 도표를 보자.

X표를 한 부분은 중국어에 해당 발음이 없다는 뜻

	a	e(e)	i	o	u
b	ba	~~be~~	bi	bo	bu
f	fa	~~fe~~	~~fi~~	fo	fu
d	da	de	di	~~do~~	du
t	ta	te	ti	~~to~~	tu
g	ga	ge	~~gi~~	~~go~~	gu
K	ka	ke	~~ki~~	~~ko~~	ku

이다. '도, 토, 고, 코' 발음도 없고 '기, 키' 발음도 없다. 만약 외국에서 들어온 용어 중 이런 음절이 들어 있다면 유사한 다른 발음으로 바꿔서 쓴다. 예컨대 NOKIA의 중문 네임은 '누어지야(诺基亚 nuòjīyà)'이다. 중국어에 'NO' 발음이 없으므로 'NUO'를 썼고 'KI' 발음이 없으므로 그 대신에 'JI'를 쓴 것이다. 'A'가 'YA'로 바뀐 것은 발음상 '阿a'를 쓸 수도 있었겠지만, '아시아(야저우 亚洲 yàzhōu)'라는 의미를 담는 것이 좋겠다고 판단했기 때문일 것이다. 이렇듯 중국어 발음 구조의 제약 때문에 인명이든 브랜드 네임이든 원래의 발음과 다르게 부르는 현상이 곳곳에서 일어난다.

그렇다면 소리 옮기기와 뜻 옮기기의 장점만을 취하면서 제품과의 관련성을 지닌 차별화된 이름을 개발하는 방법은 없을까? 이에 대한 해법을 다음에서 찾아보자.

뜻 옮김과 소리 옮김을 절충한다

앞에서 지적했듯 의미로 옮기는 방법과 소리를 옮기는 방법은 각각 장단점이다. 소리로 옮길 경우 고급스런 느낌을 반영할 수 있지만 상대적으로 제품의 특성을 반영하기 어렵고, 의미를 옮길 경우 친숙함과 이해 가능성을 높일 수 있지만 외국 제품이 가지고 있는 고급함과 프리미엄을 잃게 된다. 중국어 네이밍이 어려운 것은 바로 이 때문이다. 장점만을 살려 네이밍을 해보려 해도 곧 딜레마에 빠진다. 실제 의미를 옮기는 순간 원래의 소리는 사라지며, 반대로 소리로 옮기는 순간 원래의 의미는 흔적도 없이 자취를 감춰버리기 십상이다.

그렇다면 이런 딜레마를 극복하고 친숙함과 고급스러움이란 두 마리 토끼를 잡을 수는 없을까? 첫 번째 대안은 '버거킹', '스타벅스'와 '유니레버'의 중국어 네이밍에서 찾을 수 있다.

Burger King	버거킹	→	汉堡大王	한바오(소리)+다왕(의미)
Starbucks	스타벅스	→	星巴克	싱(뜻)+바커(소리)
Unilever	유니레버	→	联合利华	리앤허(뜻)+리화(소리)

'버거킹(Burger King)'은 햄버거의 소리를 옮긴 '汉堡(hànbǎo)'와 '킹'의 의미인 '大王'을 합쳐서 만들었다. '스타벅스'의 중국어 이름은 '싱바커(星巴克 xīngbākè)'이다. Star는 '별'이라는 의미를 살려 '星'으로 옮기고 bucks는 마지막 s음을 뺀 채 '巴克(bākè)'라는 소리로 옮겼다. 만약 전체를 음역한다면 '스타바커쓰(斯塔巴克思 sītǎbākèsī)' 정도가 될 텐데, 너무 길고 읽기도 어려워서 소비자의 저항을 피할 수 없었을 것이다. 결과적으로 '星巴克'는 의역과 음역을 동시에 진행하여 친숙함과 낯선 느낌을 동시에 보여준 매우 성공적인 사례라고 하겠다. '유니레버' 역시 동일한 방식으로 설명된다. 'uni-'가 지닌 'union'의 의미를 '리엔허(联合 liánhé)'로 옮겼고 'lever'는 중국을 이롭게 한다는 뜻의 '리화(利华 lìhuá)'로 옮겼다. 참고로 중국어에는 'v' 발음도 없으니 그때그때 'h'나 'w', f' 등으로 옮긴다. '스와로브스키 SWAROVSKI'는 '스화뤄스치(施华洛世奇 shīhuáluòshìqí)'와 같이 'h' 음으로 옮겼고, '리바이스(Levis)'는 '리웨이쓰(李维斯 lǐwéisī)'로, '베르사체(Versace)'는 '판쓰저(范思哲 fànsīzhé)'로 옮겼다.

새로운 의미를 부여한다

소리를 보전하면서 소비자에게 의미 있는 메시지까지 전달하는 또 하나의 유력한 방법은, 소리를 유사하게 옮기되 원래의 브랜드 네임에는 들어 있지 않은 의미를 새롭게 부여하는 것이다. 이 방법이야말로 외국 제품이 가진 프리미엄을 잃지 않으면서도 중국의 소비자에게 친밀하게 다가가는 훌륭한 네이밍 기법이다.

> BALLY(발리) → 바이리(百利 bǎilì, 온갖 혜택)
>
> Coca-Cola(코카콜라) → 커커우커러(可口可乐 kěkǒukělè, 맛있고 즐거운)
>
> PORSCHE(포르셰) → 바오스제(保时捷 bǎoshíjiè, 빠른 시간을 보증함)

'발리(BALLY)'라는 이름은 이 기업의 창시자 칼 발리(Carl Bally)에서 유래하였다. 1850년 세계에서 가장 멋진 구두를 만들겠다는 일념으로 시작된 '발리'는 현재 인간의 몸에 걸치는 거의 모든 것을 생산하고 있다. 중문 네임은 '바이리(百利 bǎilì)'이다. 원래의 영문 네임과는 무관하게 "온갖 혜택을 제공합니다"라는 의미를 네임에 담았다. 코카콜라(Coca-Cola)의 중문 네임은 '커커우커러(可口可乐 kěkǒukělè)'이다. '맛있고(可口) 즐겁다(可乐)'라는 뜻이다. 영문 네임의 발음과는 다소 거리가 있지만 원래의 네임이 갖고 있지 않은 새로운 메시지를 담았다는 장점이 있다. Coca-Cola라는 영문 네임은 애초에 그것이 만들어진 스토리는 잃어버리고 소리로만 전해지는 반면, '可口可乐'는 제품이 주는 즐거운 느낌까지 아울러 향유하게 만든다. 이렇듯 코카콜라는 중국어로 옮겨지면서 더욱 매력적인 이름으로 바뀌었다고 할 수 있다. '포르세(PORSCHE)'는 페르디난트 포르쉐(Ferdinand Porsche)라는 자동차 공학자의 이름에서 따왔다. 앞서 말했듯이 그는 히틀러의 명령에 따라 '폭스바겐 비틀'을 만든 사람이다. 영문 네임에서는 사람 이름에 불과하지만, 중문 네임으로 옮기면서 "빠른 시간을 보증한다"는 새로운 의미가 부여되었다. 스포츠카인 만큼 속도라는 요소가 중요한 특성으로 간주되는데, 영문 네임에 존재하지 않는 이러한 의미를 중문 네임에서는 만들어서 넣어주었다.

방언을 활용한다

중문 네임에 대해 사람들이 일반적으로 가지고 있는 오해 중 하나는, 브랜드 네임을 소리에 따라 옮길 때 표준 중국어 발음에 근거하여 짓는다고 믿는 것이다. 이 믿음은 일반적으로는 타당하지만 가끔 예외를 발견하게 된다. 왓슨즈(Watsons)는 중국 상하이에서 쉽게 발견할 수 있는 편의점 중 하나이다. 간판에는 영문 이름과 함께 중문 이름 '屈臣氏'를 함께 쓰고 있다. '취천스(qūchénshì)'로 발음되는 중문 이름은 영문 이름과 아무런 관련도 없어 보인다. 그런데 왜 함께 쓰고 있을까. 남방 방언에 대해 알고 있다면 그 의문이 쉽게 풀린다.[11]

Watsons(왓슨즈) → 屈臣氏 $\left\{\begin{array}{l}\text{표준 발음: qūchénshì(취천스)}\\\text{광둥 발음: watʃanʃi(왓쉬안시)}\end{array}\right\}$

뜻밖에도 '屈臣氏'의 광둥 지역 발음이 '왓쉬안시'이다. 한국어로

'굴' 자로 발음되는 '屈 (qū)' 자가 '왓' 이라는 전혀 다른 소리로 발음된다. 즉 왓슨즈를 '屈臣氏' 로 지은 것은 표준말이 아니라 광둥 지역 발음에 따른 것임을 알 수 있다. 흥미로운 것은 상하이나 베이징 지역 사람들 가운데 이러한 배경을 아는 이들이 별로 없다는 점이다.

'피자헛' 의 중문 이름도 방언을 알아야 문제가 풀린다. 표준 발음 '비성커' 는 '피자헛' 과 거의 연관성이 없지만 광둥 방언으로 발음할 경우 유사성이 매우 높아진다.

Pizza Hut (피자헛) → 必胜客 { 표준 발음: bìshèngkè(비성커) 광둥 발음: bitʃnghak(빗쉬응학) }

표준 발음이 아니라 광둥 지역 발음에 따른다면 '비성커(必勝客)' 는 오로지 의미만을 고려하여 만든 것이 아니라, 피자헛의 발음을 고려하면서 고객에게 긍정적인 느낌을 주는 의미를 담은 멋진 네임으로 이해된다.

이상의 논의에 따르면 '왓슨즈' 와 '피자헛' 의 중문 네임은 처음부터 광둥 방언에 따라 지었음을 알 수 있다. 이들이 표준 중국어가 아니라 광둥 지역 방언에 따라 네이밍한 까닭은 이들이 중국에 들어갈 때 광둥 방언을 쓰는 홍콩으로 먼저 들어갔기 때문이다. 1980년대 이전까지 중국 대륙은 마오쩌둥이 이끄는 홍군에 의해 공산화되어 있어서 외국 기업은 중국에 들어가지 못했다. 외국 회사나 상품이 중국에 가장 가까이 갈 수 있는 곳은 홍콩이었다. 왓슨즈나 피자헛이 현재의 이름을 가지게 된 까닭은 당시 중국으로 통하는 유일한 관문인 홍콩까지 들어간 회사들이 홍콩의 소비자들에게 친숙하게 다가가기 위해 그들의 언어로 지었을 가능성이 크다. 만약 최초 진출 지역이 북방이었다면 현재 중문 네임도 달라졌을 것이다.

지금은 순수하게 의미를 옮기거나 방언 지역의 발음에 따라 네이밍하는 경우는 거의 없고 대부분 표준 중국어의 의미와 발음에 따르는 편이다. 이때 의미는 원래의 네임이 가지고 있는 것일 수도 있고 중국 시장 상황에 따라 새롭게 부여되는 것일 수도 있다. 대개 후자인 경우가 많다. 하지만 어떻게 옮기든 발음과 의미의 변화를 공통적으로 지니고 있다. 앞에서 중국 브랜드 네이밍이 '가치 창조의 작업'이라고 말한 까닭이 바로 이것이다.

한 가지 강조하고 싶은 점은, 설사 표준 중국어에 따라 네이밍을 했다 하더라도 그 이름이 방언 지역에서는 어떻게 발음되고 어떤 의미를 가지는지 관심을 가지고 꼼꼼하게 체크해야 한다는 것이다. 특히 중국의 한자를 우리말로 발음했을 때 받침이 있는 글자의 경우 주의가 필요하다. 위에서 언급한 '屈, 必, 客' 같은 경우 표준말에서는 받침이 없지만 남방 방언에서는 받침이 존재한다. '克, 百, 日, 月, 木' 등이 모두 그러하다. 만약 원래의 발음에 받침으로 간주되는 발음이 없다면 이와 같은 글자를 선택하지 않는 것이 좋다. 참고로 초콜릿(Chocolate)을 표준말로는 '차오커리(巧克力 qiǎokèli)'이라고 하는데, 남방에서는 이 말을 쓰지 않고 '주구리(朱古力 zhūgǔli)'를 쓴다. 그 이유는 이들의 발음과 관련이 있을 것이다.

	표준 발음	광둥 방언
巧克力	qiàokèlì 차오커리	hauhaklik 하우학릭
朱古力	zhūgǔlì 주구리	tʃygulik 취구릭

만들어진 시기를 보면 광둥 지역의 '朱古力(tʃygulik)'이 먼저다. 초콜릿이 광둥성의 홍콩으로 먼저 들어갔기 때문에 그 지역 방언에 따라 '朱古力'이라고 지은 것이다. 나중에 북방의 표준말로 발음을 해보니 초콜릿과 발음상 거리가 있기 때문에 새로 '巧克力(qiàokèlì)'라고 만들어 쓰게 된 것이다.

한국 기업이 중국에서 광고를 할 때는 똑같은 내용의 TV CF라고 해도 광저우 지역만큼은 광저우 방언으로 더빙을 해서 내보낸다. 그만큼 언어와 문화가 북방과 다르기 때문이다. 그러므로 네이밍 작업을 마친 다음에는 표준말 발음뿐만 아니라 상하이나 광저우 같은 대도시에서 쓰는 지역 방언으로 발음할 때 문제가 없는지 확인을 해야 한다. 만약 남방의 광저우 지역이 판매 대상에 포함된다면 이 과정은 필수적이다.

7. 중문 네임 개발 프로세스

앞에 제시한 조건을 만족시키면서 등록 가능한 네임을 확보하기 위해서는 철저하게 짜인 프로세스로 전략적 접근을 해야 한다. 메타브랜딩에서 수행하는 중문 네임 개발 프로세스는 다음과 같다.

3C 및 브랜딩 전략 분석

네이밍에 들어가기 전에 우선 네이밍 방향을 정해야 한다. 이를 위해 전문 브랜딩 업체에서는 해당 프로젝트를 수행하기 위한 네이밍 전략 팀이 구성되고 그 팀은 사전 조사 및 해당 기업 담당자와의 인터뷰를 통해 네이밍 컨셉과 방향을 설정한다. 마케팅에서의 3C 분석이 브랜드 네이밍 전략에서도 필요하다. 중국 소비자(Consumer)의 라이프스타일, 소비 성향과 언어 성향 및 트렌드 분석, 경쟁 브랜드(Competitor)의 네이밍 특성 및 이에 따른 차별화 방안의 모색, 자사(Company)의 기업 철학과 이미지, 그리고 제품의 기능, 속성, 효익을 바탕으로 한 컨셉과 아이덴티티 분석을 거쳐야만 최적의 네이밍이 가능하다. 이때 빼놓을 수 없는 것이 기업 차원의 브랜드 전략 분석이다. 기업 브랜드와 제품 브랜드 간의 계층 구조를 확립해야 하고, 아울러 향후 브랜드 포트폴리오 전략을 염두에 두고 개발해야 한다.

중문 네임은 가능한 중국인 네이미스트를 통해 개발한다

위의 분석을 통해 도출된 브랜드 컨셉 및 네이밍 방향에 따라 중문 네이밍이 진행된다. 중문 네임은 중국 소비자와의 커뮤니케이션을 위해 중국에서 중국인 네이미스트를 통해 만드는 것이 안전하다. 현지인의 문화와 정서 및 언어 능력을 무시할 수 없기 때문이다. 이때 중국의 대리인이나 사무실 직원에게 맡기는 것도 위험하다. 한국 사람이라고 한국어 네이밍을 잘 하는 게 아니듯 중국인도 마찬가지다. 아마추어에게 맡기면 이미 그들에게 익숙한 평범한 수준의 네임밖에 얻지 못한다. 이들은 차별성도 없을뿐더러 용케 좋은 네임을 만들더라도 이미 누군가가 쓰고 있어서 등록이 불가능한 경우가 많다. 광고를 광고 전문가에게 맡기듯 네이밍도 네이밍 전문가에게 의뢰하는 것이 바람직하다.

아울러 기존의 한국 한자 네임을 그대로 중국에서 사용할지 여부를 신중하게 고려해야 한다. 첫째, 한자어를 쓰는 대부분의 한국 기업은 중국의 소비자에게 외국 기업이 아니라 중국의 토착 기업으로 오인될 가능성이 많으며, 둘째, 앞에서 말했듯 '东洋'이나 '松田'처럼 부정적이거나 전혀 다른 의미를 나타내는 경우가 있기 때문이다.

상표 등록 가능성 검색

네이밍 작업을 통해 나온 수많은 후보안들은 1차 엄선되어 상표 등록 가능성을 알아보는 정밀 검색 과정에 들어간다.

상표 등록은 대단히 어렵다. 같은 제품군에 이미 등록된 네임이 매우 많기 때문이다. 특히 제품의 브랜드 네임은 중국의 어느 한 곳에서만 등록을 해도 중국 전역에 영향을 미치므로 등록되어 있는 네임이 어마어마하게 많을 수밖에 없고, 그만큼 새로운 네임의 등록이 어려울 수밖에 없다. 세 음절 중 두 음절만 같거나 '와하하(娃哈哈)'와 '하하와(哈哈娃)'처럼 앞뒤 글자의 순서가 달라도 등록할 수 없다.

우선 인터넷 온라인 검색 서비스를 이용하여 예비적으로 등록 가능성을 타진한다. 하지만 중국은 아직 상표 검색 시스템이 완벽하게 갖춰져 있지 않아서 검색이 누락 될 위험이 있다. 다소 비용이 들더라도 한국 또는 중국의 권위 있는 특허사무소를 통해 정밀 검색 단계를 거쳐야 안전하다. 상표 등록 문제에 대해서는 4장에서 자세히 다룰 것이다.

소비자 리서치

후보 네임에 대한 중국 소비자의 생각을 읽기 위해 정밀 검색을 통과한 후보안을 가지고 소비자의 반응을 알아볼 필요가 있다. 네임에 대한 중국 소비자의 이미지 연상을 알아보는 정성 조사와 제품 컨셉 및 네이밍 전략에 맞는지 여부를 조사하는 정량 조사로 나누어 진행한다. 이는 전문적인 작업이므로 한국 또는 중국 현지의 리서치 업체를 통해 진행하는 편이 좋다.

최종 후보안 선정 및 상표 출원

처음 설정된 브랜드 전략과 리서치 결과를 참조하여 최종안을 선정한다. 그리고 중국의 특허청에 정식으로 상표 등록을 출원한다. 주의할 점은 정밀 검색을 거쳤다고 하더라도 그 이름을 출원 즉시 사용할 수 없다는 것이다. 브랜드 네임은 중국의 관계 기관에 등록을 신청한 다음 12개월에서 18개월이 지나야 정식으로 사용 가능 여부를 통보받을 수 있다. 심지어 한국에서 유명 브랜드로 인기가 있다고 하면 어느새 중국인이 중국에서 먼저 등록해버리는 경우도 있다. 이 때문에 제품 라인을 갖춰놓고서도 출시하지 못하는 사례가 있다. 그러므로 향후 중국 시장 진출할 계획이 있다면 계획 초기부터 브랜드 네임을 개발하고 등록하여 사용권을 확보할 필요가 있다.

하나의 브랜드를 개발하여 시장에 런칭하기까지의 모든 과정은 마치 생명체의 그것과 유사하다. 수십 수백 가지의 다양한 가능성 가운데 철저하게 우와 열을 가린 후 오직 하나의 가능성만이 세상에 나와 빛을 볼 수 있기 때문이다. 브랜드 네임의 개발은 이와 같이 다양하고 복잡한 과정을 거쳐야 하므로, 다소의 시간과 비용을 투자해야 하는 것이 당연하다. 중국인의 문화와 정서에 어필하는 멋진 네임으로 중국 시장에서의 마케팅 전쟁에서 승승장구하기를 바란다.

2장

세계를 바꾸는
슬로건의 힘

광고에서 슬로건은 '소비자의 구매 행동을 촉진할 목적으로 생산자나 서비스업을 하는 기업이 그 광고에 반복해서 사용하는 간결하면서도 힘이 있는 말 또는 문장'으로 정의된다.[12] 브랜딩의 관점에서 보면, 슬로건은 브랜드의 비전과 핵심 아이덴티티를 반영하는 거울이다. 기업의 모든 광고나 마케팅 활동도 결국 기업의 비전이 반영된 슬로건에서 파생되고 있음을 알게 되면 이제부터 슬로건을 바라보는 태도가 달라질 것이다.[13] 다른 브랜드 요소는 굳이 강조하지 않아도 그 중요성을 알고 있다. 네임, 디자인, 컬러, 광고 등의 중요성을 누가 부정하랴. 이에 비해 슬로건은 금방 눈에 띄지 않지만 대단히 독특한 역할을 맡고 있다.

슬로건은 힘이 세다. 말 한 마디로 세상을 바꿀 수 있기 때문이다.

마틴 루터 킹 목사의 "나에겐 꿈이 있습니다(I have a dream)."는 미국인의 세계관을 근본에서 뒤흔들어놓았다. 흑인에게는 변화에 대한 욕구를, 백인에게는 변화하는 시대에 대한 포용력을 심어줬다. 광고의 슬로건 역시 소비자의 인식을 변화시키기 위한 목적으로 개발된다. 오늘날 광고는 상품과 서비스의 판매·촉진에만 머무르지 않고 대중의 의식과 가치관, 그리고 생활 양식까지도 변화시키려 한다. 그 중심에 슬로건이 있다.[14]

광고에서 언어로 표현되는 부분을 카피(copy)라고 한다. 카피는 헤드라인(Headline), 서브 헤드라인(Sub-Headline), 바디카피(body copy), 캡션(caption), 벌룬(balloon), 박스 또는 패널(panel), 슬로건, 로고타입 등으로 구성된다. 이렇게 보면 슬로건은 광고에 표현된 여러 구성 요소의 일부분에 불과한 것처럼 보인다. 그러나 슬로건은 특히 광고뿐만 아니라 제품의 패키지, 제품 홍보용 브로슈어나 카탈로그 등에 다양하게 쓰인다는 점에서 우리의 관심을 끈다. 예를 들면 다음이 슬로건이다.

"우리 강산 푸르게 푸르게" (유한킴벌리)

"소리없이 세상을 움직입니다" (포스코)

"Digital Exciting" (삼성 애니콜)

顾客幸福 gùkè xìngfú 고객의 행복 (SK中国)

大喜大, 大自然的味道! dàxǐdà, dàzìrán de wèidào 다시다, 대자연의 맛! (CJ中国)

1. 세상을 바꾼 두 개의 슬로건

세상의 상식과 고정관념을 바꾼 슬로건 두 개를 소개하려 한다. 하나는 '애플컴퓨터'의 'Think different'이고 또 하나는 '신라면'의 '吃不了辣味非好汉(chībuliǎo làwèi fēi hǎohàn)'이다.

애플을 회생시킨 슬로건: Think different

애플컴퓨터는 스티븐 워즈니악과 스티브 잡스가 설립한 회사다. 이 회사가 애플컴퓨터란 상호를 갖게 된 것은 사과 과수원이 많았던 이 지역 특성에서 유래한다. 1977년 워즈니악이 애플II를 만든 이후 컴퓨터업계를 주도해 온 애플컴퓨터는 1982년 PC업체 최초로 10억 달러 매출을 달성하는 등 초고속 성장을 했지만, IBM과 마이크로소프트사의 협공으로 1997년 시장점유율이 3퍼센트까지 떨어졌다. 애플컴퓨터를 절망의 나락에서 구해낸 사람은 중간에 경영 부실로 쫓겨났던 창업자 스

티브 잡스였다.

그가 내건 슬로건은 'Think different', 즉 '다르게 생각하라'였다. "고정관념을 깨라, 생각을 바꾸면 세상을 바꿀 수 있다."는 그의 외침은 애플 사의 침체된 기업 문화에 새로운 활기를 불어넣으면서 '애플 컴퓨터'의 재기에 결정적 기여를 하였다. iMac이라 불리는 속이 훤히 보이는 바다색 케이스에 모니터와 본체가 일체형인 이 가정용 컴퓨터는 출시한 지 단 6주 만에 27만 8천 대나 팔리는 대성공을 거뒀다. 특히 아이보리 일색이던 기존 PC에 디자인과 색의 혁명을 가져온 아이맥은 소비자들에게 열렬한 호응을 받았고, 그 결과 1998년 초 미국 시장에서 5퍼센트에 못 미치던 애플의 시장점유율이 20퍼센트로 올라갔다. 'Think different'라는 슬로건이 애플컴퓨터를 절망의 나락에서 끌어올린 것이다.

중국인의 입맛을 바꾼 '신라면'의 슬로건

그런데 이에 못지않은 대단한 사건이 중국 시장에서 일어났다. 13억 중국인이 3천여 년 동안 지켜온 입맛을 바꾸고자 하는, 누가 봐도 무모한 프로젝트가 기획되었고 끝내 성공을 거두었다.

중국인은 전반적으로 매운 음식을 잘 먹지 못한다. 북쪽 음식은 짠 편이고 남쪽 음식은 달콤한 편이다. 서부 내륙의 사천과 호남 요리는 우리 음식만큼이나 맵지만(새로운 사회주의 왕국을 건설한 마오쩌둥과 그것을 개혁하고 개방을 한 덩샤오핑이 모두 매운 음식 지역 출신이라는 점은 의미심장하다), 중국 전체로 볼 때 기름지면서도 맵지 않은 요리가 주를 이룬다. 중국인 직원이 한국에 와서 어려움을 느끼는 것 중 하나가 음식의 매운 맛이다. 이들에게 매울 신(辛) 자를 쓰는 '신라면(辛拉面 xīnlāmiàn)'을 먹게 한다는 것은 알래스카 사람들에게 냉장고를 팔고 아프리카 맨발의 원주민에게 운동화를 파는 것만큼이나 어려운 일일 수밖에 없었다.

당신이라면 어떻게 하겠는가. 시장이 없다고 돌아서겠는가, 아니면 새로운 블루오션으로 여기고 도전장을 내밀겠는가. 농심의 한국 전사들은 도전을 택했다. 3천 년 넘게 내려온 중국 소비자들의 입맛을 바꾸기로 결심하고 대대적인 캠페인을 벌였다(캠페인의 또 다른 뜻은 전쟁이다). 이때 사용한 슬로건이 '吃不了辣味非好汉(chībuliǎo làwèi fēi hǎohàn)'인데, '매운 걸 먹지 못하면 사내대장부가 아니다'라는 뜻이다.

원래 이 말은 '不到长城非好汉(bú dào Chángchéng fēi hǎohàn)'을 패러디한 것이다. 중국의 수도 베이징을 방문하는 외국인이 만리장성을 구경하고자 할 때 들르는 '빠다링(八达岭 bādálíng)'의 비석에 새겨져 있는 글이다. '만리장성에 와보지 않은 자는 사내대장부가 아니다'라는 뜻으로 마오쩌둥이 쓴 시의 한 구절인데, 사람들이 그의 친필을 받아 커다란 비석에 새겨놓았다. 이곳은 우리 같은 외국인뿐만 아니라 중국 각지에서 온 중국인들이 꼭 들러서 사진을 찍고 가는 곳이기도 하다. 그들은 고향으로 돌아가 이웃과 친척들에게 그 사진을 내보이며 자랑스럽게 말한다. "여보게, 만리장성 가봤어?" 의미심장한 웃음 뒤에 숨겨진 말은 "자넨 아직 사내대장부가 아니야!"일 것이다. 이런 경로를 통해서 전국 방방곡곡의 중국인들에게 친숙하게 알려져 있는 구호가 바로 '不到长城非好汉!'이다.

2005년 12월 11일, 영화 〈무극(无极)〉의 감독 천카이거와 출연진이 '不到长城非好汉'이라고 쓰인 현수막을 들고 사진을 찍고 있다. 이 글씨는 천카이거가 베이징 빠다링 장성 현장에서 직접 썼다고 한다. 왼쪽 두 번째가 한국의 장동건, 세 번째가 중국의 장바이즈, 오른쪽에서 두 번째가 천카이거 감독이다.

　　농심에서는 바로 이 말을 패러디하여 대대적인 광고 캠페인을 벌였다. TV를 켜면 농심 신라면 광고에서 외친다. "매운 걸 먹어야 진정한 대장부다!" 신문·잡지를 펼쳐도 그렇고, 길거리를 나서면 붉게 칠해진 버스가 도시 곳곳을 누비며 입맛을 바꾸라고 외친다. 이렇게 외치는 이가 누구인가? 바로 중국인 마음속에 살아 있는 마오쩌둥 주석이 아닌가!

　　소비자의 반응은 뜨겁게(hot) 나타났다. 그들은 기꺼이 비싼 가격을 지불하고 매운 맛을 즐기는 '하오한(好汉)'이 되길 선택했다. 신라면은 중국 로컬 제품이나 일본의 라면보다 1위안 정도 비싼 가격에 팔린다. 어른 아이 할 것 없이 즐겨먹고, 심지어 길거리의 인부들까지도 한 끼 식사로 신라면을 먹는다.

슬로건 하나 때문은 아니었겠지만 이 슬로건이 아니었다면 그만큼의 효과를 얻어낼 수 있었을까. 이 슬로건을 트로이의 목마로 하여 제품과 소비자를 가로막고 있는 편견과 의심의 장벽을 뚫고 중국인들의 마음속으로 당당하게 진입한 뒤, 그들의 생각과 습관에 변화를 준 것이다. 3천 년 넘게 내려온 한 민족의 입맛을 바꿀 정도니 슬로건의 위력은 참으로 위대하다!

|

2. 헤드라인과 슬로건의 차이

슬로건은 광고의 헤드라인으로 쓰이기도 하고 광고의 헤드라인이 슬로건으로 쓰이기도 한다. 이 때문에 양자의 경계가 모호하게 보이기도 한다. 슬로건과 헤드라인은 둘 다 간단한 언어로 상품이나 서비스의 특징을 보여주는 것으로서, 모두 광고와 관련이 있는 창의적인 활동이다. 하지만 둘 사이에는 분명한 차이가 있다.

헤드라인의 주된 기능은 소비자의 호기심을 자극하여 광고에 주의를 기울이게 하는 데 있다. 슬로건의 목적은 소비자들에게 '나(기업과 제품)는 누구인가'에 대한 인식을 심어주는 데 있다. 헤드라인은 광고의 내용에 따라 달라질 수 있다. 동일한 상품이라도 새로운 광고가 나오면 이전 광고의 헤드라인은 역사의 뒤편으로 사라진다. 하지만 슬로건은 대개 여러 광고에 반복 사용된다. 그만큼 수명이 길다고 할 수 있다. 헤드라인은 사용된 서체의 크기와 관계없이 대부분 눈에 잘 띄도록 처리하는데 반해, 슬로건은 대부분 광고의 하단이나 로고의 위나 아래에 조그맣게 쓰인다. 헤드라인은 일러스트레이션, 바디 카피와 함께 서로 유기적 관계를 맺으며 목적을 달성해 가는 반면, 슬로건은 전달하고자 하는 내용을 독자적으로 전달하고 완결해야 한다. 슬로건은 순간적인 주목을 노리기보다는 독자가 여러 광고 제작물 또는 진열되어 있거나 구매한 패키지를 몇 번인가 접하는 가운데 자연스럽게 독자의 마음속에 스며들기를 시도한다.[15]

슬로건의 중요한 기능 중 하나는 슬로건 변경을 통해 브랜드 리뉴얼 및 리포지셔닝이 가능하다는 것이다. 기업이나 제품의 브랜드 이미지 변신이 필요할 때 슬로건을 활용할 수 있다. 한국 시장에서 삼성전자의 애니콜이 좋은 사례이다.

> 1기 : 1994년 8월 ~ 1998년 6월 '한국 지형에 강하다'
>
> 2기 : 1997년 10월 ~ 1998년 6월 '작은 소리에 강하다'
>
> 3기 : 1998년 7월 ~ 1999년 8월 '언제 어디서나 한국인은 애니콜'
>
> 4기 : 1999년 9월 ~ 2001년 2월 '내 손안의 디지털 세상'
>
> 5기 : 2001년 3월 ~ 2007년 8월 'Digital Exciting'
>
> 6기 : 2007년 9월 ~ 2008년 현재 'Talk Play Love'

삼성 애니콜의 포지셔닝 전략에 얽힌 이야기는 다른 곳에서도 많이 다루므로 여기서는 생략한다. 1994년 8월부터 지금까지 슬로건의 수명을 보면 평균 2년쯤 된다. 이처럼 슬로건은 계절에 따라 바뀌고 특별행사 때마다 새로운 얼굴로 나타나는 헤드라인과 명확한 차이를 보인다. 뒤에 언급하겠지만 중국에서 'TOYOTA'의 기업 슬로건은 1980년대 중반부터 지금까지 20년 넘게 사용되고 있다. 이렇듯 슬로건은 중장기적으로 지속적으로 사용되며 브랜드의 비전과 핵심 아이덴티티를 흔들리지 않게 끌고 가는 중심축 역할을 한다.

3. 글로벌리제이션이냐, 로컬리제이션이냐?

슬로건에 있어서도 표준화와 현지화의 문제가 존재한다. 다시 말하면 글로벌 마켓에서 어느 지역에서건 하나의 슬로건으로 똑같이 캠페인을 할 것인가, 즉 어느 지역에서건 똑같은 아이덴티티를 구현할 것인가, 아니면 각 지역의 시장 상황에 따라 변화를 줄 것인가를 결정해야 하는 문제가 생긴다. 실행 차원에서의 의사 결정은 다음과 같이 나타난다.

- ◆ 한국에서 쓰는 영문 슬로건을 그대로 쓴다. (globalization)
- ◆ 한국에서 쓰는 영문 슬로건을 중국어로 번역해서 쓴다.
  (globalization + localization)
- ◆ 현지 상황에 맞춰 새로 중국어로 만들어 쓴다. (localization)

예컨대 HP는 'invent'라는 영문 슬로건을 중국에서도 그대로 쓰고 있고, SK는 '고객이 OK할 때까지'를 '구커싱푸(顾客幸福 gùkè xìngfú)'로 옮겨 쓰고 있으며, CJ는 '고향의 맛, 다시다'가 아닌 '다시다, 대자연의 맛'이란 의미의 '大喜大, 大自然的味道! (dàxǐdà, dàzìrán de wèidào)'라는 슬로건을 쓰고 있다. (물론 슬로건을 아예 쓰지 않는 경우도 있는데 이것은 논외로 한다.)

여기서 정해진 답은 없다. 기업의 전략, 목표 고객의 성향, 경쟁사의 포지션에 따라 전략적으로 선택해야 한다. 다만 언어적인 면만 놓고 본다면 아직은 영어보다는 중국어로 쓰는 것이 파급효과가 크다고 할 수 있다. 슬로건을 영어로 쓰면 그것을 인지하고 이해한다는 일차적인 목적조차 달성하기 어렵기 때문이다.

현지화에 무게를 두고 전략적으로 중문 슬로건을 개발하여 중국 소비자의 마음속에 긍정적인 이미지를 심은 사례 하나를 소개하겠다. 네슬레 커피가 1980년대 초 중국에 진출할 때 사용한 광고 슬로건은 다음과 같다.

(1) 感受优雅的欧洲风味 gǎnshòu yōuyǎ de ōuzhōu fēngwèi

　　유럽의 우아한 분위기를 느껴보세요.

(2) 味道好极了! wèidào hǎo jíle

　　맛이 끝내줘요!

하나는 정서적 측면에서 '유럽다운 분위기의 체험'을 유도하고 있고, 또 하나는 단도직입적으로 '맛'을 강조하고 있다. 이 슬로건들은 같은 시기에 중국의 각기 다른 지역에서 집행된 것이다. (1)은 타이완이고 (2)는 대륙이다. 그 이유는 타이완과 대륙의 커피 시장 성숙도와 소비자의 성향 차이 때문이다.

타이완은 오래 전부터 영미 문화와 접촉해 왔으므로 커피 문화를 잘 이해하고 있었다. 커피가 어떤 맛이며 언제 마시는지 알고 있으므로 거기에서 한 걸음 더 나아가 '분위기의 체험'을 강조한 것이다. 반면 대륙에서는 시장을 외국 기업에 개방한 지 얼마 되지 않은 터라 설사 도시에 사는 사람들이더라도 커피의 존재나 그 맛을 아는 이가 드물었다. 그들은 '룽징차(龙井茶 lóngjǐngchá)'나 '우룽차(乌龙茶 wūlóngchá)'와 같이 뜨거운 물에 찻잎을 우려내어 마시는 것에 더 익숙했다. 따라서 일단 커피의 새로운 맛과 향기에 대한 두려움을 없애는 것이 급선무였으므로 바로 '맛'을 핵심 컨셉으로 하여 광고를 했고, 그 과정에서 선택된 것이 이 슬로건이었다. 네슬레 커피의 중국 광고는 바로 '味道好极了'에서 시작되었고, 지금도 중국의 소비자들은 그것을 기억하고 있다. 이 슬로건은 당시 대중들 사이에서 선풍적인 인기를 끌었다.[16] 커피 음료와 관계없는 수많은 기업이 이 슬로건을 그대로 모방하여 자신들의 광고에 썼을 정도이다. 이때만 해도 중국의 광고 수준이 매우 낮아서 누군가 좋은 카피를 쓰면 그대로 모방해 쓰는 것이 당연시되었다. 물론 지금은 아니다. 소비자의 라이프스타일과 소비 성향에 따라 슬로건 제작이 어떻게 달라져야 하는지를 보여주는 좋은 사례이다.

4. 기업 슬로건과 제품 슬로건

기업 슬로건은 일반적으로 기업의 창업, 경영 이념, 발전 전략 또는 소비자나 사회에 대한 약속 등을 표현하며, 명확하고 강력한 어조를 띠는 경우가 많다. 따라서 '혁신(创新 chuàngxīn)', '개척(开拓 kāituò)', '웅비(腾飞 téngfēi)', '품질 제일(质量第一 zhìliàng dìyī)'과 같은 키워드를 많이 사용한다. 제품 슬로건은 기업 슬로건과는 별도로 특정 상품에 붙이는 것으로서 통상 그 제품의 기능, 속성, 소비자 가치 등을 구체적으로 표현한다.

그 동안의 중문 슬로건 개발 경험에 따르면, 한국의 모(母) 기업에서 전략적으로 선택한 컨셉을 중문 슬로건에 구현시키려 하는 것은 좋다. 하지만 영어 또는 한국어 슬로건을 그대로 중국어로 번역하려고 해서는 이상적인 중문 슬로건이 나오지 않는다. 그렇게 만든 슬로건을 중국 소비자에게 보여주면 "어색하다. 억지로 번역한 느낌이 나고 중국어답지 않다"는 반응이 대부분이다. 원래의 슬로건은 참고만 하고 그 컨셉을 이용하여 그들 안에서 중국어다운 표현을 끄집어내도록 해야 한다. 물론 문장의 스타일, 운율, 대구, 전체의 길이 등을 종합적으로 고려해야 하는 것은 기본이다.

도요타 자동차 사례

도요타의 사례를 가지고 설명해보자. 다음은 《중국자동차화보(中国汽车画报)》2006년 9월호에 실린 도요타 자동차 'CAMRY'의 잡지 광고

이다.

전체적으로 레이아웃이 아주 단순하고 산뜻하다. 이 중에서 우리의 관심사인 슬로건 부분만을 확대하여 보기로 하자. 그림에서 알 수 있듯이 기업 브랜드와 제품 브랜드의 슬로건을 각각 따로 쓰고 있다.

为您成就卓越 wèi nín chéngjiù zhuóyuè (CAMRY)

당신에게 탁월함을!

车到山前必有路，有路必有丰田车. chē dào shānqián bì yǒu lù, yǒu lù bì yǒu fēngtiánchē (TOYOTA)

차를 산이 가로막아도 어딘가 길이 있고, 길이 있는 곳에 도요타가 있다.

CAMRY의 슬로건은 개별 브랜드의 슬로건답게 자동차의 성능과 고객이 누리게 될 자부심을 표현하고 있다. 이에 비해 TOYOTA의 슬로건은 기업 브랜드를 알리는 데 중점을 두고 있다. 기업 브랜드의 역할 중 하나가 하위 브랜드의 품질이나 성능을 보증(endorsement)하는 것이다. TOYOTA는 중국에서도 '유명 상표'에 속하므로 굳이 다른 말을 덧붙일 것이 없이 그 존재만을 나타내면 된다. 두 개의 슬로건을 보면 브랜드 위계(brand hierarchy)에 따라 각각 맡은 역할을 충실히 이행하고 있음을 한눈에 알 수 있다.

TOYOTA의 기업 브랜드 슬로건에 대해 좀더 설명해보자. 이 글귀는 '人到山前必有路(rén dào shānqián bì yǒu lù)' 즉, '산이 앞을 가로막아도 길은 있다, 하늘이 무너져도 솟아날 구멍이 있다'는 속담을 패러디한 것이다. 원래 도요타 자동차 광고에 쓰던 한 줄의 카피였는데, 이 글귀를 중국인들이 재미있어 한다는 것을 알고 아예 도요타를 대표하는 슬로건으로 쓰기 시작했다. 이 슬로건은 전체 14자로서 슬로건치고는 매우 긴 편인데, 실제 중국의 소비자들은 그리 길게 느끼지 않는다. 첫째, 앞부분이 이미 그들에게 익숙한 속담이기 때문이다. 속담이란 평소 생활에서(俗) 늘 듣고 말하는(談) 것이므로 길이에 관계없이 단숨에 읽을 수 있다. 둘째, 뒷부분도 완전히 새로운 구성이 아니다. 앞부분의 순서를 바꿔서 재배열한 것에 불과하다. 이것을 수사학 용어로 회문(回文 palindrome)이라고 한다. 회문은 다음과 같이 앞에서 읽으나 뒤에서 읽으나 완전히 같아야 한다.

'Madam, I'm Adam'
'소주 만 병만 주소'
'天连水尾水连天' (하늘이 물 끝에 닿아 있고 물이 하늘에 이어져 있네)

이런 점에서 보면 위의 도요타의 슬로건은 '불완전한' 회문이라고 할 수 있다. 하지만 기본 정신은 그 속에 살아 있다. 그래서 소비자들이 이 슬로건을 읽으면 회문과 유사한 감흥과 재미를 느끼게 된다. 이런 배열이 중국의 소비자들의 흥미를 자아내고 귀와 입을 즐겁게 하여 짧은 시간 안에 많은 사람들에게 알려지는 효과를 발휘하였다.

최근 필자는 이 슬로건이 실제로 얼마나 유명한지 중국인에게 직접 시험해본 적이 있다. '车到山前必有路' 까지만 말한 다음 입을 다물고 그 다음 말을 기다렸다. 그러자 금방 '有路必有丰田车' 라는 말이 나왔다. 당신도 한번 시험해보라. 물론 상대는 사오십대 전후의 도시 거주 중국인이어야 한다. 이 슬로건이 20년 가까이 사용되면서 중국 사람들은 '味道好极了' 라고 하면 네스카페를 떠올리듯 '车到山前必有路' 라고 하면 바로 도요타 자동차를 떠올린다. 이처럼 잘 만든 슬로건은 수명이 길고 브랜드의 이미지를 일관되게 구축하는 데 오래도록 기여할 수 있다.

'하이얼'의 그룹 및 사업 부문별 슬로건 사례

'海尔(Hǎi'ěr)' 은 한국의 삼성에 비견되는 중국의 대표적인 생활가전 종합회사이다. 맥주로 유명한 산둥성 칭다오 시에 있으며, TV, 냉장고, 전자레인지, 휴대전화, 컴퓨터 등 생활 가전용품을 생산 판매하고 있다. '하이얼' 은 중국에서 매년 실시하는 브랜드 자산 가치 측정에서 최근 수년 동안 연속 1위를 차지하고 있다. '하이얼'은 중국의 대표기업답게 슬로건도 브랜드의 위계와 업종에 따라 전략적이고 체계적으로 개발, 관리하고 있다.

'하이얼' 그룹의 슬로건은 '真诚到永远(zhēnchéng dào yǒngyuǎn)' (끝까지 진심을 다한다)으로서 제품 개발에서 서비스까지 최선을 다하겠다는 의지를 표명하고 있다. 각 사업 부문에서는 업종 앞에 기업명 '하이얼(海尔)'을 일관되게 붙이고 있으며, 그 뒤에 각 업종에서 추구하는 사명을 밝히고 있다. 글자 수의 조화도 눈여겨볼 대목이다. 세계적인 기업으로 성장하고 있는 '하이얼'의 저력을 여기서도 엿볼 수 있다.[17]

'하이얼'의 그룹 슬로건

◆ 眞诚到永沅 zhēnchéng dào yǒngyuǎn

  끝까지 진심을 다한다

사업 부문별 슬로건

◆ 海尔冰箱 为您着想 hǎi'ěr bīngxiāng wèinín zhuóxiǎng

  하이얼 냉장고, 당신만을 생각합니다

◆ 海尔空调 永创新高 hǎi'ěr kōngtiáo yǒng chuàngxīn gāo

  하이얼 에어컨, 새롭고 높은 가치를 창조합니다

◆ 海尔冷柜 创造品位 hǎi'ěr lěngguì chuàngzào pǐnwèi

  하이얼 냉동고, 품격을 만듭니다

◆ 海尔洗衣机 专为您设计 hǎi'ěr xǐyījī zhuān wèi nín shèjì

  하이얼 세탁기, 당신만을 위한 디자인

◆ 海尔电脑 为您创造 hǎi'ěr diànnǎo wèi nín chuàngzào

  하이얼 컴퓨터, 당신을 위해 창조했습니다

◆ 海尔彩电 风光无限 hǎi'ěr cǎidiàn fēngguāng wúxiàn

  하이얼 컬러 TV, 무한히 펼쳐지는 풍광

◆ 海尔热水器 安全为本 hǎi'ěr rèshuǐ qì ānquán wéi běn

하이얼 순간온수기, 안전을 근본으로

◆ 海尔国旅 诚信相聚 hǎi'ěr guólǚ chéngxìn xiāngjù

하이얼 관광, 진실과 신뢰로 만난다

◆ 海尔商用空调 永领时代新潮 hǎi'ěr shāngyòng kōngtiáo yǒng lǐng shídài xīncháo

하이얼 영업용 에어컨, 시대의 트렌드를 선도한다

◆ 海尔手机 听世界打天下 hǎi'ěr shǒujī tīng shìjiè dǎ tiānxià

하이얼 이동전화, 세계를 듣고 천하와 통한다

◆ 海尔家居 一站到位 hǎi'ěr jiājù yízhàndàowèi

하이얼 가구, 즉시 원하는 곳으로!

5. 좋은 슬로건의 조건

슬로건의 특성은 무엇보다도 '반복성'에 있다. 반복 노출되면서 소비자에게 깊고 강한 인상을 남겨야 한다. 이것은 단순히 시각적인 언어를 넘어 음성 언어로의 전이를 강하게 요구한다. 즉, 눈으로 보는 동시에 자연스럽게 마음속에서 음성적 울림을 일으킬 때보다 확실한 인지 효과를 얻을 수 있다는 말이다. 이러한 여러 가지 요건은 슬로건의 제작에 영향을 미치게 된다. 슬로건을 개발할 때에는 다음 네 가지를 고려해야 한다. 다시 말하면 다음 네 요소를 충족시켜야 잘 만들어진 슬로건이라고 할 수 있다.

clear : 메시지가 명확해야 한다

'slogan'이란 말의 어원은 '위급할 때 외치는 소리'이다. 본래 스코틀랜드에서 위급할 때 집합 신호로 외치는 소리인 'sluagh ghairm'이 변해서 된 말이다. 그런데 의욕이 너무 앞서서 범위를 너무 넓게 설정하면 그만큼 슬로건의 메시지가 핵심을 잃게 된다. 그러므로 슬로건은 단순하면서도 메시지가 분명해야 한다. 기업의 비전이든 CEO의 철학이든 소비자의 가치든 주장하는 바가 명확하게 표현되어야 한다. 다음의 슬로건이 주장하는 메시지는 이러한 조건을 충족시키고 있다.

一路通天下 yílù tōng tiānxià 나의 길은 천하로 통한다(한국 타이어)

活得精彩 huóde jīngcǎi 멋진 인생(Ford 자동차)

承载中国 连接世界 chéngzài Zhōngguó liánjiē shìjiè 중국을 싣고 세계를 잇는다(중국국제항공공사)

한국타이어의 '一路通天下'는 '자사의 타이어를 장착하고 천하를 주유하라'는 메시지를 담고 있다. 포드 자동차의 기업 슬로건은 부유층을 향해 '삶을 즐겨라'고 외치고 있다. 중국국제항공공사의 슬로건도 간단한 메시지를 담고 있다. '중국 국적의 국제항공회사'라는 뜻이다.

중국의 유명 스포츠 브랜드 '리닝'은 1980년대 올림픽과 세계대회 남자 체조 부문에서 여러 차례 금메달을 딴 리닝(李宁)이 자신의 이름을 브랜드화해서 만든 것이다. 이 브랜드에서 나이키 타도를 외치며 사용한 슬로건이 바로 '世界的李宁(shìjiè de Lǐníng 세계의 리닝)'이다. 이 슬로건의 가장 큰 문제는 소비자의 인식과 무관하게 기업의 주장이 너무 크게 앞서 있다는 점이다. 리닝이 정말 세계적인 브랜드인가. 중국인들 중 그것을 믿는 사람이 몇이나 될까. 나이키의 'Just do it'이나 'Yes I can'을 보면 그 안에서 스토리가 감지된다. 브랜드를 사용하는 사람들의 행동과 생각, 그리고 개성이 느껴진다. 하지만 '세계의 리닝'에는 그것이 없다. 공허한 외침이 전부다.

relevant : 관련성이 있어야 한다

슬로건도 결국은 광고의 일부인 만큼 소비자들이 슬로건을 보고 기업이나 제품에 관해 정보를 얻을 수 있어야 한다. 기업 슬로건이라면 기업의 전략이나 비전, 업종과 관련된(relevant) 정보를 담아야 하고, 제품 슬로건이라면 제품의 기능, 속성, 가치와 관련 있는 정보를 담아야 한다.

Lock&Lock

◆ 중문명 : 乐扣乐扣 lèkòulèkòu(즐겁게 닫고 닫기)
◆ 슬로건 : 乐享新鲜 lè xiǎng xīnxiǎn(신선함을 즐긴다)

밀폐용기 시장의 기린아로 떠오른 락앤락(Lock&Lock)의 중문 명칭인 '러코우러코우(乐扣乐扣 lèkòulèkòu)'는 '즐겁게 닫고 또 닫는다'라는 뜻으로서 '이중 잠금'이라는 제품의 속성을 잘 나타내주고 있다. 그리고 '신선함을 즐긴다(乐享新鲜 lè xiǎng xīnxiǎn)'는 의미의 슬로건은 제품을 체험하면서 소비자가 얻게 될 가치를 소구하고 있다. 두 번 잠그는 이 용기를 사용함으로써 신선하게 유지되는 음식을 즐기라는 말이다.

시각적으로 중문 네임과 슬로건이 동일한 '러(乐)'자로 시작되고 있는 점도 눈여겨보아야 한다. '乐扣乐扣, 乐享新鲜'을 붙여 읽으면 전체가 하나의 문장이 된다. '닫고 또 닫고, 신선함을 즐기세요.' 슬로건과 네임을 강하게 연결시킴으로써 소비자가 브랜드 네임을 훨씬 더 쉽게 기억하도록 했다. 브랜드와 슬로건의 행복한 결합이라고 말할 수 있다.

unique : 독특해야 한다

슬로건은 독특해야 한다. 수많은 경쟁자 가운데 '나'아니면 안 된다고 하는 자기만의 주장과 개성을 담고 있어야 하며, 표현상의 독특함을 통해 다른 슬로건과의 차별성을 부각시킬 수 있어야 한다. 독특한 판매 제안은 슬로건 개발에서도 중요하다.

我就喜欢 wǒ jiù xǐ huan

나는 좋아해요

이 슬로건의 주장은 명확하다. '맥도날드의 모든 제품을 사랑하라'는 것이다. 이 슬로건의 독특함은 목적어가 생략된 '주어+술어'의 문장 형태라는 점에 있다. 중국의 광고 슬로건에서 이런 문장 구조는 흔하지 않다. 중국어 슬로건은 대부분 형식이나 내용 면에서 해당 문장 안에서 완결되는 구조를 갖고 있다. 그런데 맥도날드의 슬로건을 보면 목적어 자리가 비어 있다. 이것을 보는 소비자는 무의식중에 '我就喜欢____'의 빈 공간을 채우려 할 것이다. 그것이 무엇을 가리키는지는 말하지 않아도 알 수 있다. 답은 바로 맥도날드, 즉 '마이땅라오(麦当劳 Màidāngláo)'이다.

康师傅方便面, 好吃看得见.
kāngshīfu fāngbiànmiàn hǎochī kàndejiàn
캉스푸 컵라면, 맛있는 게 보여요.

'캉스푸 康师傅 kāngshīfu'는 라면 스낵류 시장에서 브랜드 인지도가 높고 판매량이 가장 많은 브랜드이다. 슬로건의 첫 단락에서 기업 브랜드와 업종을 밝히고 그 뒤에서 이 제품이 맛있다고 주장하고 있다. 그런데 그 표현이 재미있다. '맛있음이 눈에 보인다'는 것이다. 이른바 공감각적(synesthetic) 표현으로 중국 소비자에게 참신한 느낌을 주고 있다.

이에 비해 중국의 대표적인 증류주 '마오타이(茅台 máotái)'의 다음 슬로건은 패기만만한 자신감이 넘치지만 꼼꼼히 뜯어보면 한 마디로 무미건조하다.

国酒茅台 自然天成 guójiǔ máotái zìrán tiān chéng
'중국의 술 마오타이'라는 말은 자연스럽게 이루어진 것입니다

마오타이는 명실공이 중국 백주(白酒)를 대표하는 술 브랜드이다.

'중국의 술 마오타이(国酒茅台)'라는 말에 딴죽을 걸 사람은 없다. 100여 년의 역사를 지니고 있으며, 1972년 닉슨이 중국을 방문했을 때 식탁에 등장하여 세계인의 관심을 끌게 된 브랜드이기 때문이다. 문제는 이 슬로건이 그 이상도 그 이하도 아니라는 점이다. '마오타이는 예나 지금이나 중국을 대표하는 술이다'라는 말이 더 이상 참신한 느낌을 주지 못한다. 마오타이가 유명한 술이긴 하지만 그에 비견되는 좋은 술이 너무나 많이 나와 있다. 마오타이가 이렇게 공허한 외침을 허공으로 날리고 있는 사이에 중국 백주 시장의 주도권은 '우량예(五粮液 wǔliángyè)'로 넘어갔으며, '쉐이징팡(水井坊 shuǐjǐngfāng)'은 '마오타이'보다 훨씬 비싸게 팔린다. 슬로건에서도 느낄 수 있듯 마오타이가 자만심에 빠져 브랜드 관리를 제대로 하지 못한다는 비판이 그래서 나오고 있다.

simple : 단순해야 한다

단순한 것이 말하고 기억하고 전파하기 쉽다. 광고업계의 초심자가 항상 듣게 되는 KISS(Keep It Simple, Stupid!)라는 말은 슬로건 개발에도 적용된다. 중국의 슬로건은 대개 네 자에서 여덟 자로 구성되어 있다. 세 자 이하가 되면 단독으로 의미를 구성하기 어렵고 여덟 자를 넘으면 너무 긴 느낌을 준다.

超越期待 chāoyuè qīdài
기대 그 이상(닛산NISSAN 자동차 SYLPHY)

流动的激动 liúdòng de jīdòng

물처럼 흐르는 격정(北京 现代 엘란트라)

世界因我不同 shìjiè yīn wǒ bùtóng

세상이 나로 인해 변화한다(모토로라 휴대전화)

健康活力每一天 jiànkāng huólì měi yītiān

매일 매일 건강과 활력을 드립니다(한국 Dayrich 요구르트)

欢乐无限 饮酒有度 huānlè wúxiàn yǐnjiǔ yǒudù

즐거움은 가없이 주량은 적절히(조니 워커 Johnie Walker)

중문 슬로건의 중요한 특성 중 하나는 쌍을 이루는 동시에, 동일하거나 유사한 운(韵)을 써서 반복되는 느낌을 주는 것이다. 짝을 이루는 것은 중국어의 전통적인 특징이다. 중국인들은 짝을 이룬 형식의 어구에서 조화와 미적 즐거움을 느낀다. 이 때문에 중국 광고에서는 위의 마지막 예와 같이 짝을 이룬 슬로건을 많이 사용한다. 또 하나는 두운이나 각운과 같이 중국인들에게 익숙한 수사 기법을 활용하는 것이다. 운을 맞춰 쓰면 여러 구절이 한 덩어리로 인식된다. 그만큼 몸으로 느끼는 인지 시간이 짧아진다는 말이다. 다음의 슬로건은 처음 시작하는 글자가 같고 마지막 끝나는 글자의 운이 같다.

科技导向 科龙冰箱 kējì dǎoxiàng Kēlóng bīngxiāng

과학을 선도하는 커룽 냉장고(커룽 科龙 냉장고)

이러한 운율적인 특징을 살려서 만든 슬로건의 덕을 가장 많이 본 것은 아마 오리온 초코파이일 것이다.

好丽友 好朋友 hǎolìyǒu hǎo péngyou
오리온은 좋은 친구(오리온 초코파이)

오리온 초코파이의 중문 네임이 '好丽友(hǎolìyǒu)'인 것을 모르는 이는 없을 것이다. 이것을 놓고 중문 네이밍을 참 잘 했다고 하는 사람이 많다. 초코파이의 매출 신장에 이름이 많은 기여를 했다는 것이다. 하지만 이면을 들여다보면 실제 그 역할을 한 것은 '好丽友 好朋友'라는 슬로건이라는 것을 알아야 한다. '好丽友'가 단순한 글꼴과 긍정적인 의미를 통해 평균 이상의 네임 역할을 하지만 여전히 한쪽 날개에 불과하다. 다른 한쪽에 '好朋友'라는 날개가 붙음으로써 비로소 비상을 하게 된다. 첫 글자와 끝 글자의 발음이 반복 효과를 내고, 그 안에 '오리온은 내 친구'라는 매력적인 메시지를 담으면서 이 슬로건은 빠르게 아이들의 입으로 퍼지게 되며, 짧은 시간에 브랜드 인지도를 높이는 데 크게 기여한 것이다.

이렇게 운을 첨가하는 것은 당신의 브랜드가 사람들 기억 속에 더 오래 남게 해주는 확실한 방법이다. 대부분 사람들은 주위 사람들로부터 그 상품에 대한 말을 듣고 구매한다. 이런 구전이야말로 가장 효과적인 매체라고 할 수 있다. 그렇다면 사람의 입을 피곤하게 해서는 안될 것이다. 소비자의 입을 즐겁게 하고 싶은가? 슬로건에 운을 달아라.

여기서 주의해야 할 점이 있다. 단순함이 곧 길이의 짧음만을 의미하는 것이 아니라는 점이다. 길이가 짧은 것이 단순하긴 하지만 이것이 전부는 아니다. 길이가 길어도 중국인들이 단순하고 짧게 느끼게 할 수 있다. 이미 익숙하게 알고 있는 속담은 문장 형태로 되어 있더라도 하나의 단어로 인지된다. 이 때문에 신라면의 '吃不了辣味非好汉'이나 도요타의 '车到山前必有路, 有路必有丰田车'가 시각적으로는 길게 보여도 실제 내용을 인지하는 시간은 아주 짧다. 이미 소비자의 머릿속에 이에 대한 정보가 충분히 들어 있기 때문이다.

새롭고 차별화된 슬로건 개발의 어려움

이상에서 슬로건이 갖춰야 할 네 가지 조건을 제시하기는 했지만 그것을 두루 갖춘 슬로건을 개발하기는 참으로 어렵다. 그 이유는 다음과 같다. 첫째, 단순하면서도 명확한 관련성을 가지고 차별화된 슬로건은 대개 선발 기업들이 선점하고 있다. 그 표현을 피하면서 해당 업종이나 제품의 특성을 독특하게 표현하기가 쉽지 않다. 둘째, 중문 슬로건은 그 나름대로 어느 정도 정형화된 틀이 있다. 글자 수, 짝을 이룬 형식, 반복되는 운 등이 그러하다. 따라서 이 틀을 따르면 바로 독특함을 잃는다. 셋째, 참신함의 최대의 적은 '한자' 자체이다. 한자는 그 형태 속에 의미가 묶여 있다. 이 의미는 브랜드의 컨셉이나 아이덴티티이기도 하다. 아무리 새로운 컨셉이나 아이덴티티라 할지라도 한자로 표현되는 순간 진부하고 구태의연한 느낌을 주게 된다.

슬로건은 대체로 짧다. 그래서 슬로건을 만들기가 쉬워 보인다. 'invent'(HP), 'innovation'(3M)처럼 한 단어도 있고 'It's SONY'처럼 단순히 'SONY입니다'라고 외치는 것도 있다. 이 정도라면 누구나 만들 수 있을 것처럼 보인다. 하지만 차라리 어려운 단어를 가져다 어렵게 쓰는 게 쉽지, 누구나 아는 쉬운 단어로 쉽게 쓰는 것이 더 어렵다는 사실을 전문가라면 알고 있다.

중국어로 슬로건을 만들어서 소비자 반응을 조사하면 어떤 슬로건이든 진부하거나 평이하다는 반응이 적잖게 나온다. 익히 알고 있는 글자와 문장 구조를 사용하여 경쟁자가 선점한 표현을 피하면서 독특한 비전을 담은 중문 슬로건의 개발은(네이밍도 그러한데) 처음부터 불가능에 도전하는 일처럼 여겨진다. 그렇지만 중국 시장에서 생존하려면 그것을 찾아내야 한다. 친근한 내용이라고 해도 새로운 문맥에 사용하여 참신한 의미를 부여할 수 있다. 익숙함 속에서 참신함을 끌어내기 위해 중국 문화에 대한 넓고 깊은 이해와 시장 참여자들에 대한 치밀한 분석을 바탕으로 한 전략적 접근이 필요하다.

|

6. 중국 로컬 브랜드 '펑잉'의 전략

세상을 바꾸는 슬로건은 스티브 잡스의 'Think different'처럼 탁월한 직관에 의해 만들어지기도 하지만, 대부분은 기업과 경쟁사, 그리고 소비자에 대한 깊이있는 연구와 이를 바탕으로 한 전략적 접근에서 나온다. 자기만의 독특한 주장을 통해 중국의 비듬샴푸 시장에서 포지셔닝에 성공한 펑잉의 사례를 보자. 샴푸 시장에서 P&G의 head&shoulder(중문명: 하이페이쓰海飞丝 hǎifēisī)에 도전장을 내민 중국 토착 기업 '风影(fēngyǐng)'의 광고 슬로건은 명확하고(clear) 관련성 있으며

(relevant), 독특하다(unique).

그럼 먼저 세계적인 거대 기업 P&G에 대해 간략히 알아보자. P&G의 중국 이름은 '宝洁(bǎojié)'이다. 고급스러움(宝)과 깨끗함(洁)을 소구한 네임이다. P&G는 중국 샴푸 시장의 60퍼센트 이상을 차지하고 있다. 슈퍼마켓 매장에 가보면 매대는 온통 P&G 제품으로 가득 차 있다. 중국의 생활용품 시장에서 P&G는 천하무적이다. 소비자는 P&G를 생활용품 고급 브랜드의 대명사로 인식한다. 하이페이쓰는 P&G의 든든한 후광을 받아 비듬 치료용 샴푸로서 독보적인 지위를 누리고 있었다. 외국의 글로벌 기업이건 중국의 로컬 기업이건 이 브랜드에게 정면 대항한다는 것은 상상도 못할 일이었다.

2001년 광저우 쓰바오(丝宝 Sibǎo) 그룹의 펑잉은 비듬 제거 샴푸 시

장의 새로운 진입자로서 하이페이쓰와 차별화된 전략을 모색했다. 우선 깔끔하고 수려한 외모로 청소년 사이에서 인기가 있던 정이지앤(郑伊健)을 등장시켜서·샴푸 시장에서 브랜드 이미지를 구축하는 데 집중했다. 슬로건은 '去屑洗发露(qùxiè xǐfàlù, 비듬 제거용 샴푸)'로서 아직은 '비듬 제거 기능이 있는 샴푸'라는 평범한 메시지만을 전달하고 있었다. 광고 전략 자체는 소비자에게 참신한 느낌은 주었지만 하이페이쓰의 아성에 일침을 가하기에는 아직 역부족이었다.

이듬해에 나온 것이 '去屑不伤发(qùxiè bù shāng fà, 모발 손상 없는 비듬 제거)'라는 컨셉이고, 이것을 그대로 슬로건으로 사용했다. 이 슬로건의 묘미는 다음과 같다. 비듬 제거는 의학적 치료 효과이므로 그 과정에서 모발 손상이라는 부작용이 생길 수 있다. 펑잉은 비듬을 제거하면서도 모발을 상하게 하지 않는다. 그렇다면 펑잉이 아닌 다른 제품은 '모발 손상'을 유발한다는 말로 이해된다. 이러한 브랜드 포지셔닝 전략을 통해 펑잉은 비듬 샴푸 시장의 한 자리를 확고하게 차지한다.

2005년 이후 지금까지 사용하는 슬로건은 '확실하게 모발을 보호하면서 비듬만 제거합니다 准确去屑不伤发'이다. 기존의 슬로건 앞에 '확실히(准确 zhǔnquè)'라는 말만 붙였을 뿐 브랜드 전략에서 가장 중요시하는 일관성(consistency)을 계속 지켜나가고 있다. 남과 다른 차별점을 찾아내어 몇 년이고 계속 외치다보면 소비자들도 그 포지션을 인정하게 된다.[18]

이에 대해 하이페이쓰(head&shoulder)는 어떤 반응을 보였을까? 그들의 슬로건은 다음과 같다.

全新主张突破传统去屑护理.

quánxīn zhǔzhāng tūpò chuántǒng qùxiè hùlǐ

우리의 새로운 주장: 전통적인 비듬 제거 방식을 완전 타파

이 슬로건은 메시지가 명확하지 않고 독특하지도 않으며 게다가 단순하지도 않다. 아주 평이해서 구태의연하다는 느낌까지 들며, 슬로건이라기보다는 제품에 대한 설명이라고 해야 맞을 것 같다. 슬로건에서 '전통적인 방식을 타파'했다고 외치지만 이렇게 주장한다고 모두 믿을 소비자는 없다. 주장하는 방식 자체가 달라져야 한다는 말이다. P&G의 성공 신화라는 강력한 보호망이 이들을 둔감하게 만들었을까?

시장에서 펑잉이 대적하고 있는 것은 하이페이쓰가 아니라 P&G라는 거대 글로벌 기업이다. 하이페이쓰 뒤에 있는 P&G가 제품의 품질을 강하게 보증하고 있기 때문이다. 거대 글로벌 기업에 대적하는 중국

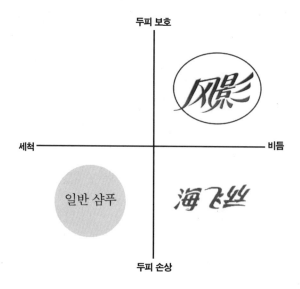

의 로컬 기업 펑잉의 시장점유율은 농촌 지역에서 괄목할 만한 성장을 보이고 있다. 도시 지역에서는 여전히 P&G의 기세를 꺾지 못하고 있다. 하지만 펑잉은 일단 자리 확보 싸움(positioning)에서 일정한 성과를 거두었다.

7. 슬로건 개발 프로세스

중국 시장에 진출을 앞둔 기업이 제품의 슬로건을 어떻게 개발하게 되는지 그 절차에 대해 알아보기로 하자. 다음은 메타브랜딩에서 수행하는 슬로건 개발 절차이다.

1) 자사 및 소비 환경 분석

광고 슬로건이라는 한 줄의 글을 뽑아내기 위해 먼저 해야 할 일은 해당 기업의 과거와 현재를 관찰하고 그 기업의 비전과 전략을 이해하며 핵심 아이덴티티를 통찰하는 것이다. 아울러 진출 지역의 지리적 특성, 소비자의 라이프스타일, 소비 심리의 변화, 경제 발전의 정도, 소비 트렌드의 변화 등에 대한 파악도 빼놓을 수 없다.

앞에서도 잠깐 언급했듯 중국은 지역에 따라 경제 발달 수준이나 소비자의 습관과 심리, 구매 특성에 차이가 있다. 이것을 정확하게 파악하고 개발에 들어갈 때 성공 가능성이 높아진다.

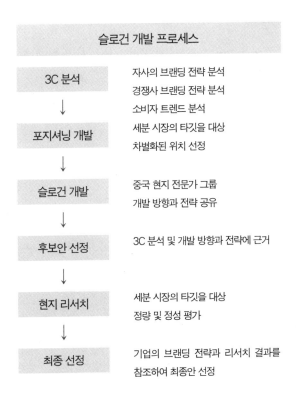

슬로건 개발 프로세스	
3C 분석	자사의 브랜딩 전략 분석 경쟁사 브랜딩 전략 분석 소비자 트렌드 분석
포지셔닝 개발	세분 시장의 타깃을 대상 차별화된 위치 선정
슬로건 개발	중국 현지 전문가 그룹 개발 방향과 전략 공유
후보안 선정	3C 분석 및 개발 방향과 전략에 근거
현지 리서치	세분 시장의 타깃을 대상 정량 및 정성 평가
최종 선정	기업의 브랜딩 전략과 리서치 결과를 참조하여 최종안 선정

2) 포지셔닝 전략 구상

슬로건 개발은 브랜드의 포지셔닝 전략 차원에서 수행되어야 한다. 앞에서 말했듯 슬로건의 기능은 소비자들이 그 브랜드에 대해 어떤 관념을 구축하게 하는 데 있다. 슬로건은 단순히 광고 끝자락에 붙어 있는 듣기 좋은 몇 마디 말이 아니라, 브랜드에 대한 포지셔닝이므로 무엇보다도 경쟁사와 다른 이야기를 할 수 있어야 한다. 이를 위해 목표 고객의 구매 성향과 라이프스타일을 예리하게 관찰하고 경쟁 브랜드의 광고 전략을 면밀히 분석하여 그들과 차별화된 위치를 개발하고 선점해야 한다.

3) 슬로건 개발

시장 환경 분석을 바탕으로 개발 방향이 정해지면 실제 중문 슬로건은 중국인 전문가의 손에 맡겨진다. 언어와 문화에 대한 감각의 차이로 인해 네이밍의 경우와 마찬가지로 중문 슬로건은 한국인이 개발하는 데 한계가 있기 때문이다. 한편 한국어로 된 슬로건을 중국어로 옮기면 된다고 생각하는 사람이 있다면 역시 두 언어와 문화의 차이를 모르고 하는 말이다. 중국어 문장을 한국어로 직역하면 어색한 경우가 많듯 한국어 문장을 중국어로 직역하면 역시 어색한 경우가 많다. 한국어는 한국어답게 써야 하듯 중국어 역시 중국어답게 써야 한다. 삼성의 경우 대표 슬로건인 'SAMSUNG digital all(Everyone's Invited)'을 그대로 중국어로 직역하기는 어려웠을 것이다. 때문에 중국에서는 '삼성 디지털 세상이 당신을 환영합니다

三星数字世界欢迎您(Sānxīng shùzì shìjiè huānyíng nín)'라고 바꿔서

쓰고 있다.

4) 리서치

슬로건의 대상은 중국인이다. 중국인 소비자가 듣고 보고 읽고 기억하고 구전하는 것이다. 이 슬로건이 널리 퍼지느냐 마느냐는 그들이 어떻게 느끼느냐가 관건이다. 그러므로 중국 소비자가 슬로건에 담겨 있는 메시지를 기업의 의도대로 이해하고 받아들이고 행동으로 옮길지 미리 가늠해볼 필요가 있다. 그래서 최종 몇 개의 후보안에 대해서는 설문 조사나 FGD(Focused Group Discussion)를 하게 된다. 이때 기업의 브랜딩 전략과 시장의 경쟁 상황, 소비자 트렌드 등에 비추어 다양한 항목을 설정해서 조사한다.

5) 최종안 선정

이러한 과정을 거쳐 최종안을 선정하고, 그것을 기업의 광고나 브로슈어, 포스터, 제품의 패키지 등에 사용하게 된다.

이제까지 중국 시장에서 슬로건의 기능과 좋은 슬로건의 조건 등에 대해 알아보았다. 슬로건은 금방 눈에 띄지 않지만 맡고 있는 역할은 대단히 독특하고 중요하다. 짧은 몇 마디로 기업이나 제품의 핵심 아이덴티티를 소비자에게 알리는 데 슬로건이 훌륭한 역할을 할 수 있다. 특히 중국 시장에서 인지도가 거의 없는 상태에서 시작해야 하는 한국 기업의 경우 자사 브랜드를 알리는 데 슬로건이 많은 기여를 할 수 있다. 슬로건을 잘 만들면 소비자들이 알아서 퍼뜨려준다. 기업과 함께 장수할 수 있는 좋은 슬로건 제작에 더 많은 관심을 가져보자.

3장

브랜드의 얼굴,
중문 로고 디자인

중문 네이밍을 마쳤다면 로고 디자인을 생각해야 한다. 로고는 제품 패키지에서 시작하여 광고나 홍보물에 일관되게 쓰일 것이므로 로고 디자인 역시 전략적으로 이루어져야 한다. 브랜딩 전략을 이야기할 때 빼놓을 수 없는 것이 로고 타입의 글꼴 디자인이다. 기업의 상호나 제품의 중문 이름으로 한자를 쓰게 되는데 중국에서는 이 한자 네임이 해당 브랜드의 얼굴이 된다. 이 얼굴을 기업과 제품의 철학, 비전, 그리고 속성에 맞게 전략적으로 잘 가꾸어야 한다.

한국과 중국은 모두 한자 문화권이라고는 하지만 사용하는 한자의 서체 디자인(typography)에는 차이가 있다. 한국에서 한자는 한글이나 영문 사이에 어쩌다가 등장하는 존재로서 기존의 한글이나 영문과의 조화가 중요하지만, 중국은 그야말로 한자 세상이어서 한자에 생명력을 불어넣어 마음껏 크리에이티비티를 발휘한다. 그 결과 기업의 영문 로고와 중문 로고 사이에 유지해야 하는 VI(Visual Identity)에 대한 인식이 다소 부족하다는 문제를 보이기도 한다.

중문 네임의 로고를 디자인할 때 한자가 지니는 이러한 점들을 어떻게 이해하고 활용해야 할 것인지를 살펴보자.

|

1. 코카콜라 중문 로고 디자인의 변화

"역시 코카콜라가 다르군요!"

디자인 실장이 눈을 동그랗게 뜨며 말했다.

"뭐가요?"

"저기, 코카콜라 로고를 보세요. 기가 막히게 디자인을 업그레이드했잖아요!"

그가 가리킨 것은 코카콜라 자판기 위쪽에 붙어 있는 중문 로고 '피口可乐'였다. 별로 달라진 게 없는 것 같은데 '업그레이드' 라니?

"저거 보세요. 최근 영어 Coca-Cola 로고가 아주 조금 바뀌었는데 중문 로고에도 그 정신이 똑같이 살아 있잖아요."

식음료 중국브랜드 개발 프로젝트 건으로 상하이에 와서 길을 거닐다가 나눈 대화이다. 디자인 실장의 말에 따르면 코카콜라처럼 브랜드

사용 연도	Coca-Cola	중문 로고	중문 로고의 특징
1928			고딕체의 변형 영문 로고와 충돌
1979-2004			해서체의 변형 영문 로고와 다소 근접
2005			한자 서체에 다이나믹한 리본을 가하 여 영문 로고와 조화를 꾀함

관리를 잘하는 기업은 확실히 뭔가 다르다고 한다. 이름은 바꿀 수 없으니까 대개는 디자인 쪽에서 기업의 이미지 변화를 모색하게 되는데, 그렇다고 해도 한꺼번에 많은 것을 바꾸지는 않는다. 브랜드 이미지를 일관성있게 유지하는 것이 중요하기 때문이다. 소비자의 기호나 트렌드 변화에 맞춰 변화를 주되, 눈에 확연히 드러나지 않으면서도 어딘지 모르게 새로운 느낌을 주어야 한다는 것이다.

그렇다면 '可口可乐'의 옛날 디자인은 어땠을까. 코카콜라가 중국에 공장을 세운 것은 1927년이고 그 다음 해부터 생산을 시작했으니 중국 시장 진입의 역사는 꽤 오래되었다. 당시에 사용한 Coca-Cola와 '可口可乐'의 로고는 위와 같다.

코카콜라의 중문 로고는 모두 3회에 걸쳐 디자인에 변화를 주었다. 초기의 '可口可乐'는 기존의 서체를 크게 변형시키지 않고 그대로 쓰고 있어서 다소 촌스럽다. 그런데 이는 코카콜라 측의 문제라기보다는 이 당시 중국의 서체 디자인 수준 문제라고 보면 된다. 1979년부터 약

25년간 사용해온 로고는 이전보다 세련된 편이다. 인쇄용 활자처럼 기계적인 표현이 아닌 붓으로 쓴 느낌을 주는데 획을 다소 굵게 그어서 제품에 대한 자신감이 드러난다. 문제는 아직도 영문 로고와 거리가 있다는 점이다. 영문 로고는 물 흐르는 듯 부드럽게 이어지는 필기체인데, 중문 로고는 여전히 글자마다 분리되어 있다. 그것이 2005년에 해결되었다. '可口可乐'를 오른쪽으로 약간 눕히고 영문 Coca-Cola 로고에 보이는 다이나믹한 리본을 달아서 양자의 관련성을 높였으며, 영문 로고가 가진 브랜드의 역동적인 이미지를 중문 로고에도 구현하려고 노력하였다.

그런데 여기서 한 가지 의문이 든다. 코카콜라의 영문 로고는 아주 조금씩 서서히 바뀌어왔는데, 중문 '可口可乐'의 로고 디자인은 왜 그렇게 하지 않았을까? 어째서 처음부터 중문 로고를 영문처럼 디자인하지 않고 이제 와서 갑자기 바꾸었을까?

한 가지 가능한 추측은 영문의 경우에는 부드럽게 파도치는 리본의 모습을 그려 넣기 쉽지만 중문 네임의 경우에는 힘들기 때문일 것이다. 영문과 중문 로고의 맨앞에 있는 C와 '可'를 비교해보면 그 이유를 쉽게 알 수 있다. 영문 C는 마지막에 끝나는 획이 오른쪽을 향하고 있어서 그 다음 글자로 부드럽게 넘어갈 수 있다. 그런데 '可'자는 마지막 획이 진행방향과 반대쪽을 향하고 있다. '乐'자도 마찬가지다. 즉, 두 번째 C자의 머리에서 흘러가는 리본을 '乐'자에 살리기 위해 적지 않은 무리를 하고 있다. 원래 '乐'자의 첫 번째 획은 우상(右上)에서 좌하(左下)로 내려오면서 가늘어지게 되어 있는데 그것을 파괴했다. 이 때문에 '乐'자의 가독성이 많이 훼손된 것이 사실이지만, 한자의 고유 특성을 고려하는 측면보다는 영문 로고와의 일관성에 더 비중을 두고 디자인한 것이다.

디자인상의 일관성과 아름다움 이전에 중요한 것이 브랜드 네임의 가독성이다. 중국인들이 양해하는 범위를 넘어서면 읽기가 어려워지고 결국 소비자와의 커뮤니케이션에 장애가 생긴다. 이런 점을 알고 있는 코카콜라 사는 아주 오랫동안 '可口可乐'로 소비자와 소통하면서 인지도를 높이는 데 주력하다가 바야흐로 소비자의 변치 않는 충성심에 자신감이 생겼을 때 이와 같이 로고에 변화를 준 것으로 해석할 수 있다. 물론 이러한 변화에 펩시콜라의 맹공은 기폭제 역할을 하기도 했다. 들 수 있다.

2. 심벌 · 로고 · 로고타입 · 워드마크

1장에서 브랜드 요소의 하나인 네임의 중요성에 대해 이야기했다. 그 네임에 디자인 개념을 넣어 시각화한 것을 로고타입(Logotype)이라고 한다. 로고타입과 함께 쓰이는 것으로 심벌 마크(symbol mark, 줄여서 심벌이라고 한다)가 있다. 로고타입과 심벌을 합쳐서 로고(Logo)라고 부른다. 다음의 그림은 이러한 관계를 잘 보여준다.

LG의 로고

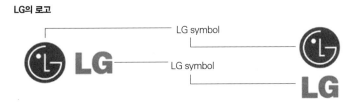

몇 개의 예를 더 들어보자.

로고 / 기업 명칭	심벌	로고타입
GS		**GS**
현대자동차		**HYUNDAI**
나이키		**NIKE**

최근에는, 팬텍(Pentec), 코카콜라(Coca-Cola), IBM과 같이 심벌을 쓰지 않고 로고타입만 사용하는 경우도 많다. 로고타입 자체가 로고가 되는 것이다. 이제부터 우리는 '로고'라는 말로 '로고타입'을 대신하려한다. 이 장의 목적이 심벌 디자인이 아니라 한자(漢字)로 구성되는 중문 브랜드 네임의 디자인에 맞춰져 있는 만큼, 특별한 언급이 없는 한 '로고'라고 하면 바로 글자만으로 이루어진 '로고타입'을 가리키는 것으로 이해해주기 바란다. 어쨌든 로고는 브랜드의 얼굴인 만큼 디자인을 어떻게 할 것인가에 관심을 기울여야 한다.

한편 로고(정확히 말하면 로고타입)는 문자 또는 활자로 되어 있다. 활자 모양이나 글자 배치 같은 것을 디자인하고 표현하는 일을 타이포그래피(typography)라고 한다. 중국어로 '쯔티서지(字体设计)라고 하는데 말 그대로 글자(字)의 꼴(体)을 디자인(设计)한다는 뜻이다. 영문이나 한글에 나름의 타이포그래피 방식이 있듯 중국의 한자 역시 그러하다. 기업의 이름, 제품 이름, 패키지에 쓰이는 문장, 광고 및 홍보물

의 글자들이 모두가 타이포그래피의 대상이 되는데, 그 중에서 우리는
주로 기업과 제품의 이름 부분을 다루겠다.

|

3. 중국에서 쓰는 한자의 글꼴

"한국에서 쓰는 한자의 서체를 가지고 디자인을 해도 되나요?" 기업의
실무 담당자를 만나면 자주 듣는 질문이다. 답은 '아니다'이다. 현재
우리가 사용하는 한자와 중국에서 사용하는 한자는 다른 점이 매우 많
다. 한국의 한자와 중국 한자를 비교할 때 가장 큰 차이는 정자(正字)
를 쓰느냐 약자(略字)를 쓰느냐에 있다. 중국에서는 1949년 공산당이
중국 대륙을 무력 통일한 이후 복잡한 한자의 획수를 줄여서 약자로 만
들어 쓰는 '간체자(简体字)' 정책을 대대적으로 시행하였다. 몇 년에
걸쳐 수많은 학자와 전문가들이 달려들어 격렬하게 토론한 끝에 간체
자 방안을 만들어 시행하고 있는데, 그 결과를 보면 다음과 같다.

한글	한국의 한자	중국의 한자(简体字)
동방	東方	东方
애정	愛情	爱情
환영	歡迎	欢迎
모친	母親	母亲
엽기	獵奇	猎奇
위성	衛星	卫星

전체적으로 보면 변화가 적은 것도 있지만 아주 많이 변해서 그 글자만 봐서는 원래의 글자를 짐작조차 할 수 없는 것도 있다. 물론 '方, 星, 母, 奇' 와 같이 원래 단순하여 그대로 쓰는 글자들도 많이 있다. 문제는 신문, 잡지, 교재, 광고 등의 중국어 문장 중간 중간에 낯선 글자들이 끼어 있다는 점이다. 〔東→东〕과 〔愛→爱〕는 유추가 가능하지만 〔歡→欢〕과 〔親→亲〕에 이르면 멈칫거리게 되고 〔獵→猎〕과 〔衛→卫〕에 이르면 글자의 원형 추적이 불가능해진다.

중국인들은 우리가 정자(正字)라고 부르는 복잡한 한자를 '번체자 繁体字(fántǐzì, 획수가 많아서 번잡한 글자라는 뜻)' 라고 하고 위와 같이 간략하게 바꾼 글자를 '간체자(简体字 jiǎntǐzì)' 라고 한다. 어쨌든 한 가지 명심할 것은 중국인들은 생활 속에서 정자(正字)가 아니라 약자인 간체자를 쓴다는 점이다. 초등학교에서 대학교에 이르는 모든 교과서가 간체자로 되어 있고, 일반 대중이 접하는 신문, 잡지, 소설과 인터넷 속의 정보가 모두 간체자로 되어 있다. 학교에서의 칠판 글씨도 간체자로 쓰며 연애편지도 간체자로 써서 주고받는다. 결국 현대 중국에서는 간체자가 바로 정자라는 사실을 인정해야 한다.

간체자의 장점은 그 단순성에 있다. 원래의 복잡한 한자는 디자인하기 어렵다. 멀리서 보면 한 덩어리로 뭉쳐서 식별이 어렵기 때문이다. 그러므로 당신이 만약 중문 로고 디자인에 관심이 있다면 먼저 간체자에 익숙해져야 한다. 한글 디자인이 세종대왕 시절의 훈민정음이 아닌 21세기의 한글 표기법을 따르듯, 중국 한자의 디자인은 중화인민공화국(1949년) 이전의 한자가 아니라 그 이후에 확립되어 전 국민들 사이에서 쓰이는 간체자를 따라야 한다.

한국에서 한자는 한글의 보조물이지만 중국에서는 한자가 주인공이다. 한국의 글꼴 디자이너들의 주요 관심사는 한글의 글꼴 개발이기 때문에 우선 한글의 글꼴을 만들어놓고 그 다음에 그 디자인에 맞는 한자의 글꼴을 생각한다. 한자의 글꼴이 한글의 글꼴에 예속되어 있다는 말이다. 문자의 바다에서 한자는 한국인에게 만나고 싶지 않은 암초 같은 존재다. 한국인은 바다를 항해하다 어쩌다 마주치는 한자라는 암초에 당혹스러워한다. 중국에서는 상황이 뒤바뀐다. 중국인에게 한자는 물 자체이다. 중국인은 한자의 바다에서 헤엄치는 것이 아주 자연스럽다. 이들은 태어나자마자 한자를 호흡하고 그 속에서 성장한다. 그래서 이들은 한자를 가지고 놀 수 있다. 한자가 무대의 주인공이므로 누구의 눈치를 보거나 구미를 맞출 필요 없이 마음껏 크리에이티비티를 발산하며 그 변화를 즐긴다.

爱国者彩屏MP3 送给最爱的人
Aiguózhě cǎipíng MP3
sònggěi zuì ài de rén

aigo(爱国者) 컬러화면 MP3
가장 사랑하는 분께 드리세요

이 때문에 한국에서 만든 글꼴을 보여주면 그들은 낯설다는 느낌과 촌스럽다는 느낌을 동시에 갖는다. 이 말이 선뜻 이해되지 않는가? 그렇다면 외국인이 쓴 한글을 보면서 떠오르는 느낌을 되살려보라. 그 느

낌 그대로를 중국인이 느낀다고 보면 된다. 그러므로 중국 시장에서 중국 소비자에게 어필하는 로고를 만들려면 중국의 문자(한자)와 글꼴에 관한 그들의 독특한 문화를 이해하려고 노력해야 한다. 이 점이 한국 디자이너에게는 하나의 도전이 될 것이다.

중국 한자의 형태 변화

중국인이 쓰는 '한자'의 형태 변화에 대해 알아보자. 한자는 어떻게 탄생했고 어떻게 변화되었으며 어떤 특성이 있을까? 다음의 표를 보면 한자는 중국인이 문명의 역사에 등장할 때부터 존재했으며, 역사상 중요한 변혁기에 한자 역시 그 형태를 바꾸어왔음을 알 수 있다.

현재 우리가 쓰는 '萬'자는 머리가 풀 초(艸)자로 되어 있어서 원래 무슨 꽃이나 풀이름이 아니었을까 생각하기 쉬운데, 실은 꼬리에 독을 품은 전갈의 모습을 본뜬 것이라는 점이 흥미롭다. 옛날 상나라(기원전 1600-1208년) 시절에는 그 지역에 전갈이 아주 많았을 것이다. 주위에 흔히 보이는 것이 전갈이었으므로 그것을 본떠 만든 글자에 아주 큰 숫자인 '만'의 의미를 부여한 것으로 보인다. 처음에 복잡하던 글꼴이 시간이 지나면서 단순해지고 있음을 알 수 있다. 현재 중국인들은 일상생활에서 마지막에 있는 가장 단순한 글꼴을 쓰지만, 글꼴 디자인을 할 때에는 그동안 만들어진 모든 글자를 활용한다.

인쇄체

현대에 들어와 지식의 대중화에 힘입어 신문, 잡지나 학교의 교재 등을 대량 인쇄할 필요가 높아짐에 따라 인쇄용 글꼴이 다양하게 개발되었

	만들어진 시기	서체 이름	특징
글꼴의 역사적 변화	상(商) B.C.1600–1208	갑골문	거북의 껍질과 소뼈에 칼로 새김
	진(秦) B.C.221–207	전서체	무게감, 중후한 느낌
	한(漢) B.C.206–A.D.219	예서체	획의 간소화 첫 번째 문자 혁명
	위진남북조 A.D.220–589	해서체	우리가 흔히 보는 가지런한 글자체
	위와 같음	행서체	필기체
	위와 같음	조서체	마구 휘갈긴 필기체
	1950년대 문자 개혁 시기	간체자	획의 간소화 두 번째 문자 혁명

다. 중국에서 출판된 글꼴 관련서들을 보면 그 종류가 대단히 많은데, 그 중에서 가장 기본적인 것으로 '송체(宋体 sòngtǐ)', '방송체(仿宋体 fǎngsòngtǐ)', '흑체(黑体 hēitǐ)' 등을 들 수 있다. 송체는 송(宋)나라 때의 글꼴체라는 뜻인데, 한국에서는 이것을 '명조체(明朝体, 명나라의 글꼴이라는 뜻)'라고 부른다. 방송체는 송체를 모방하여 만든 것으로, 다음 표에 나와 있듯 두 글자를 비교해보면 그 느낌이 매우 다르다. 한국에는 방송체에 해당하는 글꼴이 없다. 흑체란 고딕체를 말한다. 글자 전체의 굵기가 같고 다른 글꼴에 비해 상대적으로 진하다. 다시 말하지만 이 모든 글꼴들은 간체자를 기반으로 해서 만들어진다는 점을

	글꼴	특징
송체	传统文化	인쇄체 중 가장 널리 쓰이는 글꼴. 한국의 명조체와 유사함.
방송체	传统文化	송체에 비해 필획이 가늘고 굵기가 균일함. 옛날 문헌과 잡지 본문에 사용.
흑체	传统文化	필획이 두꺼워서 쉽게 눈에 띄는 글꼴. 텍스트 제목에 많이 쓰임.

현대 중국 한자의 인쇄체 글꼴[19]

잊지 말아야 한다.

장식체

디자인 관점에서 하나 더 추가해야 하는 것이 '장식체(decorative)'이다. 장식체는 특정 글꼴의 이름이라기보다는 기존의 글꼴을 자유분방하게 변형시켜 그림처럼 만든 것들을 통칭한다.

중국의 글꼴 디자이너들은 이 글꼴들을 가지고 굵기와 진하기, 기울기 등에 변화를 주거나 한 글꼴에 다른 글꼴의 성질을 합쳐서 새로운 글꼴을 만들어 쓴다. 다음에 나오는 광고는 인터넷에서 블로그 문화 행사(博客文化节 bókè wénhuàjié)를 알리는 팝업 창 하나를 복사해 온 것이다.

전서와 해서체와 같이 옛날부터 써오던 글꼴도 보이고 현대에 와서 새로 개발한 흑체도 볼 수 있다. 또한 이들을 서로 절충하여 새로 만든 글꼴도 보인다.

흑체의 변형　　전서

北大新聞
(북경대학교 뉴스)

해서체 ← 相逢的人会再相逢　博客文化节

(블로그 문화행사)

网络时代的个人名片
http://blog.sohu.com

흑체　　　　　예서체의 변형

이제까지 중국 한자 서체의 변화 과정을 살펴보았다. 변화라는 단어
가 암시하듯 이 과정은 역사적인 흐름을 배경에 깔고 있다. 옛날부터
내려오는 다양한 글꼴과 현대에 들어와 개발된 새로운 글꼴은 중국의
디자이너들에게 요리에 쓰이는 재료로 여겨질 것이다. 능력 있는 요리
사에게는 재료의 종류가 많을수록 좋다. 고객의 다양한 요구와 입맛에
따라 그 즉시 최고의 요리를 만들어낼 수 있기 때문이다. 중국의 디자
이너들은 아주 많은 글꼴을 작업대 위에 늘어놓고 기업과 제품과 소비
자의 구미에 맞는 것을 골라내어 가공하고 첨삭해서 새로운 글꼴을 만
들어낸다.

기업과 제품의 얼굴에 해당하는 브랜드 로고가 중국의 소비자와 긍
정적인 관계를 형성하려면 그들에게 익숙하고 그들이 선호하는 글꼴을
써야 한다. 당신이 중문 로고 개발 프로젝트에 참여하고 있다면 우선
현재 중국에서 쓰이는 한자의 글꼴 디자인에 대해 폭넓은 지식을 갖추

어야 한다. 한국어 글꼴은 한국이, 영어 글꼴은 미국과 영국이 가장 많이 개발하여 가지고 있듯, 중국어 글꼴은 중국인이 가장 많이 개발 했다. 다음은 '중국(中国)'이라는 글자에 대한 글꼴 디자인 사례이다. 감상해보자. (출처: http://www.widechina.net)

中国	中国	中国	中国
方正粗倩简体	方正中倩简体	创艺简细圆	华文新魏
中国	中国	中国	中国
方正综艺简体	文鼎妞妞体	华文中宋	华文彩云
中国	中日	中国	中国
	文鼎潇洒体	华文行楷	汉仪双线体简
中国	中国	中国	中国
方正舒体	方正姚体	汉仪长艺体简	汉真广标
中国	中国	中国	中国
	幼圆	经典叠圆体简	经典综艺体简
中国	中国	中国	中国
创艺简老宋	创艺简中圆	长城广告提繁	华文细黑

4. 중국 로컬 기업의 중문 로고 디자인 현황

이제 중국 로컬 기업의 로고 디자인 세계로 들어가 보자. 21세기 현재의 중국 로고 디자인은 과거와 현대가 공존한다. 아래의 사례에서 알 수 있듯 중국의 한자 로고 디자인은 다양하기 그지없다. 우리가 알고 있는 인쇄체니 필기체니 하는 명칭 정도를 가지고는 모두 아우를 수 없다. 때로는 딱딱하게, 때로는 물 흐르듯 부드럽게, 때로는 진하게, 때로는 속을 비우고, 때로는 꼿꼿하게 세우고, 때로는 비스듬하게 뉘고, 때로는 전통적인 붓글씨로, 때로는 현대의 인쇄용 활자를 갖다 쓰면서 각각 제품이 지닌 특성과 존재를 소비자에게 알리고 있다.

'光明乳业'(광밍루예). 중국 유제품 시장에서 인지도와 시장점유율이 가장 높은 브랜드. 현대 글꼴 중에서 흑체(고딕체)를 약간 변형시켜서 신뢰감에 무게를 둔 디자인. 다만 주요 소비자가 여성과 어린이라고 할 때 타깃에 어필하는 특별한 매력은 없음.

'蒙牛'(멍니우, '몽골의 소'라는 뜻). 후발 주자이면서 공격적인 마케팅으로 '광밍(光明)'의 1위 자리를 넘보고 있는 유제품 전문 기업 브랜드. 붓으로 자연스럽게 쓴 글씨를 통해 기업이 지향하는 자연친화적 철학을 잘 보여줌.

'白象'(바이시앙)은 흰 코끼리라는 뜻. 컵라면(方便面 fāngbiànmiàn) 브랜드. '象'자의 상형문자적 특성을 살려서 코끼리의 모습이 바로 연상되도록 디자인하여 소비자에게 즐거움을 안겨줌.

 '汇源'(훼이위앤)는 과일 주스 브랜드다. 현대의 인쇄체 중에서 하나를 뽑아 장식을 가했으며, 부드러운 물결선을 넣어서 제품과의 관련성을 높임.

 '全聚德'(취앤쥐더). 1864년 개점. '북경 구운오리'(北京烤鸭, 베이징 카오야)를 대표하는 전통 브랜드. 다소 중후한 해서체를 통해 오랜 전통을 느끼게 함.

 '娃哈哈'(와하하). 어린이 대상 영양 음료로 출발하여 옷이나 장난감 등 다양한 어린이 용품으로 영역을 확장하고 있는 브랜드. 어린이와 청소년을 타깃으로 하는 브랜드답게 행서체로 써서 가볍고 경쾌한 느낌을 줌.

식음료 분야의 로고 디자인 사례

이제까지 살펴본 것은 식음료 분야의 로고 디자인이다. 제품과 소비자 타깃이 달라지면 브랜딩 전략이 달라지고 이에 따라 로고 디자인 방향도 달라진다.

중문 로고 디자인에서 제일 중요한 것은 식별 가능성(identification)이다. 로고의 첫 번째 기능이 중국 소비자가 해당 브랜드를 쉽게 인지하고 기억하게 만드는 것이기 때문이다. 특히 중국인들에게 중문 로고만이 브랜드 네임 역할을 하고 영문 로고는 심벌처럼 받아들여지는 상황에서 중문 로고의 커뮤니케이션 역할은 더 증대된다. 그러므로 중문 네임의 로고는 쉽게 알아볼 수 있게 디자인해야 한다. 만약 현재 쓰고 있는 기업의 이름이 한자로 썼을 때 아주 복잡해서 식별성이 떨어질 것이 우려된다면 이름의 변경도 신중하게 고려해야 한다. 외국 기업이라면 처음부터 이 점을 고려하여 중문 네이밍을 하므로 이에 맞는 사례를 구하기 어렵다. 중국의 로컬 기업 중 마침 적절한 사례가 있어서 소개한다.

중국의 유명 가전업체 중 하나로 '시아신(夏新 xiàxīn)'이 있다. 이 기업의 주요 생산 품목은 이동전화, TV, 노트북 컴퓨터, 오디오 시스템, MP3 등이다. 이 기업의 원래 이름은 '廈新(xiàxīn)'이었다. '시아먼의 새로운 기업'이라는 의미를 지니는데, 1997년 설립 당시 기업이 위치한 지역이 중국의 남쪽에 있는 시아먼(廈門 Xiàmén)이기 때문에 이런 이름을 갖게 되었다. 참고로 시아먼(廈門)은 중국 남부의 푸젠(福建 Fújiàn) 성에 있는 섬 이름이다. 명나라 때 영국과 네덜란드 사람들이 무역항으로 이용하면서 아모이(Amoy)라고 불렀다. 시아신 기업의

사용시기	로고의 변화
1997. 5 .23~ 2003. 7. 25	**Amoisonic夏新**
2003. 7 .26~ 현재	AMOI 夏新

Amoi라는 영문 네임은 여기에서 따왔다. 이 이름을 2003년 7월에 '夏新'으로 바꾼다. 단순히 몇 획이 빠지는 것이지만 의미는 완전히 달라져서 '여름의 새로운 기업'으로 된다. 그 이유는 무엇일까?

'夏新'이라는 이름에는 태생적으로 두 가지 문제가 있다. 하나는 지역성이고, 또 하나는 로고의 복잡성이다. 중국의 전역을 마케팅 대상으로 할 때 '夏新'이라는 이름은 결코 도움이 되지 않는다. 소비자들은 이동전화에 대해 첨단의 이미지를 요구하는데, 베이징이나 상하이가 아닌 지방의 소도시 느낌을 주는 이름으로는 중국 전역의 다양한 소비자의 눈높이를 만족시키기 어렵기 때문이다.

또한 이 이름은 글자의 획수가 매우 많다. 두 글자 모두 그러하다. 이 두 가지 문제를 동시에 해결할 수 있는 방안으로 제시된 것이 바로 '夏新'과 같이 글자의 일부를 바꿔 쓰는 것이다. 이들은 내친김에 영문 네임도 AmoiSonic에서 Amoi로 줄여버렸다. 중문 네이밍을 할 때 디자인 측면까지 고려해야 한다는 것을 깨닫게 하는 사례이다.

5. 영문 로고와 중문 로고의 관계

영문 로고와 중문 로고의 디자인을 서로 일치시킬 것인가? 아니면 제 각기 따로 개성을 발휘하게 할 것인가? 영문 로고와 중문 로고의 일관 성 유지에 관한 질문인데, 영문 캐릭터와 중국의 한자의 형태가 판이하 게 다르기 때문에 발생하는 문제이다.

중국 시장에서 영문 로고와 한자로 된 중문 로고를 함께 사용하는 사례는 도처에서 쉽게 볼 수 있다. 그런데 영문 캐릭터와 한자는 구성 체계가 전혀 다르다. 한자는 네모 형태의 글자이다(이 점은 한글도 마찬 가지이다). 영문의 경우에는 대문자와 소문자를 섞어 쓸 경우 이름 위 쪽에 비어 있는 부분이 생긴다. 이것을 네거티브 스페이스(negative space)라고 하며 숨쉴 수 있는 여유공간이라는 뜻에서 브리싱 룸

(breathing room)이라고도 한다.

한자 네임은 이런 여백을 만들기 어렵다. 모든 한자가 똑같이 네모 진 사각형 틀에 맞춰서 써넣기 때문이다. 그리고 대개 2, 3음절로 길이

가 짧다. 기업 브랜드는 대개 두 글자이고 제품 브랜드도 다섯 글자 이상을 넘는 것이 드물다. 그리고 한자는 비록 간략화했다고 하더라도 여전히 획수가 많다. 이 때문에 멀리서 보면 전체적으로 뭉친 것처럼 보인다. 이 때문에 상대적으로 길이가 긴 영문 네임과 조화시키기가 쉽지 않다. 한편 영문 캐릭터는 단어 길이에 따라 대문자나 소문자만을 쓸 수도 있고 대문자와 소문자를 섞어서 쓸 수도 있다. 중문 캐릭터인 한자는 대소문자의 구별이 없으므로 선택 가능성이 아주 제한되어 있다. 따라서 한자 서체 디자인은 영문에 비해 단조롭게 느껴질 가능성이 높다. 앞에서 중국 로컬 기업 로고 디자인을 설명할 때 확인했듯, 두 언어가 형태, 발음, 의미 표현의 기능이 뚜렷한 차이가 있기 때문에 영문 로고와 중문 로고 디자인을 조화시키기가 그리 쉽지 않다. 정보전달력을 높이고, 시각적인 임팩트가 있으며, 심미감을 느끼게 하려면 상당히 노력해야 한다.

중국 로컬 기업 로고의 변화

IT 및 가전제품 브랜드 로고를 중심으로 중국 기업들이 노력하는 모습을 살펴보자. 1980년대 시장을 개방하여 자본주의적 경쟁 체제를 도입한지 20여 년이 지났다. 그 과정에서 중국 시장은 글로벌 브랜드의 격전장으로 변모하고 있고, 특히 2001년 WTO에 가입하면서 그러한 경쟁이 더욱 심화되고 있다. 시장이 성숙되는 만큼 소비자들의 안목도 바뀌고 있다. 방송 매체와 시장에서 보고 듣는 것이 세계적인 유명 브랜드들이다 보니 설사 그 제품을 사용하지 않을지라도 제품을 보는 눈이 높아지게 되어 있다. 브랜드 로고의 디자인 역시 마찬가지다. 균형과 조화에서 (가끔은 파격에서) 느끼는 미적 감수성은 인류 공통의 것이다. 물질 문명이 다소 뒤처져 있다고 해서 미적 감수성까지 떨어지는 것은 아니다.

또 하나의 중요한 변화는 '소비자 타깃의 정의'에서 일어났다. 중국 시장의 글로벌화는 중국 로컬 브랜드의 세계화로 이어졌다. 이제는 소비자가 중국인에 한정되지 않고 전 세계로 확대되고 있다. 그 결과 세계의 소비자와 커뮤니케이션하기 위해 중문 로고 이외에 영문 로고도 필요해졌다. 중국 기업 중 앞서가는 브랜드들이 중문과 영문 로고 디자인을 변경하는 것도 이러한 이유에서다. 그 과정에서 영문 로고와 중문 로고의 관계를 어떻게 설정하는지 살펴보자.

서로 일치시키는 경우

다음은 2005년에 IBM의 컴퓨터 부문을 인수하여 세계를 놀라게 했던 '롄샹(联想 liánziǎng)' 그룹의 로고 변경 사례이다. 초기의 로고는 중국의 전형적인 국영 기업답게 반듯한 네모꼴의 딱딱한 흑체를 썼다. 현재의 로고를 보면 기존의 심벌을 없애고, 대신 그 자리에 영문 네임을 집어넣었다. 영문과 중문 모두 오른쪽으로 기울기를 주어서 시각적으로 역동적이고 경쾌한 느낌을 준다. 전체적으로 중문보다는 영문 네임이 강조되고 있는데, 로컬 브랜드 이미지를 탈피하고 글로벌 기업이미지

기업명	초기의 로고	현재의 로고
롄샹	联想集团 (롄샹 그룹)	lenovo 联想

를 부여하려는 의도로 해석할 수 있다.

기업명	초기의 로고	현재의 로고
거리	格力空調 (거리 에어컨)	GREE 格力

다음은 에어컨 생산으로 유명한 '거리(格力 géli)'의 사례이다.

초기의 로고는 흑체를 별다른 가공 없이 그대로 쓰고 있다. '롄샹'의 경우와 마찬가지로 당시 국영 기업의 로고에 흔히 보이는 글꼴이다. 현재의 로고는 이전의 평범한 흑체에 상당한 변화를 주었다. 그런데 좀 더 들여다보면 영문 로고에 중문 로고 디자인을 억지로 끼워 맞춘 느낌이 든다. 중문 글꼴은 일반 중국인에게 친숙한 쪽도 아니고 그렇다고 해서 아주 세련된 느낌을 주지도 않는다. 영문과 중문 로고가 서로 조화를 이루는 정도에서 그치는 디자인이다.

서로 다르게 디자인하는 경우

영문 로고와 중문 로고의 디자인을 서로 다르게 하는 경우가 있다. 전형적인 사례가 '하이얼(Haier)'이다.

하이얼이 1984년 창업한 이래 계속 써오던 로고 디자인을 대폭 바꾸었다. 2004년 12월 26일 하이얼 그룹에서는 '20년·1000억 위안·세계의 하이얼'이란 주제로 세미나를 하면서 위와 같이 새로운 기업 로고를 발표하였다. 우선 꼬마 아이의 모습이 사라졌고 중문 로고의 모습도 확연히 달라졌다. 이전의 단조로운 흑체에서 마구 휘갈겨 쓰는 초서체

초기 로고

현재 로고

로 바뀌었다. 하이얼 측의 설명에 따르면, 중문 로고 디자인의 핵심 컨셉은 '변화와 균형'이다. 변화는 역동적인 획의 움직임을 통해 표현되고 있음을 금방 알 수 있다. 그렇다면 균형은? 자세히 들여다보면 '海' 자에 있는 가느다란 가로획과 '尔' 자에 있는 세로획이 서로 직각을 이룬다. 이것이 전체 글꼴에 평형과 안정감을 준다는 것이다.

이제 영문 로고를 보자. 우선 색깔이 파랑에서 빨강으로 바뀌었다. 이에 대해서는 이렇다 할 설명이 없다. 하이테크 관련 업체는 대부분 파랑을 쓰는데 하이얼이 빨강으로 바꾼 것은 일종의 차별화 전략일 수도 있다. 하나하나의 캐릭터에도 제법 많은 변화를 주었다. 'a'를 'α'로 바꾸었는데 그 설명이 재미있다. 현재의 하이얼이 과거를 돌아보지 않고 오로지 미래의 목표를 향해 전진하겠다는 의지를 담고 있다는 것이다. 그리고 'r'의 왼쪽 머리를 줄였는데 이는 하이얼이 흔들림 없이 위로 성장하겠다는 의지를 상징한다고 한다. 전체적으로 영문과 중문이 철저히 대비(contrast)를 이루면서 혁신과 세계화의 이미지를 강렬하게 내비치고 있는 독특한 디자인이라고 할 수 있다.[20]

또 하나의 예를 보자. 다음은 에어컨 생산으로 유명한 '메이디(美的)'의 사례이다.

MAYDICK은 '美的'의 광둥 방언 발음인 'mei dik'을 영어식으로 표기한 것이다. 1993년에 중국의 증시에 상장한 뒤 CI 작업을 하여 1994

1994~1999

2000~2005

2006~현재

년부터 영문은 이니셜만 쓰고 주로 '메이디(美的)'라는 중문 네임으로 커뮤니케이션을 하게 된다. 광둥이라는 지역을 벗어나 중국 전역을 대상으로 마케팅을 하기 위해서다. 2001년도의 WTO 가입을 앞두고 기업 로고에 획기적인 변화가 일어난다. 영문 네임을 완전히 새롭게 Midea로 바꾼 것이다. 세계 시장으로의 진출을 염두에 둔 브랜드 전략이라고 할 수 있다. 이 영문 로고를 좀더 세련되게 다듬은 것이 2006년의 로고이다.

여기에서 한 가지 주의해야 할 점이 있다. 2006년의 로고는 어디까지나 해외 시장에서만 사용되는 것이고, 중국 내에서는 여전히 중문과 영문 네임을 함께 사용한다는 것이다. 결과적으로 광둥 지역에서는 '메이딕'으로 불리고 북쪽의 표준말 지역에서는 '메이디'로 불리고 해외에서는 Midea로 불린다. 브랜드 전략의 핵심인 일관성 원칙을 지키지 못하는 것이다. 이는 중국 기업이 세계 시장으로 나아가고자 할 때 일반적으로 부딪치는 문제이기도 하다.

다시 본론으로 돌아와서 '메이디(美的)'의 로고 서체 디자인에 대해 살펴보자. 초기의 중문 로고는 변형된 흑체를 쓰다가 2000년부터는 단정하게 다듬어진 흑체를 쓰고 있다. 여기에서 두 가지 문제를 지적할 수 있다. 하나는 영문 로고가 여전히 뒤떨어진 디자인 감각과 조형미를 보인다는 것이며, 또 하나는 영문 로고와 중문 로고가 서로 조화를 이루지 못한다는 것이다. 획의 굵기 및 대문자와 소문자의 비례 등을 보면 쉽게 알 수 있는 그러한 문제를 아직도 해결하지 못하고 있다. VI(Visual Identity)에 대한 인식부족을 드러내는 전형적인 사례이다.

중국 기업이 글로벌 마켓을 지향한다면 브랜드의 얼굴인 로고(영문과 중문)가 영미권 소비자에게 어떤 느낌을 줄 것인가를 고민해야 한다. 하이얼의 중문 로고가 중국인에게는 참신하게 보일지 몰라도 영미권 소비자들이 보기에는 세련미가 떨어지는 다소 기이한 형태의 심벌로 생각할 수 있다는 것이다.

|

6. 글로벌 기업의 중문 로고 디자인 사례 분석

디자이너라면 누구나 독창적이고 잊히지 않는 형태의 디자인을 꿈꾼다. 하지만 중문 로고 디자인은 원천적으로 영문 로고와 깊은 관계를 맺으며 진행된다. 영문 로고의 디자인 컨셉을 부정하고 새롭게 시작할 수 없다는 말이다. 그러면서도 경쟁 브랜드와는 다른 모습을 만들어낼 수 있어야 한다.

한국의 디자이너들이 중문 로고를 디자인할 때 참고할 수 있는 몇 가지 사례를 제시하고자 한다.

영문과 중문 로고 디자인을 서로 일치시킨 경우

다음은 중국의 베이징 자동차 회사와 합작한 현대 자동차의 로고 사례이다. 현대자동차의 중문 로고를 보면 영문의 고딕체에 맞춰서 흑체를 사용하고 있다. 마무리 획 부분도 영문과 마찬가지로 네모지게 해서 단단하고 깔끔한 느낌을 준다. 전체적으로 변화보다는 안정감에 주안점을 두고 디자인했다는 느낌을 받을 수 있다. 자동차의 특성상 '안전'이 필수 요소이기 때문이 아닐까?

코카콜라의 스프라이트 역시 영문 로고의 특징을 중문 로고에 최대한 반영시켰다. 아래 사진에서 알 수 있듯이 Sprite의 중문 네임은 '쉬에뻬(雪碧)'이다. 양자를 비교해보면 '雪'자에서는 S와 p자의 둥근 외곽선을 발견할 수 있고, '碧'자에서는 e자의 둥근 선을 발견할 수 있다. 그리고 초록색 과일을 공통요소로 가지고 있다. 영어 캐릭터와 중국의 한자가 근본적으로 상이한 구성을 하고 있지만 디자인에서는 시각적으로 얼마든지 공통분모를 늘릴 수 있다는 점을 보여주는 좋은 사례이다.

피자헛의 로고 디자인도 음미할 만하다. 피자헛의 중문 네임은 '비성커(必胜客)'이다. 로고를 보면 영문과 중문의 글꼴이 주는 느낌이 매

우 비슷하다는 것을 느낄 수 있다. 둘 다 손으로
썼으며 또한 획이 시작되는 부분과 마치는 부분
의 굵기를 다르게 했다는 공통점이 있다. 초록색
점이 있는 것도 공통점에 속한다. 이런 점에서 영
문과 중문 로고 사이의 일관성이 잘 유지된다고
할 수 있다.

　피자헛 로고의 중문 글꼴은 어디에 놓아도 다
른 경쟁업체와의 차별성이 두드러진다. 손으로 쓴 활달한 필기체는 맥
도날드나 KFC의 딱딱한 인쇄체와 좋은 대조를 보인다. 물론 '必胜客'
측에서도 인쇄체에서 글꼴을 가져다 디자인할 수 있었을 것이다. 하지
만 그렇게 하지 않았다. 중문 로고를 영문과 같게 디자인할 때 생기는
이점에 주목했기 때문이다. 그들은 이제까지 중국의 로고에서 사용된
적이 없는 자기만의 독특한 글꼴을 개발하여 일관성과 차별화라는 두
마리 토끼를 한꺼번에 잡고 있다.

영문 로고와 중문 로고를 다르게 만든 경우
롯데(LOTTE)의 경우 영문과 다르게 중문 로고를 디자인했다. 롯데의
중문 네임은 '러티앤(乐天 lètiān)'이다. 영문과 중문 로고를 비교해보
면 같은 점보다는 다른 점이 더 많이 눈에 띈다. 우선 영문은 딱딱하게

각진 모서리가 있어서 현대적인 느낌을 주는데 반해 중문의 경우에는 둥글게 마무리되어 있어서 부드러운 느낌을 준다. 영문은 가로가 가늘고 세로가 굵은데 중문은 굵기에 변화가 없다. 중문 로고의 글꼴을 중국어로 둥근 고딕체라는 뜻에서 '위앤헤이티(圓黑体)'라고 한다. 이 때문에 영문 로고와 중문 로고가 주는 느낌이 달라졌다. 이렇게 다르게 디자인한 데에는 나름대로 전략적 고려가 있는 것으로 보인다. 롯데가 제공하는 주요 상품은 과자나 음료수와 같은 먹거리이다. 먹거리 관련 브랜드는 친근감이 중요한 소구 포인트가 된다. 게다가 '乐天'은 말뜻 속에 '즐거움'이라는 의미가 들어 있다. 롯데의 영문 디자인이 일본이나 한국에서는 모던한 쪽을 택했다면 중국 시장에서는 부드러움으로 딱딱한 서구적 이미지를 보완하는 쪽을 택했다고 볼 수 있다.

이제까지 중문 로고 디자인에 대해 살펴보았다. 로고는 기업이나 제품 브랜드의 얼굴이다. 소비자와 늘 만나는 얼굴이라면 남다른 매력을 느낄 수 있도록 다듬고 가꿀 필요가 있다. 영문 로고가 존재한다면 중문 로고의 디자인은 영문 브랜드의 모습을 바탕으로 진행된다. 이때 양자를 어느 정도 서로 일치시킬 것인가가 중요한 의사결정 사항으로 떠오른다. VI의 관점에서 본다면 양자는 서로 일치시키는 쪽이 바람직하지만 반대로 중문 로고에 변화를 주어서 상보적 효과를 노릴 수도 있다. 여기에 어떤 정해진 규칙은 없다. lenovo나 북경현대자동차, 피자헛처럼 서로 일치시킬 수도 있고, 롯데(LOTTE)나 하이얼(Haier)처럼 서로 다르게 디자인할 수도 있다. 또한 삼성(SAMSUNG)처럼 중문 네임의 디자인에 신경 쓰지 않고 오로지 커뮤니케이션 역할만 하도록 할 수도 있다. 어느 경우든 브랜드 아이덴티티를 일관되게 반영하는 범위 안에서 디자인이 진행되어야 한다는 점이 중요하다.

4장

브랜드를 키우려면
상표권부터 확보하라

■

상표는 현재 본인이 사용하고 있다고 해서 소유가 인정되지는 않는다. 누구든 먼저 출원하여 등록을 받는 자가 소유권을 갖는다. 이를 '선출원주의'라고 한다. 브랜드 네임이나 심벌 등을 독점적으로 사용하기 위해서는 해당 기관에 등록해야 한다. 이 장에서는 아주 상식적이지만 의외로 잘 지켜지지 않는 부분을 이야기하려 한다. 상표와 상호의 등록 및 관리 문제이다.

상표는 상품을 식별하는 브랜드 표시를 가리키며 영어로는 트레이드 마크(trademark)라고 한다. 소비자는 상품에 붙어 있는 상표를 보고 자기가 원하는 상품을 골라 구매한다. 상호는 회사나 상점의 이름으로서 거래의 주체를 나타내며, 영어로는 트레이드 네임(trade name)이라고 한다. 상호는 거래 주체를 나타내고 상표는 법적으로 배타적 사용권을 인정받은 제품의 이름이다. 예컨대 같은 '삼성'이라도 "삼성전자에 납품했다"고 하면 상호가 되고 "삼성 애니콜을 샀다"고 하면 상표가 된다.

상표란 흔히 제품에 붙은 라벨(label)로 이해되는데, 실제 상표법상의 정의는 이보다 훨씬 범위가 넓다. 상표법에 따르면 '자기의 상품을 다른 업자의 상품과 구별되도록 하기 위해 사용하는 문자, 숫자, 도형, 입체적 형상 및 이들에 색채를 결합한 것, 또는 이들을 서로 결합한 것'으로서, 문자 이외에 시각적으로 인식될 수 있는 다양한 것들까지 상표로서 인정된다. 이 중에서 가장 흔히 볼 수 있는 것은 문자나 상징적 의미가 있는 도형, 혹은 이 두 가지가 결합된 평면 상표이다. 즉 일단 문자로 된 브랜드 네임과 그것을 디자인한 로고타입, 도안으로 된 심벌을 상표 등록 대상이라고 생각하면 된다. 예를 들어 GS그룹은 심벌을 상표로 등록하였고, 삼성은 영문과 기업 로고를 모두 상표 등록했다.

특허청(중국은 공상관리국)에 정식 출원하여 등록된 상표를 '등록 상표'라고 하며 중국어로는 '주처상비아오 (注冊商标)'라고 한다. 등록 상표를 '지정 상품'에 대해서 독점적으로 사용할 수 있는 권리를 상표권이라고 한다. 다시 말하면 상표권의 가장 중요한 내용은 지정 상품에 대하여 그 등록 상표를 사용하는 것이다.

1. 왜 등록을 서둘러야 하는가

한국에서의 등록은 중국에서 보호받지 못한다

한국에서 상표 등록을 하였다면 그 효력은 국내에만 미친다. 따라서 상품을 중국에서 판매하려고 할 때 제3자가 동일한 상표를 미리 등록해 놓았다면 대한민국 특허청에 상표 등록을 마친 상표라 하더라도 중국에서는 자신의 상표를 사용하지 못한다.

　세계적으로 저명한 상표라고 해도 마찬가지다. 대부분의 국가에서 상표 분쟁이 일어날 경우, 지적재산권 판단에 있어서는 자국 이기주의 관점에서 처리하는 것이 일반적이다. 특히 중국은 계획 경제에서 시장 경제로 이동하는 과정에서 자국 기업의 경쟁력 강화를 위해 노골적으로 이런 정책을 취하기 때문에 일단 분쟁이 일어나면 소송을 통해 권리를 구제받기가 매우 어렵다.

　만약 누군가 이미 등록한 것을 쓰고자 한다면 사용료를 부담해야 한다. '現代', '新世界', '太平洋' 같은 단어는 중국인이 자주 쓰는 어휘에 속하므로 이미 이들에 의해 등록되어 있을 가능성이 많다. 국내의 해당 기업이 중국에서 이와 같은 이름을 쓰고자 할 경우 소정의 사용료를 지불할 수밖에 없다.

상표 출원을 해도 바로 쓸 수 없다

"지금 바로 제품을 출시해야 하는데 상표를 출원하자마자 사용하면 안 됩니까? 상표 등록 최종 결과를 받는데 어느 정도 시간이 걸립니까?"

　중국 브랜드 프로젝트를 수행하면서 성미 급한 클라이언트에게 자주 받는 질문 중 하나이다. 당장 다음 달 초에 제품이 중국으로 들어가는데 등록이 확정될 때까지 기다릴 수가 없다는 것이다. 상호라면 출원 후 3개월이면 결과를 알 수 있다. 하지만 상표는 출원에서 등록까지 대략 12개월에서 18개월이 걸리며 최근에는 심사가 더 지연되는 경향이 있다. 그리고 심사 과정에서 해당 관청의 추가 자료 요청이 있거나 제3 자에 의해 이의 신청이 있는 경우 심사 기간이 더 지체될 수도 있다. 뒤에서 살펴볼 한국인삼공사(당시 한국담배인삼공사)의 '정관장(正官庄)'은 출원에서 등록까지 마치는 데 4년 하고도 사흘이 더 걸렸다.

해외 시장 어디라도 마찬가지겠지만 중국 시장에 진출할 뜻이 있다면 자기 상표의 등록 문제를 우선적으로 해결해야 한다. 최종적으로 상표 등록증을 교부받지 않은 상태에서 단지 상표 출원을 했다고 하여 상표를 사용하는 것은 위험하다. 이미 다른 이가 출원 또는 등록하여 상표 출원이 거절될 경우 당신은 그 상표의 사용을 포기해야 한다. 그렇다면 그동안 지출된 상표 인쇄비, 광고비, 디자인 비용 등이 물거품이 되고 만다.

상표 등록 경쟁이 치열하다

앞에서 좋은 네임이 갖춰야 할 조건에 대해 이야기한 바가 있다. 그 조건에 맞는 네임을 개발했다고 하자. '구슬이 서 말이라도 꿰어야 보배'가 된다고 했다. 아무리 좋은 브랜드 네임이라도 법적으로 등록이 안 되어 있으면 독점적 사용권을 주장할 수 없다. 문제는 그것을 등록해서 나의 것으로 만드는 것이 쉽지 않다는 것이다. 업종별로 상표 검색을 하다 보면 웬만큼 좋은 이름은 다 등록되어 있다는 느낌을 받는다. 나에게 좋은 네임은 그들에게도 좋은 네임이어서 상표 검색을 하면 이미 그들에게 선점당한 경우가 많다.

2005년 9월 말 현재 대한민국의 누적 상표 등록 건수는 73만 4천 건인데(특허청 발표) 중국의 경우 2005년 말 누적 등록 건수가 249만 9천

건이다. 중국 경제가 연 10퍼센트 이상 고성장을 보이는 것에 비례하여 상표 등록 건수도 매년 10퍼센트 이상 증가하고 있다.[21] 경제가 급속도로 성장하는 만큼 매년 수만 개의 기업이 생기고 수십만 개의 신제품이 시장으로 나오고 있기 때문이다. 이러한 상황에서는 상표 등록도 하나의 전쟁이다. 그 와중에도 기업과 제품에 맞는 최상의 네임을 개발하여 등록을 시켜야 하는 것이 전문가의 임무다. 네이밍 단계에서부터 전략적인 접근이 필요한 까닭이 여기에 있다.

|

2. '정관장'의 상표 분쟁 사례

중국인, 또는 제3자가 먼저 등록할 수도 있다

자사의 상호나 상표를 중국 현지인이 먼저 등록을 했을 수도 있지만, 오리온의 '초코파이(chocopie)'처럼 국내의 경쟁 기업이 먼저 중국에 등록해버릴 수도 있다. 더 황당한 경우는 자사의 제품을 관리하던 중국의 대리인이 자기 명의로 등록을 하는 것이다. 한국인삼공사의 '정관장'은 이미 널리 알려진 사례다.

이 사건은 애초 1990년대 초에 발생했다. 당시 한국인삼공사는 홍콩 판매상을 통해 화교권 국가에 수출하고 있었다. 그런데 홍콩 에이전트가 아예 高丽蔘中心有限公司(고려인삼센터주식회사)라는 회사를 설립하고, 1993년 그 명의로 '正官庄' 상표를 중국, 홍콩, 마카오, 태국 등 네 나라에 몰래 등록하고는 소유권을 주장하고 나섰다. 뒤늦게 이 사실을 안 한국인삼공사 측은 해당 홍콩 판매상을 상대로 홍콩과 중국의 인민법원에 상표권 등록취소소송을 제기하였다. 하지만 법적으로 선출원자에게 소유권이 주어지며, 또한 한국인삼공사 측이 중국 현지에서 적극적인 홍보 활동을 펼친 사례가 없다는 이유로 재판이 불리하게 진행되었다. 뒤늦게 현지에서 집행한 광고 자료를 찾아내는 한편 피고 측과 협상을 통해 홍콩에서는 1997년 어렵게 승소하긴 했지만, 중국의 인민법원에서는 쉽게 한국에 유리한 판결을 내려주지 않았다. 그로부터 6년이 더 지난 2003년에 이르러서야 '正官庄'은 한국인삼공사의 이름으로 등록된다.

이때까지 한국인삼공사는 '正官庄'이라는 한자 상표를 쓰지 못하고 '정관장'이라는 한글 이름밖에 쓰지 못했다. 물론 속사정을 모르는 이들은 그것이 한류(韓流) 열풍에 힘입은 의도적인 차별화 전략으로 생각하기도 했지만, 한글을 모르는 중국인에게 한글 이름은 단지 '의미가 없는 심벌'에 불과하다는 점을 생각하면 이래저래 오랫동안 적지 않은 손해를 본 것이다.

중국의 상표 사냥꾼들은 중국내 주요 무역전시회, 박람회 등에 출품 전시된 외국 기업의 제품 중 중국에 등록되어 있지 않은 것을 찾아내어

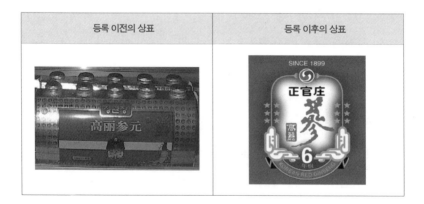

등록 이전의 상표	등록 이후의 상표

(중국인이 등록 상표를 검색할 때는 그 비용이 100위안밖에 들지 않는다) 중국 진출 가능성이 큰 것을 골라 자기 명의로 출원하는 수법을 쓰고 있다. 그 후 해당 기업이 중국에 진출하면 상표권 이양을 조건으로 수천만 원에서 수억 원의 보상금을 요구하는 것이다.

만약 해당 사업이 번창일로에 있어서 사업을 확장하고자 할 때 뒤늦게 자신의 이름이 이미 상표 사냥꾼에 의해 선점을 당했다는 것을 알게 된다면 낭패가 아닐 수 없다. 새로운 이름으로 개명하거나 아니면 그것을 사용하기 위해 대여료를 지불해야 할 것이다. 어쩌면 그들이 경쟁자로서 그 사업 영역으로 뛰어들어 그동안 힘들여 닦아놓은 길에 무임승차하는 것을 눈뜨고 지켜봐야 하는 괴로움을 겪을지도 모른다.

중국도 해외에서 당하고 있다

2004년도 KOTRA의 자료에 따르면 중국 유명 브랜드 가운데 15퍼센트가 해외의 다른 기업에 의해 등록되었다고 한다. 중국 유명 가전업체 '하이신(海信)'의 영문명 Hisense는 1999년 지멘스가 독일에 등록했다. 하이신이 유럽 시장에 진출하려고 하자 지멘스에서는 상표 양도 조건으로 수천만 유로를 요구했다고 한다. 양 사의 상표 분쟁은 2004년 당시까지 5년째 타협점을 찾지 못했는데, 초기에는 하이신의 유럽 수출 물량이 많지 않아서 크게 문제가 되지 않았지만, 최근 물량이 많아지면서 심각한 문제로 대두되고 있다.

일본에 등록되어 있는 만년필 브랜드 '잉슝(英雄)', 미국, 영국, 벨기에 및 네덜란드에 등록되어 있는 화장품 브랜드 '다바오(大宝)', 스웨덴, 아일랜드, 뉴질랜드, 영국 등지에 등록돼 있는 백주(白酒) 브랜드 '홍싱(红星)', 이들 모두가 해당 기업이 아닌 현지의 상표 사냥꾼들에게 선점당했다. 중국 상표 중 인도네시아에 등록된 것만 해도 80개가 넘으며 약 1백 개의 상표는 일본에, 2백여 개의 상표는 호주에 이미 등록되어 있는 것으로 나타났다. '공업재산권보호에 관한 파리조약'에 의하면 5년 이내에 상대방의 부당 경쟁 행위에 관하여 충분한 자료를 제시하지 못하면 등록 상표를 무효로 만들 수 없다. 따라서 소정의 사용료를 지불하거나 거액을 들여 구입하거나, 아니면 다른 상표의 사용을 고려해야 한다.

상표 등록 전쟁도 국지전에서 벗어나 국제전 양상을 띠고 있다. 해외 영업망을 확대하기 전에 먼저 세계 130여 개 나라에 상표 등록을 해놓았다는 '더 페이스샵(TheFaceShop)'을 귀감으로 삼을 필요가 있다.

|

3. 지정 상품 문제 : '농심'의 사례

상표 출원을 할 때에는 향후 그 상표를 사용할 사업 영역이나 제품(또는 서비스)의 영역을 명확히 지정해야 한다. 어느 나라 상표법이든 등록 상표는 반드시 처음 상표를 출원할 때 지정한 상품에만 사용해야 한다고 되어 있다. 이것을 '지정 상품', 중국어로는 '使用商品(shī yòngshāngpǐn)'이라고 한다. 제품의 중국 출시를 맡고 있는 브랜드 매니저나 실무자라면 이 '지정 상품'이란 말에 대해 자세히 알아둘 필요가 있다.

대한민국과 중국의 상표법 시행 규칙은 각종 상품을 총 45개의 카테

고리로 구분한다. 이 중에서 상품류가 34개이고 서비스업류가 11개이다. 각각의 상품 및 서비스업류는 다시 한 개 이상의 '군(群)'으로 나뉘고, 각각의 '군'은 또 다시 여러 개의 '세목(細目)'으로 구성된다. 상표권 보호를 받기 위해서는 해당 상품 및 서비스업류 가운데 구체적인 세목을 선택하여 출원하여야 한다. 이처럼 상표 출원을 위해 선택한 세목 속의 상품을 '지정 상품'이라고 한다. 만약 상표 출원을 한다고 하면 지정 상품마다 별도의 비용을 들여서 출원해야 한다.

등록 상표는 반드시 출원시 지정한 상품에만 표시할 수 있다. 예컨대 어느 의류업체에서 제25류의 아동복을 지정하여 상표 출원을 하였다면 이 상표는 아동복에는 붙일 수 있지만 같은 유에 있는 넥타이나 양말, 허리띠 등에는 붙일 수 없다. 만약 향후에 이런 제품을 생산 판매하려면 다시 이들을 지정 상품으로 하여 출원 등록을 해야 한다.

상표의 사용 가치가 높을 것으로 예상된다면 지정 상품은 많이 해둘수록 좋다. 예컨대 한국 시장에서 SK케미칼은 'SKY'라는 상표로 짭짤한 수익을 올리고 있다. SK케미칼의 전신인 선경합섬이 지난 1968년 SK와 나일론(nylon)을 결합한 '스카이론(SKYRON)'이라는 폴리에스테르 브랜드를 출시할 당시 'SKY' 브랜드에 대한 권리를 확보하였다. 이때부터 수많은 사업 분야에 'SKY' 상표 및 서비스표를 출원하여 국내 업종의 90퍼센트 가량에 대해 'SKY'를 등록하였다. 그 후 이 상표를 사용하려는 기업은 SK케미칼의 허가를 받아야 했는데, 대한항공, 델타항공, 에어프랑스 등 세 항공사 연합체인 스카이팀(SKYTEAM)은 단지 이 이름을 사용하기 위해 5만 달러나 지불하였다. 스카이팀이 사용 허가를 받은 것은 항공 영역에 한정된 것이며 만약 다른 영역에서

이 상표를 쓰고자 한다면 또다시 적절한 사용료를 지불해야 한다. 이렇게 볼 때 SKY 브랜드 가치를 금액으로 환산하면 적게는 1백억 원에서 많게는 5백억 원에 이를 것으로 보고 있다.[22]

하지만 지정 상품의 개수가 많아질수록 많은 비용을 지불해야 한다. 그러므로 대상 품목을 어디까지 지정하여 출원할 것인지 결정하는 문제가 매우 중요하다. SKY처럼 적용 범위가 아주 넓거나 LG나 GS처럼 제품 품목이 매우 다양하다면, 그 모두에 대해 상표 등록을 해놓아야 한다. 하지만 적용 범위가 그렇게 넓지 않다면 지정 상품의 개수를 한정하여 출원하면 된다. 음료 사업을 하는 코카콜라가 굳이 IT나 자동차 용품을 지정 상품으로 할 필요는 없기 때문이다. 시장의 크기, 성장 잠재력, 경쟁 상황, 자사의 역량과 중국 시장에서의 비전과 전략이 판단 근거가 되겠지만 가급적 장기적인 관점에서 의사 결정을 해야 한다.

중국 시장에서 신(辛)라면으로 주가를 올리고 있는 '농심(農心)'의 사례가 참고가 될 것이다. 농심은 일부 지정 상품에서 '农心' 상표를 빼앗겨 사업 확장에 다소 어려움을 겪고 있다. 농심이 중국에 상표 출원한 것은 1989년으로서 아직 중국과 정식 수교(1992년 8월 24일)되기 전이니(그래서 당시의 기록에는 주소가 '남조선(南朝鮮)'으로 되어 있다), 여기에서부터 이 기업의 장기 전략과 비전을 엿볼 수 있다. 당시 제30류에 출원할 때 지정 상품은 '가공한 면류(즉, 라면), 곡류 제품, 과자, 빵, 사탕, 기름, 조미료' 등이었고, 그 후 서너 차례에 걸쳐 동일 상품류에서 '새우깡, 양파링, 팝콘, 감자칩' 등으로 지정 상품의 세목을 늘려나갔다. 그런데 1999년, 불의의 일격을 당했다. 타이완의 커진옌(柯錦嚴)이란 사람이 동일 상품류에서 '커피, 아이스크림, 빙과, 쌀과자'

商标的详细信息						
注册号/申请号	534165	国际分类号	30	申请日期	1989-11-17	출원일자
申请人名称(中文)	株式会社农心		申请人地址(中文)	南朝鲜		
申请人名称(英文)	NONG SHIM COMPANY LIMITED		申请人地址(英文)			
商标图像		商品/服务列表	已配制好的面条;谷类制品;饼干;蛋糕;糕点和糖果;酱油和调味品;面粉;酵母; 查看详细信息	类似群	3004 3006 3007 3009 3015 3016 3017	지정상품
初审公告期号	296		注册公告期号	305		
初审公告日期			注册公告日期			
专用权期限	2000年11月20日 至 2010年11月19日			年		
后期指定日期			国际注册日期			
优先权日期	无		代理人名称	中国专利代理(香港)有限公司		
指定颜色			商标类型	普通商标		
是否共有商标	否		备注			
商标流程	补注册证					

등을 지정 상품으로 하여 '农心'이라는 상표를 등록한 것이다.

상표법에 따르면 어느 상품류의 군(群) 중 어느 하나의 세목을 등록하면 그 군의 나머지 세목에 대해서는 제3자가 출원 등록할 수 없게 되어 있다. 한국의 상표법에 따르면 각종 과자와 빵과 라면과 아이스크림이 하나의 군으로 묶여 있다. 그런데 중국의 상표법에서는 이들 모두가 다른 군으로 분류되어 있었다. 그러므로 '커피, 아이스크림, 빙과, 쌀과자' 등을 하나하나 모두 지정해서 등록했어야 했다. 그것을 게을리 하자 그 틈새를 비집고 들어온 것이다. 어쨌든 이 세목에 대해서는 한국의 농심이 '农心'이라는 상표를 내걸고 생산 판매할 수 없다. 이것을 어떻게 해결할 것인가는 아직도 숙제로 남아 있다.

商标的详细信息					
注册号/申请号	1237210	国际分类号	30	申请日期	1997-09-09
申请人名称(中文)	柯锦严		申请人地址(中文)		台湾台北市基隆路一段35巷5弄8-3号
申请人名称(英文)			申请人地址(英文)		
商标图像	农心	商品／服务列表	咖啡;虫草鸡精;米果;食用面筋;马铃薯淀粉制品;冰淇淋;食盐;饮料调味香料（除香精油外）;家用嫩肉剂;冰棒;查看详细信息 …	类似群	3001 3005 3010 3011 3012 3013 3014 3018 3019
初审公告期号	658		注册公告期号	670	
初审公告日期			注册公告日期		

　　결론적으로 상표 등록을 할 때 지정 상품의 범위는 기업의 장기적인 비전과 전략을 바탕으로 결정해야 한다. 당장 눈앞의 시장만을 보고 자신의 사업 카테고리를 정하는 근시안적 마케팅에서 벗어나 최소한 10년 내지 20년 뒤를 생각하며 브랜드 구조를 그려나가야 한다.

　　주의해야 할 점은, 상품과 서비스업류는 두 나라 모두 국제 분류를 따르지만 '군'과 '세목'으로 들어가면 서로의 분류에 차이가 난다는 점이다. 특히 중국 경제의 급격한 발전으로 인하여 새로운 상품과 서비스가 중국 시장에 등장할 때마다 새로운 '군'과 '세목'이 생겨난다. 이 때문에 중국에 상표 출원을 할 경우에는 이러한 상황을 잘 감안해서 지정 상품을 출원해야 한다.

4. '야후'와 '이룽전자'의 상표 분쟁 사례

한국에도 야후 사이트가 있듯 중국에도 중국어로 정보를 제공하는 야
후 사이트가 있다. 중국 쪽 자료를 구하고자 할 때 자주 들르는 곳이 바
로 야후 사이트(http://cn.yahoo.com)이다.

YAHOO!의 중국 웹사이트 이
름은 '야후(雅虎 yāhǔ)'이다. 중
국어 발음이 영어와 똑같이 '야
후'로 읽힌다. 한자 뜻으로 보면
'우아한 호랑이'가 된다. 용맹스런 호랑이도 아니고 우아한 호랑이라
니! 재미있지 않은가. 그런데 이 중문 명칭이 중국 로컬 기업과 상표
분쟁에 들어가고 결과적으로 야후가 패소하는 일이 발생했다. 야후의
주력 사업인 인터넷 서비스가 아닌 다른 지정 상품에서 벌어진 일이다.

1998년 9월 14일, '雅虎'의 상표를 쑤저우(苏州)의 '이룽(易龙
yilóng)' 전자회사에서 등록했다는 사실을 알게 된 야후는 매우 당황스
러웠다. 그들이 지정한 'TV, CD, 녹음기, 라디오, 비디오, 반도체' 등
이 장기적으로는 야후의 사업 범위 안에 들어 있었기 때문이다. 야후는
관련 자료를 모아서 중국의 국가공상국 상표국에 제소하였다. 중국의
상표국은 앞에서 말했듯 준사법적인 기관으로서 상표 등록 업무 이외
에 분쟁 조정 업무도 맡고 있다. 1999년 1월 27일 국가공상국 상표국
에서는 원고인 야후의 패소를 선언했다. 그 이유는 첫째, 미국
'YAHOO!'의 중문 상표 '雅虎'는 아직 중국에 등록되지 않았으므로

등록 상표로서의 권리를 행사할 수 없다. 둘째, 이룽전자회사가 '雅虎' 상표에 대해 지정한 상품은 야후 측이 지정한 상품이나 서비스와 기능이나 소비경로가 다르므로 소비자에게 혼동을 주거나 오인될 소지가 없다.

중국의 상표법 규정에 따르면, 어느 한쪽이라도 판결에 승복하지 않는다면 판정통지서를 받고 15일 안에 국가공상국 상표평심위원회에 재심을 신청할 수 있다. 야후는 그 해 3월 13일 중국의 상표대리인에 위탁하여 해당부서에 재심신청서를 제출하였다. 그들이 제시한 이유는 다음과 같다.

"'雅虎'는 '야후!' 회사 측에서 영문 'yahoo'의 발음에 따라 독창적으로 만든 중문 상표 및 상호이다. 이 상표와 상호는 '야후!'의 경영 활동의 대명사로서 이룽 측이 등록을 신청하기 오래 전부터 사용해서 널리 알려져 있다. 이룽 측은 국제상표법상 성실 신용 원칙을 어기고 이 상표를 출원, 등록하는 행위를 하였다. 그러므로 중국법과 국제 공약에 따라 사용을 금지시켜야 한다."

이에 대한 이룽전자회사의 답변을 들어보자.

"우리가 출원 신청한 '雅虎'라는 말은 영문을 음역한 것이 아니라 중국의 쑤저우에 5백 년 넘게 전해지는 기나긴 역사·문화에 기원을 두고 있다. 명(明)대 쑤저우에 당백호(唐伯虎, 1470년-1524년)라는 유명한 문인이 있었는데, 사람들은 그가 풍류 넘치는 우아한 선비의 기질을 지녔다고 하여 '雅虎'라고 불렀다. 그러니까 '雅虎'라는 말이 탄생한 것은 미국에 독립전쟁(1776년)이 일어나기 전이다. 반면에 'YAHOO!' 상표의 출처는 18세기 영국 문학으로서, 영국 작가 스위프트의 풍자소설 『걸리버 여행기』에서 사람 모습을 하고 '거칠고 무식해서 비문명의 야만인' 이라고 일컬어지는 동물 Yahoo에 기원을 두고 있다. 이룽전자회사의 '雅虎' 상표와 '易龙' 상호는 모두가 5천 년의 넓고 깊은 중국 전통 문화를 계승 창안한 것이지, 결코 영문 Yahoo라는 어휘나 상표의 발음을 번역하여 만든 것이 아니며, 겨우 2백여 년의 역사밖에 안 되는 미국 문화에서 복제한 것은 더더욱 아니다."

이제 '雅虎'를 둘러싼 싸움의 양상은 상표 분쟁에서 문화 전쟁으로 바뀌었다. 결과는 어떻게 됐을까? 2000년 1월 27일 국가공상국 상표국의 재심 판결이 나왔다.

"'이룽 측이 1997년 5월에 출원할 당시 야후!'의 중문 상표 '雅虎'는 아직 등록되지 않았다. 1996년에 YAHOO!라는 영문 상표를 출원 등록하면서 중문 상표는 출원하지 않았던 것이다. 1998년 5월에 홍콩에서 '雅虎中文'이라는 웹사이트를 개설했지만 중국 본토의 사업은 1999년 9월에야 시작되었다. 또한 야후! 측이 1998년 8월에 국가공상국 상표국에 중문 '雅虎'를 출원할 당시 회사의 상호는 '美国啊好公司' 로서 최초의 이름은 '雅虎'가 아니라 '아하오(啊好)' 였다. 이는 '雅虎' 가 자기네 회사의 상호인 '야후!' 의 발음에 따라 독창적으로 만들었다는 말과 완전히 모순된다. 그러므로 이룽전자회사가 상표법에서의 성실 신용의 원칙을 위반했다고 볼 수 없다."

내용은 다소 길지만 한 마디로 요약하면 누가 먼저 출원했느냐에 따라 선출원자의 손을 들어준 것이다. 중국 시장에 들어갈 계획이 있다면 2, 3년 전부터 자신의 상표를 출원 등록하라. 이것이 야후!와 이룽전자의 상표 분쟁에서 얻을 수 있는 교훈이다.

5. 상표 출원과 등록 절차

중국에서는 외국인의 직접 출원을 허용하지 않는다는 점을 알아두어야 한다. 반드시 중국 정부에서 인정하는 조직에 대리 업무를 위임해야 한다(중국 상표법 제18조). 상표 출원 대리인(에이전시)을 중국어로 '商标代理人(shāngbiāodàilĭrén)'이라고 한다. 우리나라는 정부 부처의 하나인 특허청에서 상표와 특허, 실용신안, 디자인의 등록을 관장하고 있으나, 중국에서는 상표만 국가공상행정관리국 내의 상표국에서 맡고 있으며, 나머지는 전리국(专利局, 한국의 특허청에 해당)에서 맡고 있다. 상표국은 국가공상행정관리국 내의 한 부서이지만 반(半)독립적이고 준사법적인 성격을 가진 곳으로 전국의 상표 등록과 관리를 주관하고 있다.

상표 출원은 대체로 다음과 같은 과정을 거쳐 이루어진다.

(1)상표 검색 → (2)상표 유효성 판단 → (3)상표 출원 → (4)상표 등록

(1) 상표 검색

어렵게 개발한 네임을 중국공상행정관리국 상표국에 출원했는데, 이미 타인의 명의로 등록되어 있다면, 그것도 15개월에서 18개월 뒤에야 알게 되었다면, 기업의 입장에서 보통 큰 손해가 아니다. 그래서 상표 등록을 출원하기 전에 기존에 등록된 상표 중 자사의 네임이 존재하는지 여부를 조사하게 된다. 이것을 '상표 검색'이라고 하는데, 상표국에 선

출원, 또는 선등록된 네임 중 자사의 것과 동일하거나 유사한 상표가 있는지를 찾아보는 것이다. 만일 그 속에 동일하거나 유사한 상표가 있다면 자사의 것을 출원 후보안에서 제외해야 한다.

정밀 검색의 경우, 앞에서 말했듯 출원인이 외국인이라면 직접 중국의 상표국에 검색을 요청할 수 없으며, 반드시 중국의 상표 대리 사무소를 통해서만 할 수 있다. 한국에 있는 기업이라면 한국의 상표 대리인에게 의뢰하여 중국의 상표 대리 사무소를 통해 상표 검색 서비스를 받거나, 직접 중국의 상표 대리 사무소에 의뢰하여 상표 검색 서비스를 받을 수 있다.

(2) 상표 유효성 판단

중국 상표국에서는 선등록, 또는 선출원된 것 중 당신 기업의 것과 동일하거나 유사한 상표를 골라내어 어떠한 의견도 기재하지 않고 중국의 상표 대리인에게 건네준다. 대리사무소에서는 그 자료를 놓고 상표법의 규정과 그 동안의 경험에 근거하여 과연 이 상표를 출원하면 등록을 받을 수 있는지 판단하여 그 결과를 의뢰인에게 보낸다. 이것을 상표 유효성 판단이라고 한다. 유효성 판단은 보통 '100퍼센트, 80퍼센트, 60

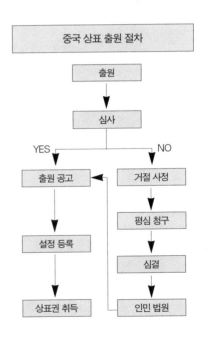

퍼센트……' 와 같이 백분율로 표시한다. 그런데 등록 가능성이 1백 퍼센트라고 해도 진정으로 1백 퍼센트 확실한 것은 아니다. 이 정도면 경험적으로 문제가 없다는 이야기로 이해해야 한다. 최근 3개월 안에 출원된 것은 원천적으로 검색이 불가능하며, 또한 검색 과정에서 미처 살피지 못한 것이 있을 수 있기 때문이다. 그러므로 유효 판단이 나왔다고 해서 바로 제품에 상표로 사용해서는 안 된다.

(3) 상표 출원

상표 검색 후 등록 가능성이 높다고 판단되면 출원을 한다. 출원 공고된 상표에 대해서는 출원 공고일로부터 3개월 동안 이의 신청을 받는다(상표법 제30조).

(4) 상표 등록

출원 공고 기간이 지나고 이의가 없는 경우에는 출원된 안을 비준하여 상표 등록증을 발급하고 등록 사항을 공고한다. 이 기간이 대략 12개월에서 18개월 정도 걸린다. 등록 상표는 등록일로부터 10년간 유효하다.

상표는 등록된 후라도 지속적으로 관리해야한다. 상표권은 설정 등록에 의하여 발생하는데 상표권의 존속 기간은 설정 등록이 있는 날로부터 10년이며, 상표권의 존속 기간 갱신 등록 출원에 의하여 10년마다 그 기간을 갱신할 수 있다. 상표권의 존속 기간을 갱신하고자 할 경우에는 상표권의 존속 기간 만료 전 1년 이내에 상표권 존속 기간 갱신 등록 출원을 해야 한다. 존속 기간이 만료된 후라도 6개월이 경과하기 이전에는 일정액의 과태료를 납부하고 상표권의 존속 기간 갱신 등록 출원을 할 수 있다.

|

6. 상호의 등록과 상표화

상호란 기업의 명칭이다. 외국 기업이 중국에 진출하고자 할 경우, 외국의 투자 기업은 투자 건의서에 대한 1차 허가를 받은 후 〈중국기업법인등기관리조례〉와 그 시행 세칙, 〈기업상호등록관리규정〉 등 관련 법규에 따라 공상행정관리기관에 상호 등록을 신청해야 한다. 그래야 상호의 사용권을 보호받을 수 있고 다른 회사의 중복 사용을 방지할 수 있다.

상호의 가치가 갈수록 중요해지는 이유는 기업 이미지 통일화(Corporate Identification, CI) 전략에 따라 상호와 상표를 일치시키는 것이 일반적 추세이기 때문이다. '현대자동차'나 '삼성 휴대전화' 처럼 상호를 상품 표지로 사용하는 사례가 점차 늘고 있다. 이처럼 갈수록 상호와 상표의 관계가 밀접해지고 있다. 소비자들은 특정 기업이 만든 제품에 대해서 단지 그 기업이 만들었다는 이유만으로 기꺼이 그 제품을 구매하는 경향이 있다. 이때에는 기업의 명칭이 단순한 생산자 표시를 넘어 자사 제품의 품질과 서비스를 보증(endorsement)하는 상표의 역할을 한다. 이것을 후광 효과(halo effect)라고 하는데 이 때문에 요즘은 상호를 상표로 등록하여 브랜딩 전략의 선봉으로 내세우는 것이 일반화되고 있다.

상호를 상표로 도용하는 사례

회사의 이름을 상호로만 등기하고 상표로는 등록하지 않았을 때 다른 사람이 이것을 자신의 명의로 상표 등록하는 일이 발생할 수 있다. 중국에는 비용 절감의 차원에서 저임금을 노리고 진출한 한국의 중소기업이 대단히 많다. 이들은 주로 주문자상표부착(OEM) 방식으로 제품 생산을 하는데, 중국의 로컬 기업이 쉽게 기술을 배워 더 낮은 가격으로 경쟁을 해오기 때문에 갈수록 수익 구조를 맞추기가 어려워지고 있다. 따라서 이런 기업에 필요한 것은 자사의 브랜드를 적극 키워서 중국의 내수 시장과 글로벌 마켓을 공략하는 것이다. 그런데 그동안 사용해온 상호를 상표로 등록하려니 이미 누군가에 의해 점유당한 것을 알고 망연자실하는 상황이 생긴다. 사태가 이렇게 되면 상호의 사용까지 제약을 받는다. 이를테면 오랜 기간 소프트웨어를 개발해 온 업체의 상호가 '3C Soft'라고 하자. 그러나 이 상호를 어느 중국인이 몰래 상표 등록을 해버렸다고 하자. 그렇다면 한국 기업은 자신이 개발한 전자 제품의 포장 뒷면에 조그만 글씨로 자사의 상호나 주소, 전화번호를 표기하는 정도는 할 수 있지만 포장의 앞부분의 잘 보이는 곳에 큰 글씨로 '3C Soft'를 표시할 수 없다. 이때에는 단순히 상호로서 사용했다기보다는 상표로 사용한 것으로 인정되어 타인의 상표권을 침해한 것으로 판정되기 때문이다.

국내 사례: '촌집보쌈'

상표 등록을 해놓지 않아서 불이익을 당한 사례는 아주 많다. 한국에서의 사례를 보면, '촌집보쌈 사건'이 그 백미이다.

'촌집보쌈'이라는 음식점이 있었는데 여기에서 일하던 종업원이 그 주인의 도움을 받아 음식점을 차렸다. 그런데 이 종업원은 '촌집보쌈'이라는 상호가 특허청에 등록되어 있지 않음을 알고 주인 몰래 특허청에 자기 이름으로 상표 등록을 해버렸다. 그리고 오히려 과거의 주인에게 '촌집보쌈'이라는 명칭을 사용하지 말라고 경고했다. 과거의 주인은 너무도 억울하고 분해서 특허청에 상표 등록 무효 심판을 청구했지만 대법원에 올라가서도 결국 기각을 당했다. "비록 위와 같은 사정이 있기는 하나 그러한 사실만으로는 위 종업원의 상표 등록이 무효가 될 수 없다"는 것이었다. '촌집보쌈'이라는 상표는 종업원의 권리가 되고 말았다. 물론 과거의 주인은 자신이 먼저 상호로 사용한 것이기 때문에 원래의 간판 등에 표시했던 형태 그대로 자신의 상호를 사용할 수는 있을 것이지만, 그 사용에는 많은 제약이 따르게 된다. 반면 종업원은 '촌집보쌈'이라는 명칭에 대하여 독점권을 가졌으므로 제3자가 동일하거나 유사한 명칭으로 요식업소를 차릴 경우 이를 금지시킬 수 있을 뿐만 아니라 전국에 가맹점을 확보하여 프랜차이즈 사업을 할 수도 있다. 또한 과거의 주인이 '촌집보쌈'이라는 명칭을 아무런 제약 없이 사용할 경우에는 이를 금지시킬 수 있다. 이와 유사한 사례로 '불닭'과 '황금붕어'가 있다.

반대의 상황도 있을 수 있다. 누군가 악의적으로 자신의 상표를 상호로 등록해서 쓰는 것이다. 상호 등록은 각 지방정부에 하게 되는데 최소한의 조건만 맞으면 등록을 시켜주기 때문에 상표 등록에 비해 등록이 용이하다. 이렇게 되면 그 지역에서는 자사의 상표를 상호로 쓰기 어렵다. 스타벅스의 사례를 가지고 이야기를 풀어보자.

7. '스타벅스'의 상호 분쟁 사례

자금성은 중국 베이징 여행객의 필수 여행코스이다. 9천 999와 1/4칸 으로 이뤄진 이 거대한 구조물의 한복판에는 얼마 전까지만 해도 스타 벅스 커피점이 자리를 잡고 있었다. 위치를 보면 대략 자금성의 한가운 데 있어서 그 넓은 공간을 이리저리 구경을 하다가 다리도 아프고 목도 마르고 해서 쉬고 싶어질 즈음에 눈에 들어오는 사막의 오아시스였다. 한국으로 치면 경복궁 안 근정전 옆에 스타벅스 개점을 허용한 격이니 참으로 놀라운 일이었다. 하지만 민족의식이 투철한 중국 누리꾼의 거 센 항의를 받고 이제는 전설 속으로 사라졌다.

'예원(豫园 Yùyuán)'은 중국 경제의 중심지인 상하이를 대표하는 관 광명소이다. 연못을 사이에 두고 매표소 정면의 명당자리에 역시 스타 벅스가 영업을 하고 있다. 이런 자리를 확보한 스타벅스의 영업 능력이 나 미국 자본주의 문화의 상징인 스타벅스에게 그런 자리를 허용한 중 국 행정 당국의 너그러움이나 놀랍기는 마찬가지다.

우리는 지금 중국 시장에서의 브랜딩 전략에 논의하고 있다. 그 관점에서 두 개의 사진을 비교해보자. 왼 쪽의 사진은 베이징에 있는 스타벅스 커피점의 간판 사진이고, 옆의 사진은 상하이에 있는 스타벅스의 간판을 찍 은 것이다.

차이점이 한눈에 보일 것이다. 베이 징에서는 영문 Starbucks와 '싱바커 카페이(星巴克咖啡 Xīngbākè kāfēi)'라 는 중문 명칭을 함께 쓰는데, 상하이에 서는 영문만 쓰고 있다. 그렇다면 상하 이의 스타벅스는 왜 영문 명칭만 쓰고

있을까. 상하이가 외국 문화에 더 일찍 개방되어서 영어에 익숙하기 때 문일 수도 있고, 영문 명칭만을 써서 고급화를 꾀하자는 전략처럼 보일 수도 있다. 언뜻 그럴싸하게 들리지만 둘 다 정답이 아니다. 1장에서도 말했듯 외국 브랜드가 중국 시장에 처음 진입할 때에는 영문보다도 중 국어 이름을 더 널리 알려야 하는 법이다. "Starbucks는 중국어로 '싱 바커(星巴克)'라고 합니다."라고 알려야 소비자들이 친근하게 받아들 이고 입으로 소문을 퍼뜨리게 된다. 베이징과 달리 상하이에서는 왜 그 렇게 하지 않았을까? 속을 들여다보면 여기에는 피치 못할 사정이 있 었음을 알게 된다.

스타벅스가 중국에 처음 입성한 것은 1999년. 그들은 중국을 북부, 중부, 남부의 세 지역으로 나눈 뒤 이를 각기 다른 대리상들에게 맡겼 다. 베이징과 톈진을 중심으로 하는 중국 북부는 메이다(美大) 스타벅

스가, 상하이가 중심이 되는 중부는 타이완계 퉁이(統一) 스타벅스가, 광저우와 선전이 중심이 되는 남부는 홍콩계 자본인 메이신(美心) 스타벅스가 각각 사업을 맡게 되었다. 각 지역은 개점 즉시 놀라운 성장세를 보였다. 베이징과 톈진의 북부 시장 체인점은 불과 5년도 되지 않아 38개로 늘어났고, 상하이와 항주 등의 중부 시장 역시 40여 개로 늘어났다. 2005년 9월 20일에는 세계 1만 번째 지점을 중국의 상징인 만리장성 빠다링(八达岭) 관광지역에 오픈하였다. 성장을 거듭한 스타벅스는 2006년 10월 말 현재 전국 19개 도시에 190개의 점포를 개설하였다.

그러나 좋은 일 뒤엔 마(魔)가 끼게 마련이다. 미국의 스타벅스가 중국 당국에 상표 등록은 하였지만 기업의 명칭인 상호를 등록하지 않았다는 사실을 발견한 홍콩의 상인이 1999년 10월 20일, 스타벅스의 중문이름 '星巴克(xīngbākè)'를 재빨리 자신의 명의로 등록하는 사건이 벌어진 것이다. 그로부터 3개월 뒤인 2000년 1월 18일 홍콩 상인의 상하이-싱바커가 상하이 홍차오(虹桥)에 1호점을 내고, 개점 두 달 만에 흑자를 내기 시작했다.

뒤늦게 상황의 심각성을 깨달은 미국 스타벅스는 2000년 3월, 상하이에 법인을 등록하고 상하이-싱바커에게 '星巴克'의 사용 중지를 요구했다. 하지만 상하이-싱바커는 그해 7월, 상하이의 번화가인 난징(南京)로에 2호점을 개설하면서 향후 상하이에만 30~50개의 체인점을 더 열겠다고 포부를 밝혔다.

상하이-싱바커의 로고는 미국의 스타벅스 로고와 똑같은 원형 녹색 바탕에 흰 글씨로 스타벅스의 중문 명칭인 '星巴克'를 새겨놓아서 여간해선 진짜 스타벅스 체인점과 구별하기 어렵다.

　사태가 이쯤 되자 스타벅스는 당연히 분노했다. 2003년 12월 23일, 상하이 제2중급인민법원에 상표권 침해 소송을 제기하기에 이른 것이다. 현재 대륙의 중국인들 모두 '싱바커' 하면 미국의 스타벅스를 가리킨다는 것을 아는 상황에서 상하이-싱바커가 그 명칭을 사용했다는 것은 명백한 상표권 침해라는 것이다. 그러나 이미 2호점까지 차린 상하이-싱바커 또한 변호사를 고용, 한치의 양보 없이 반격을 했다. 그 결과가 어떻게 나올 것인가.

　소송 제기 후, 2년 간 지속된 공방은 2006년 1월 2일 미국의 '스타벅스'의 승리로 대단원의 막을 내리게 된다. '스타벅스'가 영문 Starbucks와 '星巴克'를 상하이-싱바커보다 먼저 '상표'로 등록하였고(영문은 1996년, 중문은 1998년에 등록함), 장기간에 걸쳐 광고 및 홍보 활동을 펼쳐온 관계로 '싱바커'라고 하면 중국의 소비자들은 누구나 스타벅스를 떠올리는데, '상하이-싱바커'가 뒤늦게 이 중문 명칭을 '상호'로 등록한 뒤 간판에 사용하면서 로고와 매장의 인테리어와 명함 디자인까지 스타벅스와 유사하게 꾸민 것이 인정되며, 결과적으로 스타벅스의 상표권을 침해한 것으로 판단되었기 때문이다. 제2중급인민법원은 상하이-싱바커에게 불공정 경쟁을 한 벌로 미국 스타벅스 측에서 요구한 50만 위안(당시 환율로 약 6천 5백만 원) 전액을 손해 배상금으로 지불하고, 신문에 공개사과문을 게재하라는 판결을 내렸다.

스타벅스는 2006년 말, 투자 방식을 공동 투자(合資 hézī)에서 완전단독 투자(独資 dúzī)로 바꾸고 전국을 단일 체계로 직영하는 계획을 완성하였다. 이제 중국 어디에 가나 동일한 컨셉으로 꾸며진 매장에서 같은 맛의 커피를 맛볼 수 있게 될 것이며, 새로운 VI(Visual Identity) 전략에 따라 통일된 상호가 어디서나 똑같은 모습으로 고객을 맞이하게 될 것이다.

이상의 사례를 통해 우리가 얻을 수 있는 교훈은 무엇인가. 중국 시장에 이미 진출한 기업 중 상표 분쟁에 휘말린 경험이 있는 기업이 적지 않은데 그들에게 어떤 시사점을 주는가. 새롭게 중국 시장에 진출하는 기업이 비슷한 일을 당하지 않으려면 어떻게 해야 하는가. 스타벅스 사례에서 얻을 수 있는 교훈은 세 가지이다. 첫째, 상표를 가급적 빨리 등록하라. 둘째, 그 상표를 가지고 실제 영업을 할 계획이라면 상호 등록을 게을리 하지 말라. 셋째, 처음부터 분쟁이 발생하지 않도록 하라. 일단 분쟁이 발생하면 해결하는 데 많은 시간과 비용이 들어간다. 그러므로 상호도 이제는 브랜드의 관점에서 철저하게 관리해야만 한다.

|

8. 위기 관리: 분쟁 발생시 상표 및 상호 보호 전략

당신의 기업이 상표(또는 상호) 분쟁에 휘말렸다고 하자. 어떻게 대처

할 것인가. 브랜딩 전략에서도 '위기 관리'가 중요하다. 제일 먼저 해야 할 일은 가까운 지역의 법률전문가를 찾는 것이다. 그리고 다음 세가지 방안 중 하나를 선택한다. 정면으로 싸울 것인가(법정 투쟁), 타협하고 협상할 것인가(적절한 사용료를 지불하거나 구입), 깨끗이 포기할 것인가.

승산이 있거나 절대로 포기할 수 없는 상표라면 싸움에 돌입해야 할 것이다. 이의 신청이나 무효 심판 등을 통하여 상표권을 되찾는 것이다. 상표법에 따르면 등록 상표는 등록 후 3년 이상 계속해서 사용하지 않을 경우 취소 심판의 대상이 된다. 그러므로 사용 여부를 면밀히 조사한 후 만약 등록 상표를 지정 상품에 사용하지 않고 있다면 증거 자료를 갖춰서 취소 심판을 청구한다. 이처럼 등록 상표를 취소시킨 후에 동일한, 또는 유사한 상표를 출원하여 등록할 수 있다. 하지만 일단 상표권 분쟁이 발생하면 쉽고 빨리 해결된 경우는 거의 없다. 처음부터 감정이 상하고 이해 관계가 첨예하게 대립된 상황에서 시작되기 때문이다. 다시 말하지만 '스타벅스'의 사례는 대단히 예외적인 판결이라고 봐야 한다. 대부분의 국가는 자국 기업의 이익이라는 측면에서 가능한 그들의 손을 들어준다. 인지도가 낮은 당신의 기업도 '스타벅스'와 동일한 대우를 받으리라는 기대는 일단 접어두는 편이 옳다. 그러므로 빠른 해결을 기대하지 말고 여유 있게 시간을 갖고 임해야 한다.

또한 '스타벅스'의 경우처럼 상황이 발생한 즉시 대응을 하라. 그리고 지속적으로 항의하고 설득하라. 이때 명심할 것은 그 모든 과정을 반드시 증거로 보존하라. 이름만 가지고 있어서는 안 된다. 상품을 생산하고 판매하고 널리 홍보한 실적이 있어야 한다. "뛰어난 전략가는 싸움에 임하기 전에 절대로 패하지 않게 만들어놓고 싸운다."는 『손자병법』의 말처럼 신중하고 치밀하게 준비를 갖추고 일전에 돌입해야 한다.

하지만 승산이 적다면 현실과 타협해야 한다. 돈을 주고 상표를 사거나, 아니면 사용료를 지불하는 것이다. 이때 협상을 전략적으로 잘 이끌어서 피해를 최소한으로 줄이고 적은 비용으로 사용권을 확보하는 전략을 취해야 한다. 상대가 사용료를 기대하고 벌이는 일이기에 당연히 악의적이라고 할 수밖에 없지만, 권리를 확보하고 지키지 못한 책임은 어쩔 수 없이 본인이 감수해야 한다. 이때에도 충분한 시간을 갖고 협상에 임해야 협상력을 높일 수 있다. 협상에서는 일반적으로 시간 여유가 많은 쪽이 서두르는 쪽보다 우위를 점하기 때문이다. 법에 호소하며 다른 한편으로는 협상을 하는 양면 작전을 구사하는 것도 좋은 방법이다.

불행하게도 이도저도 안 된다면 깨끗이 포기하고 다른 상표를 개발하여 출원해야 한다. 설명했듯이 상표 분쟁에 돌입하면 몇 달 안에 금방 해결되지도 않는 상황에서 기약 없이 제품 출시를 늦출 수는 없기 때문이다.

잊지 말아야 할 것은 일단 상표 분쟁이 일어나면 대부분 국가가 자국 기업에 유리한 쪽으로 판결을 내리려 한다는 점이다. 특히 중국에서는 지적재산권 문제가 개인이나 법인의 권리 보호라는 측면보다는 국가와 사회의 이익을 수호해야 한다는 인식이 광범위하게 확산되어 있는 상황이다. '팔이 안으로 굽는다'는 속담이 여기서도 진리이다. 이러한 악조건 속에서도 '스타벅스'가 중국인 사업자에게 승소할 수 있었던 데에는 그 자체가 세계적인 유명 상표라는 점도 있지만, 재판 과정에서 적지 않은 비용을 지불할 수 있는 경제적 여력이 있었으며 무엇보다도 글로벌 거대 기업(또는 미국이라는 거대 국가)의 협상력이 적지 않게 작용했을 것이다.

한 가지 명확한 것은 중국이 WTO에 가입한 이래 지속적으로 법치의 면모를 다져가고 있다는 사실이다. 일단 먼저 등록된 상표에 대해서는 사용권을 인정해주는 쪽으로 문화가 바뀌고 있다. 중국 건설업체가 '래미안(來美安)' 상표를 불법 사용해온 사실에 대해 삼성물산의 건설 부문이 제소를 하여 4년여에 걸친 법정 공방 뒤에 상표권 침해 행위 중지와 함께 1천 60만 위안(약 12억 원)의 벌금을 받아낸 것은 대단히 의미 있는 사건이다. 중국 정부가 해외 기업과 중국 기업의 상표권 분쟁에서 해외 기업의 손을 들어준 사례는 미국 스타벅스, 일본 혼다 등 손에 꼽을 정도였기 때문이다. '래미안'은 2000년 처음 출시하자마자 한자 문화권인 중국, 일본, 베트남 등에 상표를 등록했다고 한다(매일경제신문 2007년 2월 7일자 기사 참조). 이처럼 자신의 권리는 스스로 노력해야만 법적으로도 보호받을 수 있다.

전쟁터에서 싸움에 패한 장수는 용서할 수 있어도, 때에 맞춰 도착하지 못해 패배한 장수는 용서할 수 없다고 한다. 분쟁이 일어나기 전에 법적인 보호 장치를 최대한 마련하자. 그리고 그 주위에 자사의 상표를 훼손하는 잡초가 자라고 있지 않은지 지속적으로 감시하고 관리하자.

2부

브랜딩 프로세스

중국이라는 거대한 글로벌 시장에서 자사의 브랜드를 소비자들에게 차별화되며 탁월한 브랜드로 인식시키기 위해서는 그야말로 장기적이며 체계적인 관리가 필요하다. 브랜딩(Branding)이란, 제1부에서도 언급했지만 간단히 말해서 객체인 브랜드를 소비자의 마음(인지) 속에 구축하는 과정이다. 그럼 어떻게 새로운 브랜드를 성공적으로 소비자의 마음속에 브랜딩할 수 있을까. 이것은 브랜드를 새로 개발하거나 리뉴얼하기 위해 세부적인 브랜드의 각 구성요소들을 기획하는 단계, 브랜드 아이덴티티를 도출하고 소비자에게 커뮤니케이션하는 단계, 그것을 통해 소비자에게 전달된 이미지가 기획(의도)한 바대로 되었는지 피드백하는 단계, 그 단계에서 발견된 문제들에 대한 분석과 평가를 통해 수정하는 단계 등 일련의 광범위한 과정을 포함한다.

제2부에서는 이러한 일련의 과정을 통해 어떻게 중국 소비자의 마음 속에 제대로 브랜딩할 것인가에 대한 방법을 (주)메타브랜딩의 Brand Identity Flow Model(이하 BIFM로 약칭)에 따라 살펴보기로 한다. BIFM은 (주)메타브랜딩이 2001년에 자체 개발한 브랜딩 모델로 브랜드 개발에서부터 브랜딩 실행과 이에 대한 관리를 단계별로 다루고 있다. 이 모델은 현재 중국에 진출하는 한국 기업들의 브랜딩 전략 컨설팅에 활용되고 있다.

BIFM은 브랜드를 개발하는 기획 단계, 브랜드 아이덴티티를 도출하는 포지셔닝 단계, 브랜드를 소비자에게 전달하는 실행 단계, 브랜딩의 성과가 어떠한지에 대한 피드백 단계 등 크게 네 부분으로 구성되어 있다.

기획 단계는 어떤 브랜드를 만들 것인지 구상하는 부분이다. 브랜딩에 앞서 브랜드의 철학과 비전을 명확히 하며, 그에 따라 브랜드 컨셉을 도출하고 각 브랜드 구성요소에 따라 브랜드 실체를 만들어가는 과정이다. 이렇게 기획된 브랜드에 있어서 가장 핵심적이며 강력한 메시지를 도출하는 과정이 포지셔닝 단계이다. 소비자의 뇌리 속에 파고들 브랜드의 핵심적인 상을 뽑아내고 이를 보완할 상들을 찾아내는 단계이다. 그 다음 단계는 브랜드 아이덴티티를 소비자에게 효율적으로 전달할 수 있는 커뮤니케이션과 유통 등의 채널을 결정하는 것이다. 마지막으로 과연 기획한 브랜드 아이덴티티가 소비자에게 제대로 전달되어 브랜드 아이덴티티와 이미지간의 차이(gap)가 발생하지는 않았는지 여러 가지 조사를 통해 피드백하고 보완하고 수정하는 과정을 거친다.

그럼 구체적으로 BIFM 각각의 단계에 대해 살펴보기로 하자

메타브랜딩의 BIFM(Brand Identity Flow Model)

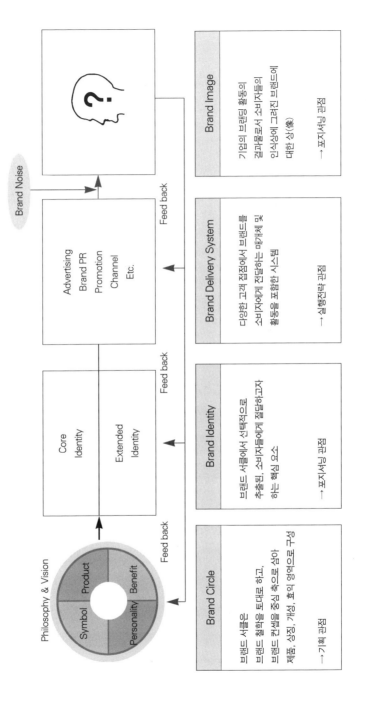

5장

브랜드 기획의
노하우

기획 단계란 새로운 브랜드를 어떻게 만들 것인가를 고민하는 단계이다. 새로운 브랜드를 만들기 위해서는 수많은 요소들을 고려해야 하는데 BIFM에서는 Brand Circle Model(이하 BCM이라 약칭함)이라는 툴(Tool)에 따라 새로운 브랜드를 기획하고 개발한다.

BCM은 브랜드의 근본에 해당하는 브랜드 철학과 비전(Brand Philosophy & Vision), 브랜드 컨셉(Brand Concept), 그리고 브랜드를 구성하는 요소인 심벌(Symbol, 상징), 제품(Product), 퍼스널리티(Personality, 개성), 효익(Benefit)의 4개 부분으로 구성되어 있다. 브랜드의 정신에 해당하는 브랜드 철학과 비전의 토대 위에 브랜드 컨셉을 중심으로 4개의 브랜드 구성요소가 서로 유기적 관계를 이루며 하나의 브랜드를 완성한다.

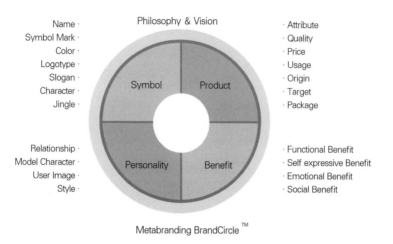

메타브랜딩의 BCM(Brand Circle Model)

Name ·
Symbol Mark ·
Color ·
Logotype ·
Slogan ·
Character ·
Jingle ·

Philosophy & Vision

· Attribute
· Quality
· Price
· Usage
· Origin
· Target
· Package

Symbol   Product

Relationship ·
Model Character ·
User Image ·
Style ·

Personality   Benefit

· Functional Benefit
· Self expressive Benefit
· Emotional Benefit
· Social Benefit

Metabranding BrandCircle ™

BCM은 브랜드 매니저가 브랜드를 기획하는 처음 단계어서 매우 유용한 도구이다.

1. 브랜드 철학과 비전

브랜드 철학은 브랜드의 기본 정신이다. 또한 브랜드가 사회와 소비자를 위해 추구하는 이념이며 가치관이다. 이러한 철학은 브랜드의 다양한 활동에서 실행 기준이 된다.

브랜드 비전은 브랜드의 미래 모습(what to be), 즉 궁극적으로 어떠한 브랜드가 될 것인지를 선언하는 부분이다. 브랜드의 미래 모습이므로 당연히 미래 지향적이어야 하고 목표 지향적이어야 한다. 브랜드 비전은 기업의 중장기 경영 전략과 연계되어야 하며, 내부 직원들이 함께 공유할 수 있는 가치여야 한다.

IBM의 예를 보면, 'IBM은 컴퓨터 시스템, 소프트웨어, 저장 시스템과 마이크로전자공학을 포함한 가장 진보된 정보 기술의 발명과 개발, 제조사로서 앞서가는 기업이 되기 위해 노력한다. 우리는 이러한 진보된 기술을 우리의 전문적 솔루션, 서비스, 그리고 전세계 사업의 컨설팅을 통해 우리 고객의 가치를 위해 활용한다."고 홈페이지에 명시하고 있다. 사업의 방향성과 영역, 목표 등을 명확하게 정의하고 그에 적합한 브랜딩 활동을 하고 있다.

우리는 자사의 브랜드가 중국 시장에서 중국 소비자들에게 어떠한 가치를 제공할 것인지에 대해 명확한 철학과 비전의 정립이 필요하다. 이는 브랜드가 단발적으로 시장에 나왔다 사라지는 존재가 아니라 오랫동안 중국 소비자로부터 사랑받을 수 있어야 하기 때문이다.

2. 브랜드 컨셉

브랜드 컨셉이란 브랜드가 소비자에게 전달하고자 하는 본질적인 효익을 간단 명료하게 문장으로 표현한 것이다. 몇 해 전 국내에서 삼성전자는 일반 가전과의 차별화를 꾀하며 고급 백색 가전인 '하우젠'을 런칭했는데, '고품격 인테리어 가전'이라는 브랜드 컨셉을 통해 세련되고 고급스러운 라이프스타일을 추구하는 소비자(주부) 타깃을 대상으로 브랜딩하였다. 이런 차별화되고 명확한 브랜드 컨셉은 치열한 경쟁 속에서 소비자에게 자사 브랜드의 존재를 강력하게 심어주는 역할을 한다.

이는 중국에서도 마찬가지인데 LG 생활건강의 이자녹스(이눠쯔 伊諾姿 yīnuòzī)는 '여성의 아름다움을 지켜주는 프리미엄 고기능성 화장품'이라는 컨셉으로 일상생활에 지친 중국 커리어 여성들의 피부를 지켜주는 주름관리 기능성 화장품으로 자리매김하였다.

또한 신원의 'SI(熙伊 xīyī)'는 '20대 초·중반의 감각적 신세대 중국 전문직 여성을 위한 영캐주얼 정장'이라는 컨셉으로 중국 여성 소비자들의 마음을 공략하고 있다. 대형 할인점인 이마트의 중국어 네임인 '이마이더(易买得 yìmǎidé)'의 의미는 '쉽게 사서 이득을 얻는다'로 경제적이고 저렴한 할인점의 컨셉을 잘 전달하고 있다.

|

3. 제품

브랜드를 구성하는 4가지 요소 중 제품(Product)은 속성(Attribute), 품질(Quality), 가격(Price), 사용법(Usage), 원산지(Origin), 목표 고객(Target), 용기와 포장(Package) 등 제품과 관련된 요소이다.

속성

속성은 서비스가 갖추고 있거나 제품의 성능을 결정짓는 제품의 물리적 구성요소이다. 국내 모 회사에서 중국 시장용 발효유로 개발하여 런칭한 'Yoriché(여우쉐에 悠雪 yōuxuě)'의 경우 메조필릭(Meso-philic, 25°∼40°C에서 잘 번식하는 중온성 균주)에 천연 수용성 식이섬유 선파이

버(sunfiber)와 유당 분해 효소, 칼슘, 복합 비타민(A, B, C, D, E) 등이 첨가되어 있으며, 고소한 치즈맛이 나는 속성이 있다. 이 같은 발효유의 새로운 속성을 중국 소비자에게 제공하여 중국 여성 소비자를 고정 고객으로 유인하고 있다.

국내에서 고품격 생활 문화 정보지인 《노블레스(NOBLESSE)》의 경우 주요 속성은 '사회를 리드하는 20~50대 남녀의 라이프스타일을 대변하며, 대도시 거주 고소득층을 대상으로 철저한 회원 관리, 최신 사회트렌드의 변화와 국내외적 이슈 및 문화 정보 제공, 직장 여성을 위한 뷰티·패션·레저 정보 제공, 국내외 전문 필자의 고급 컨텐츠 제공'인데, 이러한 제품 속성을 중국 시장에도 그대로 적용하여 중국 고소득층을 대상으로 고품격 잡지로 브랜딩하고 있다.

품질

품질은 제품이나 서비스의 성능 또는 수준과 관련이 있다. 소비자들이 기대하는 제품이나 서비스의 품질은 시대에 따라 달라진다. 이것은 또한 기술 및 정보의 발달에 따른 결과이기도 하다. 과거 휴대전화를 구입할 때는 '통화가 잘 된다'는 것이 휴대전화의 품질을 따지는 가장 중요한 요소였지만, 지금 통화 품질은 기본적으로 갖춰야 할 요건이다. 치열한 경쟁 속에서 살아남기 위해서는 모든 면에서 1백 퍼센트 완벽함을 지향하는 탁월한 품질의 제품 생산이 중요해졌다. 이른바 '품질 자체가 광고'가 될 수 있어야 한다는 말이다.

중국 소비자들은 기본적으로 외국 브랜드가 중국 로컬 브랜드보다 품질에서 뛰어나다고 생각한다. 그것은 중국 소비자들의 외국 브랜드와 로컬 브랜드에 대한 인식에서 엿볼 수 있다. 중국 소비자를 대상으로 한 외국 브랜드와 로컬 브랜드의 인식 조사에서 응답 대상자의 73퍼센트 정도가 외국 브랜드가 로컬 브랜드보다 훨씬 낫다고 평가하였다. 이 조사를 통해서 중국 소비자의 마음속에 외국 브랜드는 '고품질, 고급, 고가'로, 로컬 브랜드는 '저가, 저품질'로 인식되고 있음을 알 수 있다.

한 컨설팅 기관이 중국 소비자를 대상으로 시행한 휴대전화 속성에 관한 인식 조사(10점 척도)에서도 '통화 품질, 디자인' 항목의 평균치가 7.99점, 7.79점인데, 외국 브랜드들은 8.12점, 7.85점으로 월등히 높게 나타난 반면, 로컬 브랜드들은 7.3점, 7.53점으로 현저하게 떨어지는 것으로 평가되고 있다.(185쪽 표 참조)

이런 조사에 따르면 중국에 진출하는 외국 브랜드 입장에서는 외국성(Foreignness)을 효과적으로 활용할 수 있는 토대가 마련되어 있는 것이다. 그러나 이 또한 기본적으로 품질의 우수성이 보장되어야만 가능하다. 우수한 품질을 토대로 하지 않는 그 어떠한 브랜딩도 사상누각일 수밖에 없기 때문이다.

가격

가격은 브랜드 이미지와 밀접한 관련이 있다. 소비자들이 가격을 가치로 믿는 경향을 보이기 때문이다. 따라서 브랜드를 어떤 이미지로 포지셔닝할 것인가에 따라 고가 또는 저가 전략이 결정된다. 가격은 또한 소비자들이 지각한 품질의 영향을 받는다. 다시 말하면 소비자들이 제품에 대해 실제 어떤 품질로 인지하는지가 가격 결정에 중요한 판단요

외국 브랜드와 로컬 브랜드에 대한 중국 소비자의 인식(휴대전화)

	평균 수준	외국 브랜드	중국 브랜드
통화 품질	7.99	8.12	7.3
소프트웨어	7.75	7.93	6.79
제품 외관	7.79	7.85	7.53
사용 편이성	7.78	7.94	7.11

(자료: 디자인 컨설팅, 2003, 중국)

소가 된다는 뜻이다. 삼성 휴대전화(三星手机 sānxīng shǒujī)는 중국 휴대전화 시장에 후발주자로 진입하면서 뛰어난 품질과 디자인을 바탕으로 모토로라와 노키아 등의 경쟁 브랜드 대비 20퍼센트 이상 높은 가격 전략을 유지한 결과 지금은 휴대전화 시장에서 명품 브랜드로 인식되고 있다.

한편 중국 시장에서 중저가로 시장을 공략한다면 어떨까? 그렇다면 가격 전략에서 수많은 중국 로컬 브랜드들의 저가 공격을 견뎌낼 수가 없는 것이 엄연한 현실이다. 한 예로 중국 화장품 시장에선 현재 3천여 개가 넘는 로컬 기업들이 제품을 판매하고 있으며, 패션 시장에서는 1천 4백여 개의 여성용 브랜드와 6백여 개의 남성용 패션 브랜드가 판매되고 있다. 로컬 브랜드들은 대부분 중저가 영역에서 격심한 가격 인하 전쟁을 치르고 있다. 상위 10퍼센트 브랜드가 전체 시장 매출의 60퍼센트 이상을 점유하는 상위 브랜드의 판매 집중도가 두드러지며, 나머지 80퍼센트가 넘는 다수의 브랜드들이 중저가 시장에서 사활을 건 싸움을 펼치고 있다. 그 시장에 중저가로 진입한다는 것은 빠져나올 수 없는 수렁으로 스스로 뛰어드는 것과 마찬가지다. 결론적으로 중저가 브랜드 전략으로 중국 시장을 공략한다는 것은 실로 무모하고 무지한 판단이 아닐 수 없다.

가격에 있어서 또 하나 빼놓을 수 없는 것이 중국인이 선호하는 숫자와 연관된 가격 정책이다. 중국인들이 좋아하는 숫자로 '6, 8, 9'를 꼽을 수 있다. 이는 각 숫자의 발음에서 바로 연상되는 동음이의어, 즉 6은 '流(리우liú, 물 흐르듯 순탄하다)', 8은 '发(财)(파차이facái, 돈을 벌다)', 9는 '久(지우jiǔ, 장수하다)'의 의미가 떠오르기 때문에 중국인들은 이 숫자들을 좋아한다. 예를 들어 '998(지우지우바jiǔjiǔba)'란 숫자에서는 '오래도록 돈을 잘 번다'는 의미가 중국인들 뇌리 속에 박혀 있다. 중국인들의 숫자에 대한 이런 관념을 잘 활용해야 한다. 만일 자사 브랜드의 가격이 1,000위안이면 굳이 1,000위안을 고집할 필요가 없이 2위안을 할인해서 998위안이란 가격을 책정하면 중국인들에게는 더할 나위 없이 좋은 의미를 주어 그만큼 매출이 더 올라갈 것이다.

이용법

제품의 독특한 이용법(사용법, Usage) 또한 차별화된 브랜드 이미지를 구축하는 데 유용하다. 보통은 기업 측에서 이러저러한 이용법을 만들어 소비자에게 전달하는 경우가 대부분이지만 때에 따라서는 소비자로부터 미처 의도하지도 않은 새로운 이용법이 역으로 제안되기도 한다.

국내에서 서울우유의 '비요뜨'는 유럽형 토핑 요쿠르트라는 광고 컨셉을 통해 용기의 가운데를 꺾어서 시리얼과 초콜릿 토핑을 섞어먹도록 알려주었다. 이는 기존 제품들과는 차별화된 용법으로 소비자에게 다가간 사례이다.

국내뿐만 아니라 중국에서도 밀폐용기로 선풍적인 인기를 얻은 '락앤락'은 음식물 보관용기로서 뿐만 아니라, 중국인들이 항상 차(茶)를 가지고 다니며 마신다는 점에 착안해 차 용기로도 개발하여 성공하였다. 락앤락은 현재 60여 개국에 수출되고 있는 밀폐용기의 대명사이다. 락앤락의 성공은 한국보다 세계 시장에서 먼저 이루어졌다. 2001년 미국 최대 TV홈쇼핑채널인 'QVC'의 데뷔 방송에서 5,000세트 매진을 기록했고, 2003년 3월과 2004년 1월에는 하루 7만 세트와 6만 7천 세트의 판매량을 올리는 기염을 토했다. 2004년 3월, 독일 'QVC' 홈쇼핑에서는 방송 6회 만에 전량 판매 기록을 세웠다고 한다. 밀폐용기의 대명사로 전세계 주부들을 사로잡은 락앤락의 성공 요인은 무엇보다도 뛰어난 밀폐력을 바탕으로 한 제품력이었다. 국내에서 1999년 3퍼센트의 시장 점유율로 시작한 락앤락은 여닫기가 용이하고 경쟁 브랜드보다 우수한 품질로 5년 만인 2003년 63퍼센트라는 놀라운 성장을 기록하였다.

이러한 성공을 기반으로 2004년 중국 상하이에 진출한 락앤락은 외국 브랜드가 주로 장악한 고가의 밀폐용기와, 품질이 떨어지는 로컬 브랜드의 저가 시장으로 양분된 중국 시장에서 뛰어난 제품력을 바탕으로 바이어들에게 락앤락의 우수성을 적극 소구하였다. 그와 동시에 중국 소비자에게 더욱 쉽게 파고들 수 있는 방법을 생각하던 중 중국인들이 차를 즐겨 마시는 생활습관에 주목하게 된다. 기름진 음식이 중심이 되는 중국인들의 식습관에서 차는 없어서는 안 될 생활의 활력소와 같은 기호 식품이다. 그래서 중국인 대부분은 차 통에 차를 담아서 항상 휴대하고 다닌다. 하지만 대부분 유리병처럼 깨지기 쉬운 용기라 보관 및 휴대가 불편했다. 락앤락은 이런 점에 착안하여 뛰어난 밀폐력을 지닌 차 통을 만들어 출시하게 된다. 새지 않고 간편한 락앤락 차 통은 제품이 나오자마자 선풍적인 인기를 끌었다. 이러한 인기몰이에 힘입어 락앤락의 인지도가 빠른 속도로 올라갔고 다른 밀폐용기의 매출도 동반 상승하였다.

한편 락앤락 제품은 밀폐성이 우수해 어느 해 홍수가 났을 때 중요한 서류 및 화폐를 락앤락에 보관하여 피해를 모면한 일이 알려진다. 이 에피소드는 입에서 입으로 전해지면서 식품을 담는 밀폐용기에 중요한 서류 보관이라는 새로운 용도가 추가되기도 하였다.

이처럼 중국 시장에서는 브랜드의 한 요소인 패키지 및 제품 디자인 또한 기존의 형태가 아닌 중국 소비자와 중국 문화에 대한 폭넓은 이해를 바탕으로 한 중국식 디자인도 적극 고려할 필요가 있다 하겠다. 또한 기존과는 다른 독특한 이용법이나 다양한 사용방법을 개발, 설명해 줌으로써 차별화된 브랜드 이미지를 구축할 수 있다. 신라면 또한 마찬가지다. 끓여먹는 라면에 익숙하지 않은 중국인들에게 광고를 통해 끓여먹는 장면들을 보여주면서 새로운 이용법을 적극적으로 알려주었다. 이를 통해 브랜드와 소비자에게 낯선 조리법에서 느끼는 거부감을 없애 더욱 친숙하게 소비자에게 접근할 수 있도록 하였다.

원산지

가전을 구매할 때 'made in Korea'와 'made in China'는 상당히 다른 연상을 일으킨다. 전자의 경우 제품에 대한 확실한 믿음을 주면서 가격에 대해서도 합당한 인정을 받는 반면, 후자의 경우에는 어딘지 모르게 품질에 대해 불신을 갖게 되며 저가일 것이라는 기대를 하게 된다. 원산지(Origin)가 어디냐가 곧 제품 평가와 구매 의도에 영향을 미치는 것이 원산지 효과이다. 최근 국가 이미지 구축을 위해 전세계를 대상으로 범국가 차원에서 국가 브랜딩 작업을 하는 것도 바로 원산지 효과의 중요성 때문이다.

이러한 원산지 효과의 중요성 때문에 산업에 따라서는 원산지 이미지를 숨기고 가야 할 경우도 있다. 특히 유행을 선도하는 화장품과 패션에서는 더욱 그러하다. 아무래도 감성적인 이미지에 영향을 받는 패션 의류나 화장품의 경우, 파리나 유럽에 비교했을 때 한국의 이미지는 중국 여성들에게 덜 매력적이다. 이런 경우엔 의도적으로 한국을 숨길 필요가 있다. 그렇다고 속이는 것이 아니라 굳이 중국 소비자들에게 한국산임을 적극적으로 알릴 필요가 없다는 얘기다.

그러나 최근 한류 열풍을 업고 한국 이미지를 적극 활용하는 경우도 적지 않다. 이것은 한류라는 부대 효과와 함께 가격 대비 품질에서 우수한 한국 제품에 대한 중국 소비자의 선호 현상 때문이다. 최근 상하이 복단(复旦 Fùdàn) 대학과 재경(财经 Cáijīng) 대학에 다니는 남녀 대학생을 대상으로 조사한 결과에 따르면, 한국의 패션 브랜드에 대해 50퍼센트 정도는 긍정적으로 반응을 보였다. 그 이유는 한국의 패션이 유행 스타일에서 앞서 있고 한국 드라마에서 깊은 인상을 받았기 때문이라고 한다. 중국 시장에서 한류는 한국 브랜드 이미지에 긍정적인 영향을 미치는 것만은 분명하다.

태평양 화장품의 '라네즈(LANEIGE), 란쯔(兰芝 lánzhī)'의 경우 인지도가 없던 초기에는 중국 소비자들이 파리에서 온 브랜드로 인식하는 경우가 있었다. 라네즈의 경우 원어의 특성 때문에 초창기 중국 여성들에게 프랑스 브랜드로 오인되기도 했는데, 이는 오히려 더 긍정적인 작용을 했다. 화장품 분야에서 한국이라는 원산지보다는 프랑스라는 원산지 효과가 훨씬 크다고 할 수 있기 때문이다. 그러나 지금 라네즈는 전지현이 등장하는 광고를 통해 중국 소비자에게 적극적으로 한국 브랜드임을 알리며 한류를 마케팅에 적극 활용하고 있다.

또한 최근 중국 상하이의 발효유 시장을 성공적으로 공략하고 있는 dayrich(德琪 더치 déqí)는 드라마 〈대장금〉이 선풍적인 인기를 모은 데

착안하여 극중 한상궁인 양미경을 야쿠르트 아줌마(康使 캉스 kāngshǐ) 모델로 캐스팅했다. 그리하여 발효유의 핵심 키워드인 건강을 전달하는 브랜드로서 신뢰감을 한층 증대시키는 효과를 가져왔다. FGI(정성조사)를 실시해보니 〈대장금〉을 시청한 중국 여성 소비자들 중 상당수가 장금이(이영애)보다는 한상궁(양미경)에게 더 높은 호감을 가지고 있다는 재미있는 결과가 나왔다.

한편 중국에서도 초코파이의 대명사로 통하는 오리온은 여성들의 가슴을 설레게 하는 미소를 가진 장동건을 최근 광고 모델로 활용하여 중국 여심을 파고들고 있다.

이런 한류를 이용한 브랜드 마케팅의 긍정적인 효과로 인해 브랜드

이미지를 구축하는 데 한류 모델을 적극 활용하는 중국 로컬 기업도 속속 등장하고 있다. 중국 로컬 휴대전화 브랜드의 선두주자인 'TCL'은 김희선을 모델로 기용한 '보석폰'을 출시하여 성공했고, 최근에는 중국 생수의 대명사인 '农夫山泉(농푸산취엔 nóngfu shānquán')' 역시 〈대장금〉의 이영애를 모델로 캐스팅하여 대대적인 브랜드 커뮤니케이션을 펼치고 있다.

한류가 단순한 유행처럼 한순간에 사라져버릴지도 모른다는 우려도 존재하지만 아직까지 중국 소비자에게 한국의 브랜드를 알리고 이미지를 전달하는 데 그 어떤 수단보다 효과적임을 부정할 수 없다. 단, 무작정 한류라고 해서 아무 모델이나 캐스팅할 것이 아니라 브랜드 이미지와 컨셉에 적합한 모델을 신중히 선정하여 집중적으로 커뮤니케이션하는 것이 매우 중요하다.

타깃

자사의 제품과 서비스를 이용할 목표 고객을 선정하는 것은 그 브랜드가 시장에서 성공할 수 있는가 하는 문제와 직결된다. 아무리 혁신적으로 좋은 제품이라도 타깃(Target)을 잘못 정하면 시장에서 인정받지 못하고 사라지게 된다. 타깃은 메인 타깃(Main Target)과 서브 타깃(Sub-target)으로 구분된다. 메인 타깃은 브랜드가 공략할 주요 소비층이고 서브 타깃은 부가적으로 브랜드를 구매하거나 경험할 대상이다. 브랜드 이미지를 메인 타깃에 먼저 구축한 뒤 서브 타깃으로 확장하는 것이 일반적인 타깃 공략법이다.

농협의 중국 수출용 인삼 브랜드인 '旭天红(쉬티앤홍 xùtiānhóng)'은

〈중국 부유층과 중산층 비교〉

소비자	라이프스타일	이용 브랜드
부유층	· 자신의 경제적 성공을 외부에 과시하고 싶어함 · 고급 외제차는 부와 권력의 상징 · 이미지, 브랜드, 개성 중시 (자기 과시적 소비)	· Porsche(保时捷) · Estee Lauder(雅诗兰黛) · Louisvuitton(路易威登) · Rolls royce(劳斯莱斯) · Rolex(劳力士) · Chanel(香奈儿)
중산층	· '양-질 소비 대체기'로 가장 강력한 소비 주체, 외국 제품 선호 (서민들과 구분되고 싶어함) · 인정 받고자 하는 욕구 강함 · 소비 현상 갈수록 고급화 · 브랜드 중시	· Folks Wagen(大众) · Haier(海尔) · IKEA(宜家) · Carrefour(家乐福) · GE(通用汽车) · SONY(索尼)

「메타브랜딩 프로젝트 보고서」, 2006.

중국인들이 '관시'를 유지하기 위해 선물을 주고받는다는 점에 착안하여, 건강을 위해 직접 인삼을 사먹는 층보다는 선물을 통해 인삼을 받고 싶어하는 중국 소비자들을 메인 타깃으로 선정하였다.

중국 시장에서 눈여겨보아야 할 타깃은 신흥 부유층과 소황제(小皇帝)이다. 신흥 부유층은 대졸 이상의 학력으로 연령대는 25세에서 39세 사이의 최근 중국 소비 트렌드를 주도하는 층이다. 이들은 사업가나 기업체의 고위 관리자, 정부 관료, IT 및 연예계, 전문직 등의 직업군에 종사하며 생각이나 행동 방식이 매우 개방적이다. 이들은 또한 고품격, 고급 이미지의 제품, 특히 외국 명품 브랜드를 선호하는 경향을 보인다. 그것은 남에게 자신을 드러내 돋보이고 싶은 과시적 성향 때문인데, 이러한 과시적인 소비가 중국의 명품 소비를 더욱 부추긴다. 이에 발맞추어 세계 명품 브랜드들이 앞다퉈 중국에서 직영 매장의 수를 늘리고 있다.

소황제는 1979년 중국 정부가 강력하게 시행한 '1가구 1자녀 운동'의 결과로 나타난 소비층이다. 하나밖에 없는 내 아이를 좀 더 특별하게 키우고 싶은 부모와 조부모의 헌신적인 지원을 한몸에 받고 자라난 세대이다. 이미 경제적으로 자립한 연령대에 접어든 소황제 1세대들의 소비력은 엄청나게 높아 현재 최고의 소비 주체로 등장하였다. 또한 한 자녀 가구에서 성장하는 지금의 유아 및 소아들 역시 키즈 마케팅의 대상이 되고 있다.

중국 시장에서 우리 브랜드를 구입할 수 있는 고객은 과연 얼마나 될까. '13억 인구에게 성냥개비 하나씩만 팔아도 얼마냐' 하는 건 무지몽매한 얘기다. 중국에서 실질적으로 브랜드 소비를 할 수 있는 소비자의 수는 13억이 아니라 전체 인구의 20퍼센트 내외라고 한다. 상위 5퍼센트의 최고 부유층과 일반적으로 중산층이라 불리는 나머지 15퍼센트가 브랜드를 중시하고 브랜드 소비를 할 수 있는 소비자라는 것이다. 어림잡아 3억 정도의 인구가 되는데 이런 산술적·인구통계학적 숫자를 놓고 안위할 것이 아니라 정확한 타깃의 세분화를 통해 그 중에서 어떤 소비자층을 우리 브랜드의 고객으로 유인할 것인지 면밀히 분석해야 한다.

패키지

패키지 디자인은 일반적으로 포장의 형태, 내·외장 및 재료, 방법 등을 설계하는 일이다. 기업이 상품을 판매할 때 소비자와 가장 가까이에서 커뮤니케이션할 수 있는 최종 수단이다. 소비자들의 눈에 잘 띄게 하고, 호기심을 유발하며, 어떤 내용의 제품인가를 한눈에 알 수 있게 하는 것이 패키지 디자인의 기본적인 역할이다. 그와 동시에 소비자에게 어떤 느낌이나 상징적 이미지를 전달하여 구매의욕을 증진시켜 판매에 직접적인 영향을 미치게 하는 역할도 한다. 이런 의미에서 패키지를 '말 없는 세일즈맨'이라고도 한다.

패키지는 이제 더 이상 과거처럼 제품의 보관과 저장, 운반이라는 일차적인 기능에 머물지 않는다. 패키지가 브랜딩의 주요한 요소 중 하나로 작용하고 있기 때문이다. 독특하게 차별화된 패키지는 해당 브랜드의 독특한 이미지 형성에 영향을 미친다.

패키지 사례 : 크라운제과의 죠리퐁

중국 상하이의 습한 기후에 맞춰 패키지를 바꾼 크라운제과의 '죠리퐁' 사례가 대표적이다. 상하이에 있는 대형 할인점의 과자류 코너를 지나다 보면 낯익은 브랜드들을 만날 수 있다. 그 중 하나가 어린이에서 어른까지 즐겨먹는 스낵류인 '죠리퐁(粒粒蹦 리리뻥 lìlìbèng)'이다. 죠리퐁은 크라운제과의 대표적인 스낵으로 2005년 5월 18일 중국 상하이에 최초의 해외 현지 공장이 설립되면서 중국 시장 공략의 전략 상품이 되었다. 이는 또한 '동북아 최고의 제과기업'이라는 '죠리퐁'의 새 비전을 실현하기 위한 초석으로서 상하이 공장을 시발점으로 북경, 중경 등 다른 거점 도시도 진출할 계획이라고 한다.

중국에서 죠리퐁을 맛보기 위해 포장을 뜯는 순간 깜짝 놀라지 않을 수 없다. 외포장 안에 또 다른 2개의 소포장이 들어 있기 때문이다. 잠시 제품이 잘못된 게 아닌가 하는 의구심이 들 수도 있지만 크라운제과의 철저한 현지화에 맞춘 패키지 전략을 이해하고 나면 저절로 입가에 미소를 짓게 된다. 상하이 지역은 기본적으로 습도가 상당히 높은 곳이다. 이러한 습한 기후에 포장을 뜯게 되면 죠리퐁의 내용물이 금방 눅눅해져 죠리퐁 특유의 바삭바삭함이 사라진다. 이런 문제를 해결하고 소비자들에게 최상의 죠리퐁 맛을 제공하기 위해 외포장과 내포장으로 포장을 2중으로 한 것이다.

죠리퐁은 '상하이시(市) 식품협회'와 '상하이 비즈니스정보센터(上海商情信息中心 Shànghǎi shāngqíng xìnxī zhōngxīn)'에 의해 '2004년 최대 인기 스낵 10대 신상품'에 선정되었고 까르푸, 로손, 연화체인 등 주요 매장에서 단일 품목으로 판매량 1위를 기록하는 등 짧은 기간 내 중국 시장에서 상품력을 인정받은 제품이 되었다.

패키지 사례 : 오리온 초코파이

또 하나의 대표적인 사례는 오리온 초코파이의 패키지 변경이다. 명절날 친척집을 찾을 때 선물로 초코파이 상자를 들고 가는 중국인들의 모습은 이제 낯선 풍경이 아니다. 예전에는 결혼 피로연에서 하객이나 친구들에게 답례품으로 담배나 술 등을 돌리는 경우가 대부분이었지만 이제는 초코파이 한 상자를 선물한다고 한다. 현재 연간 1억 개 이상이 팔리며 중국 현지화에 성공한 초코파이가 중국 시장에 첫선을 보인 것은 한중 수교 다음해인 1993년이다. 수교 직후엔 홍콩을 거쳐 수입·판매되었는데 1994년 베이징 사무소가 설립되면서 현지 직접 생산을 시작했다. 그러나 중국 시장에서 성공을 거둔다는 것은 그리 쉬운 일이 아니었다. 철저한 시장 조사와 검증을 거쳐 1995년 초, 본격적으로 마케팅을 시작하였지만 첫 번째 시식회 자리에서 중국인들의 차가운 시선과 외면을 경험해야 했다. 이는 중국인들의 습성을 제대로 파악하지 못한 결과였다. 당시 중국인들은 '시식회'라는 것에 대한 경험이 없었고 '공짜'에 대해 쉽게 믿지 못하였다. 오리온 초코파이가 생면부지인 데다 일단 맛을 보면 꼭 사야 한다고 생각했기 때문이다. 이 경험을 바탕으로 오리온은 인지도를 높이는 데 주력했다. 일 년치 광고비를 한꺼번에 과감하게 투자한 대형 입간판을 설치하여 더욱 많은 중국인들에게 오리온 초코파이를 노출시켰다. 이어 두 번째 시식회를 열게 되고 첫 번째 실패를 완전히 만회하였다. 시식회장에 쓰레기통을 없애 참석한 사람들이 바닥에 쌓여 있는 초코파이 포장지를 자연스레 인지할 수 있게 하였고 이를 통해 기억 속에 더욱 오래 남도록 하였다. 성공적인 두 번째 시식회는 오리온에게 중국 소비자의 구전 효과와 인지도 제고라는 두 마리 토끼를 한꺼번에 안겨주었다.

그러나 이런 성공의 기쁨도 잠시 중국 진출을 포기해야 할지도 모를 커다란 문제에 부딪혔다. 고온 다습한 기후와 8개월 정도 소요되는 물류 시스템으로 제품이 변질되는 아주 중대한 문제가 발생한 것이다. 이 때문에 중국 도매상들과 그동안 쌓았던 신뢰가 한순간에 무너지고 중국 소비자들의 거센 항의를 받았다. 오리온은 이를 해결하기 위해 대대적인 리콜을 감행했다. 또한 근본적으로 원인을 해결하기 위해 포장 재질을 변경하였고 이를 계기로 중국 현지생산이 가속화되었다. 결국 물류 및 생산 시스템의 안정과 철저한 현지화 전략으로 오리온 초코파이는 서서히 중국인의 입맛을 매료시켰다.

중국 시장에서 2001년 단일 품목으로 2억 3천여만 개나 팔린 제품. 중국 CCTV와 인민일보의 공동 조사에서 2001년까지 4년 연속 인지도 1위를 차지한 제품. 이것이 모두 오리온 초코파이가 중국 현지에서 이룬 성과들이다.

이러한 성과의 이면에는 포장지의 색상과 잘 지은 중국어 이름이 있다. 1995년 본격적인 마케팅을 준비하면서 오리온 초코파이는 두 가지 큰 변신을 한다. 첫 번째가 패키지의 화려한 변화이다. 이전 파란색과 갈색 계통이었던 포장지 색상을 과감히 버리고 과감하게 빨간색으로 바꿨다. 그리하여 패키지 컬러가 내수용까지 모두 빨간색으로 통일되었다. 또한 초코파이 낱개 포장지도 투명한 비닐에서 알루미늄 증착 필름을 사용해 제품의 보존력을 강화하여 운송시 변질될 우려를 미연에 방지했다. 오리온 초코파이의 패키지 디자인 변화는 여러 차례 있었으나 이처럼 패키지 기본 컬러와 낱개 포장 재질까지 바뀌기는 처음이라고 한다. 이는 중국인들의 정서와 현지 상황을 적극적으로 고려하여 시장에 적용한 철저한 패키지 전략이다. 지형적 특수성은 물론, 중국인들에게 친숙한 색을 포장지에 사용함으로써 거부감을 없애고 친밀도를 높이고자 한 전략인 것이다.[23]

4. 상징적 요소

심벌(Symbol)은 브랜드를 구성하는 요소 중 시각적(Visual), 언어적

(Verbal)인 부분으로 이루어진 상징적 요소이다. 네임, 심벌마크, 색상, 로고타입, 슬로건, 캐릭터(Character), 징글(Jingle) 등이 이에 포함된다.

네임

네임(Name)은 브랜드 구성 요소 중 소비자에게 가장 많이 인지되는 요소이기에 그만큼 중요하다. 브랜드 네임에 대해서는 1장에서 자세히 이야기했으므로 여기에서는 하나의 사례를 소개하겠다.

중국에서 외식 브랜드 네임은 철저한 현지화가 필요하다. 먹거리에 있어서는 중국인들의 전통적인 정서와 문화가 상당히 밀접하게 연결되어 있기 때문이다. 그 대표적인 예로 한식 브랜드인 '수복성(寿福城 shòufúchéng)'을 들 수 있다.

찾아오는 손님에게 무병장수(壽)와 복(福)을 기원한다는 '수복성'의 현재 네임(이름)이 처음부터 그랬던 것은 아니다. 법인 명칭인 상호는 '두산백화찬음유한공사(斗山白花餐饮有限公司)'였고 영업장(서비스표)은 '백화주막(白花酒幕)'이었다. 두산(斗山)은 한국 기업 브랜드를 그대로 붙인 것인데 중국에선 두(斗 dòu)가 '싸우다(鬪 dòu)'의 간체자여서 중국인의 인식에 부정적인 이미지를 불러일으킬 수 있다는 우려가 있었다. 또한 백화(白花 báihuā)는 '흰 꽃'이라는 뜻인데 보통 사람이 죽었을 때 쓰는 꽃이고, 또한 '헛돈을 썼다'는 의미도 있다. '주막' 또한 중국에서는 쓰지 않는 단어이다. 이러한 이유로 중국에 적합한 새로운 이름을 개발하게 되었는데, 중국인들이 좋아하는 단어가 '수(寿)'와 '복(福)'이기에 두 글자를 조합하여 '수복'이라 정했다. 그러나 상호 등록 과정에서 이미 등록이 되어 있어 다시 등록이 불가능했기 때문에 만리장성을 뜻하는 '长城' 외에도 큰 공간의 개념으로 많이 활용되는 '성(城)'을 붙였다. 이렇게 해서 중국인들도 좋아하는, 중국인의 정서에 맞는 지금의 '수복성'이 등장했다.

심벌마크

심벌마크(Symbol Mark)는 브랜드 아이덴티티의 시각적인 표현으로서 소비자에게 강력하고 효과적으로 각인되는 마크를 말한다. 나이키의 스워시(Swoosh)가 대표적인 예이다.

베이징의 명동이라 일컬어지는 왕푸징(王府井) 번화가를 지나다 보면 빨간 원색이 두드러져 보이는 심벌마크와 잘 정돈된 쇼윈도로 꾸며진 스포츠웨어 매장을 볼 수가 있다. 2, 3층 매장에 운동화에서부터 골프 용품까지 다양한 스포츠 용품을 두루 갖추고 있다. 중국에서 최근 가장 성공한 스포츠 브랜드인 리닝(李宁 LINING)이다.

리닝의 심벌마크는 'LI-NING'의 'L'과 'N'을 변형한 것이다. 그들의 설명에 따르면 이 심벌마크를 통해 젊음과 정열과 활력을 표현하려 했다고 한다. '세계의 리닝(世界的李宁 shìjiè de líníng)'에 이어 사용하는 'Anything is possible(一切皆有可能 yíqiè jiē yǒu kěnéng)'이라는 슬로건도 기본적으로 브랜드가 주고자 하는 가치의 연장선상에 있다.

하지만 전체적으로 자신만의 독특한 개성이 부족하여 세계적인 브랜드로 성장하는 데는 한계가 있다. 심벌마크는 나이키의 스워시를 모방한 듯하고 슬로건은 아디다스의 슬

로건(impossible is nothing 불가능, 그것은 아무 것도 아니다)의 아류로 보인다. 진정으로 세계 속의 리닝이 되고자 한다면 근본에서부터 혁신이 필요하다.

색

브랜드에 걸맞는 자기만의 색(Color)을 통해 소비자의 연상을 이끌어내는 것 역시 대단히 중요하다. '붉은 악마' 하면 빨간색, '맥도날드' 하면 노란색, '중국' 하면 적색과 황색이 떠오르는 것과 같이, 특정색이 브랜드와 연결될 경우 그 브랜드 아이덴티티를 강화시킬 수 있다.

중국인들에게 적색은 '행운, 행복', 황색은 '고귀함', 녹색은 '안전, 자연, 건강', 청색은 '깨끗함, 쾌활함'을 연상시킨다. 중국인들의 생활 속에서 색에 대한 이런 선호는 분명히 존재한다. 결혼식, 개업식, 기념식, 각종 행사 등 경사스러운 날엔 항상 빨간색의 장식과 휘장으로 온통 도배를 한다. 어른이 아이들에게 세뱃돈을 줄 때도 항상 빨간색 봉투에 넣어서 준다. 이를 '홍바오(紅包 hóngbāo)'라고 부른다. 또한 노란색은 황제의 색이라 해서 부귀와 존엄을 상징한다. 이는 역사적으로 황제들이 황색 용포를 입었던 것과 무관하지 않다. 따라서 중국 소비자에게 특정색이 주는 연상 이미지를 브랜드와 연계함으로써 강력한 연결고리를 만들어낼 수 있다.

로고타입

로고타입(Logotype)은 주로 로고라고 하며 브랜드의 아이덴티티를 표현하기 위해 만들어진 독특한 서체로서 일반적인 서체와는 구별된다.

로고 또한 시각적인 부분의 주요 요소로서 브랜드 아이덴티티를 전달하는 데 큰 역할을 한다. 즐거움을 전달하는 코카콜라의 서체가 그 대표적인 사례이다. 이에 대한 자세한 설명을 3장을 참조하기 바란다.

슬로건

슬로건(Slogan)은 브랜드에 관한 설명적이고 설득력 있는 정보를 전달하는 짧은 문구로서 브랜드의 의미와 성격, 사업 영역 등을 보완적으로 표현하는 요소이다. 중국의 백색 가전 대표 브랜드인 하이얼은 더 이상 중국 로컬 브랜드가 아닌 세계적인 브랜드로 도약하기 위한 기치를 슬로건인 'Haier & Higher'로 표현하고 있다. 이에 대한 자세한 설명은 제2장을 참조하기 바란다.

캐릭터

브랜드가 소비자에게 친숙하게 다가갈 수 있도록 개발된 것이 캐릭터(Character)이다. 캐릭터에는 다양한 종류가 있는데 기업을 상징하는 캐릭터(KFC의 '커넬 샌더스'), 광고 및 판촉, 이벤트에 활용되는 캐릭터(에너자이저의 '백만돌이'), 팬시용 캐릭터(바른손의 '떠버기') 등이 있다. 하이얼이 미국 시장을 공략할 때 '브라더스'라는 캐릭터를 주인공으로 한 만화 영화 시리즈를 방영해서 소비자에게 친숙하게 다가갔던 사례도 있다.

일단 유명해진 캐릭터를 통해 다양한 수익 사업을 꾀할 수도 있다. 중국에서 대표적으로 성공한 국내 캐릭터로는 '마시마로(Mashimaro)'를 들 수 있다. 엽기적인 행각으로 국내 젊은층에 선풍적인 인기를 끌었던 마시마로는 중국에서도 '류망투(流氓兎 liúmángtù)'로 소개되어 중국 젊은이들에게 사랑을 받고 있다. 적용 제품도 팬시문구뿐만 아니라 휴대전화에까지 영역이 다양하다. 그런 인기 덕분인지 '마시모로'라는 짝퉁 브랜드도 중국에서 버젓이 판매되고 있다.

징글

징글(Jingle)은 브랜드의 음성적인 측면이다. 청각적인 소구가 중요한 라디오에서 징글의 역할은 특히 중요하다. 쉽고 짧은 구절의 음율을 통해 브랜드를 소비자의 기억과 연계시키는 것이다. 모든 PC 회사의 광고에서 항상 들렸던 인텔의 '딩동댕동' 4음절 징글은 사람들의 기억에 광고보다 더 강력하게 자리를 잡아, 실제 광고를 한 제품 브랜드보다 인텔을 더 강하게 연상시켜 인텔의 브랜드 자산 제고에 기여했다. 모토로라는 최근 광고에서 광고 마지막 부분에 휴대전화 벨소리인 'Hello MOTO'라는 징글을 적극 활용하고 있다. 징글은 CM송까지 포함하여 더욱 다양해지고 있는데 음성 브랜드라는 측면에서 최근 큰 관심을 모으고 있다.

|

5. 개성적 요소

브랜드도 사람처럼 독특하고 차별화된 성격을 가진다. 어떤 브랜드는 '믿음직한 옆집 아저씨 같다'는 느낌이 들고, 어떤 브랜드는 '멋지고 세련된 전문 직장 여성 같다'거나 '따뜻한 엄마의 마음 같다'는 등의 느낌이 든다. 이처럼 '따뜻하다', '세련되다', '활동적이다' 등과 같은 것이 브랜드의 개성이며 이것이 소비자에 전달됨으로써 브랜드와 소비자 사이에 강력한 연결고리가 만들어진다.

소비자와의 관계

브랜드와 소비자 간의 관계(Relationship)는 기업의 브랜딩 활동을 통해 만들어진다. 소비자와의 관계는 브랜드의 아이덴티티 또는 컨셉에 따라 전략적으로 설정해야 한다. 예를 들어 '따뜻하고 인정 많은 이웃집 아저씨 같은', '세련되고 유능한 전문가 같은', '활달하고 다정한 친구 같은' 등 어떤 관계가 어울릴지 처음부터 전략적으로 선택해야 한다. EXR의 경우 'Progressive(进取 jìnqǔ)'라는 브랜드 아이덴티티와 함께 Caports(Character Sports Casual, 个性运动休闲 gèxìng yùndòng xiūxián)라는 새로운 개념을 도입하여 중국 소비자들에게 '진취적이고 도전적이며 활동적인' 이미지를 부여하고 있다.

광고 모델

소비자들은 광고를 통해 보는 모델(Model Character)의 생활과 이미지를 동경하고 꿈꾼다. 한류 열풍이 불고 있는 요즘 중국 소비자들이 한국 연예인이 출연한 광고 제품에 끌리는 것도 바로 이런 이유다. 이에 따라 한류 연예인들의 위상이 점점 더 커지고 있다.

　중국에서도 스타(明星) 마케팅이 크나큰 효과를 거두고 있다. 하지만 중국은 워낙 국토가 크기 때문에 지역마다 선호하는 인물이 다르다. 그리고 각 성(省)마다 시(市)마다 채널이 몇 개씩이나 된다. 그러다보

니 지역에 따라 유명 배우나 인기 연예인이 차이가 나기 마련이다. 어떤 지역에선 유명한 배우인데, 다른 지역 중국인들에겐 전혀 알려지지 않은 경우가 허다하다. 따라서 연예인을 광고 모델로 활용할 경우 전국적으로 유명한 몇몇 스타들을 제외하고는 스타의 효과를 보기가 쉽지 않다.

그래서 중국에서는 스타 마케팅에 많이 등장하는 모델로 유명 운동선수들을 자주 볼 수 있다. 올림픽 경기나 세계 선수권대회 등에서 금메달을 획득한 체조, 수영, 육상, 탁구 종목의 선수가 특정 기업의 광고모델로 나오는 경우가 허다하다. 최근 인기를 모으고 있는 스포츠 스타로는 육상선수인 리우시앙(刘翔 Liúxiáng)과 다이빙선수인 귀징징(郭晶晶 Guō Jīngjīng)을 들 수 있다. 리우시앙은 유제품 브랜드인 이리(伊利 Yīlì)와 VISA카드, 코카콜라에 이어 최근엔 암웨이의 광고 모델 및 홍보대사(形象代言人 xíngxiàng dàiyánrén)로 활동하며 광고나 PR행사 등에 등장하여 그 브랜드를 중국 소비자에게 적극 알리고 있다.

사용자 이미지

사용자 이미지(User Image)란 어떤 브랜드를 구매하고 이용하는 사람들에게서 공통적으로 드러나는 특징적 이미지이다. 이는 브랜드의 개성, 이미지와 제품 사용자 이미지가 동일화되면서 소비자의 충성도를 더 한층 높이는 효과를 이끌어낸다. 오토바이 애호가들에게 꿈의 기종이라는 '할리 데이비슨'의 사용자는 어떤 사람들인가? 히피 복장으로 거리를 떼지어 질주하는 사람들이 떠오른다. 이들은 모두 현실에 구애받지 않고 자유를 만끽하고픈 사람들이라는 상징적 의미가 있다. 전문직에 종사하는 젊은이에서부터 노년을 즐기는 노인에 이르기까지 할리 데이비슨에 열광하는 하는 이유가 바로 여기에 있다. 일반적으로 사용자 이미지는 브랜드 개성과 동일하게 여겨진다.

스타일

스타일(Style)이란 브랜드 개성이 외부로 표현되는 일정한 형태나 양식을 의미한다. 주로 사용자 이미지나 광고 모델에 의해 만들어지는 브랜드 개성과 총체적으로 연계된다. '세련된, 전통적, 실용적, 최신의, 진지한, 구식의, 쿨(cool)한' 등의 표현이 스타일과 연계된다.

효익적 요소(Benefit)

브랜드가 소비자에게 제공하는 기대가치(이점)는 크게 품질이나 속성과 직접적으로 관련된 부분(기능적 효익)과 외적인 부분(자아 표현적 효익, 정서적 효익, 사회적 효익)으로 나눌 수 있다.

기능적 효익(Functional Benefit)

브랜드를 구매하고 이용하여 제품의 속성으로부터 얻게 되는 직접적이며 일차적인 이점이 기능적 효익이다. P&G의 'OLAY(玉兰油 위란요우 yùlányóu)'는 피부를 하얗게 해준다는 미백 효과를 강조하여 중국 여성들의 백옥 같은 피부에 대한 잠재적인 욕망을 자극한다. 신라면은 앞서 얘기한 것처럼 '매운 맛'이라는 기능적 효익을 광고와 카피 등을 통해 전달해서 중국인들을 한국의 매운 맛으로 길들이고 있다.

자아 표현적인 효익(Self expressive Benefit)

소비자들은 브랜드를 통해 자기의 준거집단과 유대감을 느끼고 자신의 사회적 자아를 실현하고 구축한다. 나이키를 입는다는 것은 자기가 꿈꾸는 모습, 즉 생기 있고 멋지며 뛰어난 사람이 되고 싶은 욕구를 충족하는 것이다. 중국인들이 명품 브랜드를 선호하는 이유도 자기를 드러내고자 하는 욕구와 관련이 있다.

　　로레알(L'OREAL, 欧莱雅 ōuláiyǎ)의 화장품 브랜드 중 하나인 메이블린(MAYBELLINE, 美宝莲 měibǎolián)은 젊은 뉴욕 여성의 활동적이고 섹시하며 세련된 이미지를 대표하는 모델들의 광고를 통해 중국 도시 여성들의 자기를 드러내고 싶고 표현하고 싶은 심리를 자극하고 있다.

정서적 효익(Emotional Benefit)

정서적 효익은 소비자의 '재미, 감정, 감각적 자극, 환상' 등에 소구하는 효익이다. 소비자는 브랜드를 사용함으로써 얻는 기능적인 효익뿐 아니라 감성을 자극하는 요소에 의해서도 영향을 받는다. 중국의 휴대전화 광고를 보면 이제는 통화 품질이 중요한 차별 요소가 아님을 알수 있다. 휴대전화를 통한 친구, 연인 사이의 감정 교감 등 정서적 요소를 광고를 통해 전달하고 있다.

기업은 이윤 추구가 궁극적 목적이다. 그러나 이제는 이윤 추구에만 몰두하다가는 소비자들에게 외면을 당할 수가 있다. 그 대표적인 사례가 나이키이다. 1996년에 미국《라이프》지에 파키스탄의 한 공장에서 어린 소년이 나이키 제품을 만드는 사진이 실렸다. 열악한 환경에서 일하는 어린 소년의 모습은 이를 보는 소비자들에게 나이키가 부도덕하고 파렴치한 기업이라고 인식하게 만들었다. 이로 인해 한때 부동의 스포츠웨어 1위 브랜드 자리를 내어주기까지 했다. 최근에는 NGO의 활동이 더욱 증대되면서 기업의 사회적 책임에 대한 문제가 더 크게 대두되고 있다. 기업의 사회 공헌 활동은 소비자들에게 호의적인 이미지를 심어주며, 나아가 그 기업의 제품을 구매하는 데 영향을 미친다. 바디샵의 '자연보호'라는 기업철학과 사회 공헌 활동은 그 브랜드의 소비자 충성도를 높이는 역할을 하고 있다.

또한 기업의 사회 공헌 활동을 마케팅과 연계한 공익 연계 마케팅(Cause-Related Marketing)은 공익 재단의 활동에 필요한 기금을 마련하는 데 도움을 줄 뿐 아니라 브랜드에 긍정적인 이미지를 더하게 되고, 이는 소비자의 브랜드에 대한 신뢰와 충성도를 제고하여 판매를 촉진하는 결과를 가져온다.

중국에서는 생수 브랜드인 '농푸산취앤(农夫山泉 nóngfūshānquán)'의 공익 캠페인이 최근 큰 호응을 얻고 있다.

一瓶水 一分钱

yī píng shuǐ yī fēn qián

'물 한 병에 돈 한 푼'

물 한 병을 사면 그 기금으로 생수 원산지의 불우한 환경에 처한 아이들에게 도움을 준다는 내용의 캠페인이다. 중국 생수의 대명사인 '农夫山泉'의 이런 공익 마케팅은 중국 소비자의 마음에 작은 동요를 일으키며 신뢰와 믿을 수 있는 음료 브랜드라는 이미지를 강화하고 있다.

이상으로 BCM을 통해 브랜드를 개발하는 데 필요한 요소들을 살펴보았다. BCM은 위에서 설명한 바와 같이 브랜드 철학과 브랜드 비전, 브랜드 컨셉, 그리고 브랜드를 구성하는 요소인 상징적 요소, 제품적 요소, 퍼스낼리티적 요소, 효익적 요소의 4개 부분으로 이루어진다. 각 구성 요소들은 유기적으로 연계되어 개발되어야 한다. 또한 BCM은 다음의 도표와 같이 현재 브랜드를 점검하는 체크리스트로 활용할 수도 있다.

다음 장에는 브랜드의 수많은 가치 중에서 소비자들에게 전달할 핵심적인 가치를 도출하는 과정을 살펴보기로 한다.

<BCM을 적용한 사례 : 메타브랜딩의 기업 브랜드 분석>

Brand Identity Circle Sheet™	Meta Triangle Model™	Meta Brand Gircle™	Meta BIFM™	Brand Identity™ 재구축 도출 과정

Metabranding BrandCircle™

Philosophy : 좋은 브랜딩으로 세상을 아름답게 만든다
Vision : 아시아를 대표하는 글로벌 브랜딩 컨설팅 회사

· Name **Meta Branding**
· Symbol mark 워드마크 형태
· Color Meta Green(sub color : Meta Light Green)
· Logo type Meta 변형체
· slogan Everything about Branding
· Character   · Jlingle

· Projective Image
· Relationship 친구 같은/동료 같은
· Model Character
· 따뜻한 컨설턴트 전략적인 크리에이터
· User Image 통찰력 있는/회사에서 잘나가는

· Attrivutes 전략에 입각한 크리에이티브 실행 중심 전략
· Price 중/고가
   · Origin 이름고을
   · Target 국내외 브랜드매니저 홍보담당자

· Functional Benefit 시각이 정확한/참신한 아이디어
· Self Expressive Benefit 안목이 있는/남다른
· Emotional Benefit 만족감이 느껴지는/믿을 수 있는
· Social Benefit 지식 경영/나눔 경영을 실천하는

Brand Concept
전략과 실행 중심의 브랜딩 솔루션을 제공하며 새로운 기업 문화와 경영방식을 제시하여
한국사회를 리딩하고 아시아를 대표하는 글로벌 브랜딩 컨설팅 회사

Core Identity

열정

Extended Identity

배움
배려
글로벌
도전

(BC diagram: S, P, P, B, BC)

6장

효과적인
브랜드 포지셔닝

소비자의 인식 세계에 경쟁 브랜드와 차별화된 강력한 브랜드로 자리 매김하기 위해 어떻게 할 것인가를 모색하는 것이 BIFM의 포지셔닝 단계이다. 여기서 중요한 것이 브랜드 아이덴티티인데, 이것은 소비자들에게 전달하고자 하는 핵심 가치로서 브랜드를 기획하는 BCM에서 선택적으로 추출된다.

완전히 새로운 브랜드를 개발하는 경우라면 먼저 포지셔닝 단계를 통해 브랜드 아이덴티티를 확정한 다음, BCM에 따라 브랜드를 개발하게 된다. 따라서 전체적인 순서는 기업이 처한 상황에 따라 다르게 적용된다고 할 수 있다.

1. 브랜드 아이덴티티의 구성

브랜드 아이덴티티는 기획자(기업) 입장에서 소비자에게 보여주고 싶은 장점 위주의 개념(모습)이며, 브랜드 이미지는 기획자가 전달한 아이덴티티를 소비자가 주관적으로 받아들인 상이다. 브랜드 아이덴티티는 핵심 아이덴티티(Core Identity)와 확장 아이덴티티(Extended Identity)로 구분된다.

브랜드 아이덴티티 정의

브랜드 아이덴티티	기업이 브랜드에서 소비자에게 보여주고자 하는 브랜드의 상(像), 다시 말하면 기업 측에서 생각하는 자사 브랜드의 예상 이미지
핵심 아이덴티티	아이덴티티 중에서 시간이 흘러도 변하지 않는 핵심적인 아이덴티티. 브랜드 자산의 핵심이며 소비자와 브랜드 간의 가장 강력한 고리에 해당함
확장 아이덴티티	기업이 처한 환경에 따라 부가적으로 첨가된 아이덴티티. 사회 트렌드의 변화나 경쟁 브랜드의 커뮤니케이션 공세에 따른 대응 개념의 아이덴티티

핵심 아이덴티티는 시간이 흘러도 변하지 않는 아이덴티티로서 브랜드 자산의 핵심이며 소비자와 브랜드 간의 가장 강력한 고리에 해당한다. BMW의 '성능', HP의 '혁신', 코카콜라의 '즐거움'이 그것이다. 확장

아이덴티티는 사회 트렌드 변화나 경쟁 브랜드의 커뮤니케이션 공세 등 브랜드를 둘러싼 환경에 따라 부차적으로 첨가된 것이다. 이는 광고 나 PR 등, 커뮤니케이션 요소로 다양하게 활용된다.

볼보의 경우 핵심 아이덴티티는 '안전(安全)'으로 경쟁 브랜드에 대 해 강력하고 주요한 소비자와의 고리였다. 그러나 세월이 흐름에 따라 소비자들이 자동차의 안전을 기본 요소로 여기고 경쟁 브랜드 역시 안 전하다는 평가를 하면서 '안전'은 점점 볼보의 핵심 아이덴티티로서 매력을 잃고 있다. 이러한 마케팅 환경의 변화에 따라 '안전'이라는 기 존 핵심 아이덴티티에 '세련된'이라는 확장 아이덴티티를 추가하여 커 뮤니케이션하고 있다.

그렇다고 해서 볼보가 핵심 아이덴티티를 포기한 것이 아니라는 점 에 유의해야 한다. 볼보가 'For life'라는 슬로건을 10년 넘게 지속적으 로 커뮤니케이션하는 것도 소비자에게 볼보만의 강력한 브랜드 연상을 자리잡게 하기 위한 것이다. 이 슬로건은 '생명에 대한 존중과 안전한 환경에서 궁극적으로 추구되는 행복한 생활'이라는 의미를 내포하고 있다. 볼보를 생각하면 '안전'이 바로 떠오르는 것은 그만큼 이 슬로건 의 역할이 주효했기 때문이다.

볼보는 중국 시장에서도 '안전'이라는 이미지로 소비자에게 강력하 게 포지셔닝하고 있다. 중국의 광고에서도 'For Life'라는 슬로건을 사 용하고 있다. 그리고 헤드라인에서는 '기품, 안전이 유일한 아름다움 (品味, 安全唯美 pǐnwèi, ānquán wéi měi)'이라는 카피를 통해 '안전' 의 이미지를 전달하고 있다.

중국 이동전화 단말기 시장에 후발주자로 뛰어든 삼성 휴대전화 역

시 품질이 우수하다는 기능적 효익만으로 접근했다면 지금과 같은 고
급 이미지를 구축하지 못했을 것이다. 노키아와 모토로라 등 굴지의 외
국 브랜드들이 이미 중국 시장을 선점했기 때문이다. 삼성 휴대전화는
경쟁 브랜드와 차별화된 이미지인 최고급 휴대전화로 포지셔닝하여 중
국 소비자의 마음속에 강력한 연상고리를 형성하였다. 중국인들에게
명품 자동차 하면 '벤츠', 'BMW'가 연상되듯 지금 삼성 휴대전화는
최고급 휴대전화로 확고하게 자리를 잡았다. 뒤에서 기술할 '삼성 휴
대전화' 사례에서 자세히 살펴보기로 한다.

2. 고객 감동 서비스: '수복성'의 사례

중국에서 유일하게 국가 특급 비준을 받은 한국 식당 수복성은 최고급 외식 브랜드로 자리를 잡았다. (주)두산과 중국량유수출총공사가 합자한 수복성은 1997년 7월, 1호점을 개점한 후 중국의 국가주석인 후진타오(胡錦濤)나 우이(吳仪) 부총리 등 최고위층 관리들이 자주 방문하는 것은 물론 북경의 상류층이 즐겨 찾는 최고급 한식당으로 인식되고 있다.

이렇게 수복성이 최고급 한식당 브랜드로 포지셔닝에 성공한 데는 몇 가지 주요한 요인이 있다. 그 첫 번째는 차별화된 타깃의 선정이다. 수복성은 중국에 진출하는 여타 기업들이 단순히 마케팅이 용이하다는 생각에서 중국에 체류중인 한국인들을 타깃으로 하는 것과는 달리 한국인이 아닌 중국인, 그 중에서도 북경의 상류층을 겨냥했다. 1호점을 한국 식당이 즐비한 옌사(燕沙 yànshā) 백화점 부근이 아닌 창안(长安) 대로 동쪽에 개점한 것도 그런 이유이다. 오피니언 리더들을 공략함으로써 중국 중상류층에 최고급으로 이미지를 구축하기 위해서였다.

두 번째 성공 이유는 철저한 서비스 정신이다. 황금색 인테리어가 눈에 띄는 수복성에 들어가면 입구에서부터 반갑게 인사하고 맞아주는 직원들의 서비스를 경험하게 된다. 그들은 공손하게 자리를 안내해주며 주문과 음식 조리시 내내 미소를 지으면서 손님들의 요구에 친절하게 응대한다. 깔끔하고 정결한 복장의 직원들 서비스를 받다보면 여기가 중국의 어느 최고급 호텔 레스토랑이 아닌가 하는 착각에 빠진다. 직원들이 이런 서비스를 하게 된 것은 초기부터 지속적으로 실시해온 서비스 교육 때문이다. 하루에도 세 번 서비스 교육을 실시하여 고객 위주의 서비스 마인드를 중국 직원들에게 심어준 것이다.

철저한 서비스 정신은 화장실에서 그대로 나타난다. "화장실은 밥을 먹을 수 있을 정도로 깨끗해야 합니다."라는 것이 온대성(溫大成) 전 총경리의 생각이었다. 그는 직원 교육을 위하여 화장실에서 직원들과 밥을 먹기도 하였다. 이런 총경리의 실천하는 교육이 또한 중국인 직원들의 서비스 마인드를 제고하는 데 중요한 역할을 하였다.

기존 업체와는 차별화되게 중국의 중상류층을 적극 공략하여 최고의 서비스와 품질로 최고급 한식당 브랜드로 성장한 수복성은 600평 규모의 2호점을 오픈하였으며, 2008년 베이징 올림픽 때까지 베이징에 2개, 상하이 등 지방 대도시에 4개 등 매장 수를 늘릴 계획이다.

3. 최고급 휴대전화로 자리잡은 '삼성 휴대전화'

중국인들에게 최고급 브랜드는 곧 자신의 부와 지위의 상징이다. 특히 과시적 소비 성향이 두드러지는 명품 구매층에서는 더욱 그러하다. 소득 수준을 기준으로 전체 인구의 상위 5퍼센트인 약 6천 5백만 명 정도가 최고급 브랜드 소비를 추구한다는 점에서 명품족이라 일컬어진다. 이는 국가정보센터의 2003년 통계에 의한 연간 소득이 5만 위안 이상인 중산층 약 5천만 명과 대략 일치한다. 이런 명품족에게 삼성 휴대전화는 비록 전체 시장점유율에서 9.87퍼센트(중화정보통신기술센터 2004

년도 중국 단말기 시장점유율 자료)로 모토로라(12.05퍼센트), 노키아 (11.91퍼센트)에 이어 3위지만 고가의 휴대전화 시장에서는 경쟁 브랜드를 누르고 최고급 브랜드로 인식된다. 자동차는 'BMW', 만년필엔 '몽블랑(万宝龙 wànbǎolóng)', 향수는 '샤넬(香奈儿 xiāngnài'ér)', 휴대전화는 '삼성'과 같은 등식이 성립되어 있다.

중국 휴대전화 시장에 후발주자로 뛰어든 삼성은 기존 경쟁 브랜드와는 차별화하여 고소득층과 신세대 젊은 직장인들을 타깃으로 고급스런 이미지를 구축하는 데 중점을 두었다. 중국 휴대전화 시장에서 결국 이들이 오피니언 리더 역할을 한다는 판단에서였다. 한때는 7천 위안 (당시 한화 105만 원)이 넘는 삼성 애니콜 최신 모델이 폭발적인 인기를 끌며 밀수 휴대전화까지 유통되는 현상을 보였다.

삼성 휴대전화의 하이엔드(High-end) 고가 전략은 중국 소비자들의 로컬 브랜드와 외국 브랜드에 대한 인식에 기반을 두고 있다. 한 조사 기관의 자료에 의하면 외국 브랜드가 품질, 디자인 등 모든 면에서 로컬 브랜드보다 우수하다는 응답이 73퍼센트였다. 중국 소비자는 외국 브랜드는 '고품질, 고급', 로컬 브랜드는 '저품질, 저급'으로 양극화된 인식을 보여주었다. 삼성은 이런 중국 소비자의 인식하에 우수한 품질과 기능, 디자인에 있어서 차별화를 바탕으로 고급 소비층을 우선 타깃으로 고가의 가격대를 설정하고 차별화된 마케팅을 펼쳤다. 모토로라와 노키아 등이 중국 내 생산을 통해 3천 위안 내외의 제품을 생산하여 시장을 확대하던 당시, 삼성은 한국에서 생산하여 수출함으로써 중국 소비자들에겐 수입품으로 인식되었다. 철저한 재고 관리를 통해 의도적으로 판매 수량을 제한함으로써 제품의 희소성을 유발했다. 급기야 삼성 휴대전화의 밀수품 구입 현상(이것을 브랜드 노이즈라 한다. 브랜드 노이즈는 8장을 참고할 것)까지 생겼는데, 이런 뜻하지 않은 결과가 삼성 휴대전화의 명품 이미지에 오히려 더 긍정적인 영향을 끼쳤다.

유통 채널도 일반 가전과 함께 휴대전화 제품들이 판매되는 복합 형태의 매장 대신에 통신 전문 매장에만 제품을 공급하는 유통 채널의 차별화를 꾀하여 전문적인 이미지를 강화하였다. 가격대는 의도적으로 노키아나 모토로라보다 20퍼센트 이상 높게 책정하고 제품에 있어서도 한발 앞서 신모델을 출시하여 경쟁 브랜드보다 기술력에서 앞선 혁신적 이미지를 소비자에게 심어주었다.

2002년 하반기 소비자 조사 자료에 의하면 삼성 휴대전화의 이미지가 'Trendy and stylish' 한 것으로 나타났다. 이는 삼성 휴대전화가 경쟁 브랜드인 노키아와 모토로라가 '디지털 분야에서 선도적인', '잘 알려진' 과 같은 비슷한 이미지로 인식되는 것과 달리 최첨단과 유행을 선도하는 휴대전화의 이미지로 확고히 중국 소비자에게 자리잡았음을 말해준다. 이것이 삼성 휴대전화가 명품 브랜드로서 중국 소비자의 사랑을 받고 있는 핵심적인 요인이다.

성숙 단계의 시장에서는 제품의 차별화만으로는 경쟁에서 살아남기가 쉽지 않다. 특히 중국 시장과 같이 제품 생명 주기(Product Life Cycle)의 속도가 그 어느 나라보다 빠른 곳에서, 그리고 유수 글로벌 브랜드와 수많은 로컬 브랜드들이 각축을 벌이는 경우엔 더욱 그러하다. 아무리 좋은 품질의 제품이라도 모방 제품이 신출귀몰하는 중국에선 곧바로 똑같은 제품들이 나와서 비교가 안 될 정도로 엄청나게 싼 가격으로 자사 제품을 위협한다. 이러한 시장에서 살아남기 위한 최선의 방안은 무엇인가. 소비자의 마음속에 강력하고 차별화된 브랜드로 자리잡는 길밖에 없다. 제품은 모방할 수 있어도 소비자의 마음속에 새겨진 브랜드 이미지는 모방할 수 없기 때문이다. 소비자의 인식 속에 경쟁사와 차별되는 위치를 확보해가는 브랜드 포지셔닝은 중국 시장에서 성공하기 위한 핵심 전략이다.

4. '이랜드'의 고급화 전략

한때 한국에서 캐주얼 브랜드의 대명사로 인식되었던 이랜드. 번화한 상가의 한두 곳은 이랜드 매장이 늘 성업중이었다. 그러나 지금은 예전의 인기를 누리지 못하고 있다. 그만큼 소비자의 욕구가 다양해졌고 사회가 변했기 때문이다. 그럼 이랜드(E-LAND)하면 어떤 단어들이 생각나는가. '의류, 중저가, 좋은 품질, 다양한, 심플한, 헌트, 브렌타노' 등 다양한 연상들이 떠오를 것이다. 국내의 소비자들은 이랜드를 '괜찮은 품질의 중저가 캐주얼'로 생각하고 있다. 한마디로 고급브랜드의 이미지는 아니다. 이것이 국내 시장에서의 이랜드의 브랜드 이미지(Brand Image)이다.

그러나 중국에서 이랜드의 이미지는 고급 브랜드로서 소비자들에게 받아들여지고 있다. 그렇다면 중국에서 이랜드가 고급 이미지로 포지셔닝에 성공한 요인은 무엇일까?

중국은 세계 최대의 의류 생산국이자 의류 소비국이다. 중국 의류 시장에서 가격별 의류 현황을 보면 고급 의류가 10퍼센트, 중고가가 20

퍼센트, 중가 40퍼센트, 저가 의류가 30퍼센트의 판매량을 보인다. 중고가 이상의 경우 수입 브랜드가 대부분을 차지한다. 이들 수입 브랜드는 고급 이미지로 중국 소비자에게 포지셔닝하여 싼 가격을 무기로 하는 중국산 브랜드와 차별화한다.

중국 시장에 진출한 이랜드는 한국에서의 중저가 이미지로는 중국에서 성공을 하기가 쉽지 않다고 판단했다. 그리하여 고가의 고급 패션 브랜드 이미지로 포지셔닝하는 고급화 전략을 수립하고 실행했다. 고급화 전략의 일환으로 실행한 것이 유통 경로의 차별화이다. 한국에서의 로드샵 형태를 탈피하여 중상류층 중국 소비자가 즐겨 찾는 고급 백화점에 매장을 열고 경쟁사와 차별화된 인테리어로 매장을 꾸몄다. 또한 목표한 타깃층에 브랜드를 알리기 위해 1994년 중국 진출 당시부터 4년 동안 공항의 카트에 광고를 계속하였다. 중국에서도 주로 부유층이 공항을 이용하므로 이런 광고는 목표 고객층에게 선택적이면서도 집중적으로 노출되는 효과를 발휘하였다.

제품 측면에서는 중국 문화 및 중국 소비자에 대한 이해를 바탕으로 새로운 패션과 디자인을 제시하였다. 기존의 중국에서는 볼 수 없었던 아이비리그 스타일과 오리털 파카 등으로 차별화된 디자인과 제품을 제공하였다. 자신의 개성을 표현하는 데 어울리는 디자인과 제품을 선호하는 소비자의 요구(Needs)를 잘 파악하고 이에 부합하는 고급 이미지 전략으로 소비자의 마음에 파고든 것이다.

이랜드의 중국어 네임은 '이리앤(衣恋 yīliàn)'이다. 한 마디로 '옷을 사랑한다'는 뜻(동음이의어인 '依恋'은 '사모하다, 그리워하다')으로 발음과 기억이 용이한 중국어를 활용하여 영문 'E-LAND'에는 없는 새로운 의미를 부여하였다. 이러한 네임은 고급스런 제품 디자인과 함께 중국 소비자들에게 친근하게 다가가 긍정적인 브랜드 이미지를 심어주었다.

5. 선물의 대명사 '나오바이진'

중국에서 가장 잘 팔리는 명절 선물은 무엇일까. 바로 중·노년층을 대상으로 한 영양제 '나오바이진(脑白金 nǎobáijīn)'이다. 나오바이진은 건강식품 업계에서 지속적으로 놀라운 판매 실적을 거둔 브랜드이다. 2001년 한 달 동안 단일 품목으로만 2억여 위안의 매출을 올렸으며 그 행진은 지금도 계속된다. 이미 경쟁이 포화 상태인 보건품 시장에서 나오바이진이 성공을 거둘 수 있었던 데는 선물 대용품이라는 아주 간단하면서도 명확한 컨셉으로 포지셔닝한 데 있다. 나오바이진은 '머리가 맑아지는 보물'이라는 의미로서 네임에서부터 제품의 기능적인 효익과 컨셉을 명확히 전달한다. 의약품과 같은 브랜드의 경우에는 이와 같이 제품을 사용함으로써 얻을 수 있는 효능, 즉 기능적 효익을 구체적으로 제시함으로써 기억 용이성을 높일 수 있다. 물론 우수한 품질이 지금의 나오바이진의 성공에 밑거름이 된 것은 두말할 나위가 없다.

또 하나 나오바이진의 성공 요인에는 '선물 대용품'으로 소비자들에게 확고하게 인식시킨 포지셔닝 전략이 있다. 선물 문화가 만연한 중국의 독특한 소비 시장을 잘 포착하여 이를 커뮤니케이션에서 적극 활용한 것이다. 이런 전략에 맞춰 펼친 TV 광고를 들여다보자.

今年过节不收礼，不收礼呀 不收礼. 收礼只收脑白金，脑—白—金

jīnnián guòjiè bù shōulǐ, bù shōulǐ ya, bù shōulǐ, shōulǐ zhǐ shōu nǎo-
báijīn, nǎo-bái-jīn.

'올해 명절엔 선물을 안 받겠어요. 단, 나오바이진만 받겠어요'

　　나오바이진의 유명한 광고 카피이다. 7음절로 이루어진 반복적이며
흥겨운 운율은 한 번만 들으면 누구나 흥얼거려 오래도록 기억에 남는
다. 반복해서 나오는 이 카피의 내용은 간단하다. 명절 선물은 나오바
이진으로 하라는 얘기다. 이 광고에 반복적으로 노출된 소비자들은 무
의식중에 나오바이진을 선물용품 목록에 올려놓으면서 자연히 구매로
이어진다. 나오바이진은 제품의 성숙기에 이르렀을 무렵 광고 매체를
TV광고로 집중하였다. 8부작 광고를 만들어 매일 방영되는 광고가 중
복되지 않게 하였다. 나오바이진의 광고는 황금시간대에 시리즈로 방
영되었으며, 이를 통해 소비자들 사이에 제품의 인지도가 급속도로 제
고되었다. TV광고의 반복적 노출을 통해 중·노년층에게 제품 정보를
알림으로써 소비자층도 더욱 확대되었다. TV광고 외에도 버스 정류장,
버스, 벽면 광고 등 어디서나 나오바이진을 볼 수 있도록 하여 소비자
들의 머릿속에 각인시켰다. 그들은 누구에게, 무엇을 전달할지, 가장
적합한 매체는 무엇이며, 광고 시간대는 언제로 하는 것이 좋은가 등에
대해 잘 알고 있었다. 선물 문화에 익숙한 중국 소비자들의 심리를 파
악하여 의약품이 아닌 '선물' 이라는 틈새를 공략하였고, '나오바이진'
하면 '선물 대용품' 이라는 소비자의 인식 속 강력한 연결고리를 단단
히 구축하였다. 포지셔닝은 결국 단순히 뛰어난 상품, 서비스가 아니
라 소비자의 마음에다 대고 강력한 무언가를 쏘는 것이라는 것을 일깨

워주는 멋진 사례이다.[24]

|

6. 핵심 및 확장 아이덴티티 도출 과정

이상에서 몇 가지 포지셔닝 사례를 살펴보았는데 그렇다면 어떻게 핵심 아이덴티티와 확장 아이덴티티를 도출하는지 알아보자.

첫째, BCM을 통해 규정된 브랜드의 구성 요소들을 정리한다. 둘째, 브랜드를 둘러싼 3C관점에서 기업(자사) 중장기 경영 전략은 어떠한지 (Company), 고객의 라이프사이클과 소비자의 거시 트렌드는 어떠한지 (Customer), 경쟁 브랜드의 브랜딩 전략은 어떠한지(Competitor)를 분석해 보고 경쟁 시장에서 목표(미래) 이미지 포지셔닝(Image Positioning)을 설정한다. 셋째, 이런 분석에 따라 앞서 정리한 브랜드 아이덴티티 구성 요소의 주요 키워드 중에서 핵심 아이덴티티와 확장 아이덴티티를 도출한다. 넷째, 이렇게 도출한 핵심 아이덴티티를 함축적으로 담을 수 있는 핵심 키워드를 뽑아낸다. 다섯째, 커뮤니케이션을 할 때 핵심 키워드를 일관되고 지속적으로 전달한다. 어떤 브랜드라고 하면 바로 한 단어로 그 브랜드가 연상되도록 하는 것이다.

포지셔닝 단계에서 소비자에게 전달할 아이덴티티를 도출하였으면 그 다음으로 어떻게 아이덴티티를 커뮤니케이션할 것인지를 기획하게 된다. 다음 장에서 자세하게 살펴보기로 한다.

7장

브랜드
아이덴티티의 전달

브랜드를 소비자에게 전달하는 과정을 Brand Delivery System(이하 BDS라 칭함)이라고 한다. 이 단계는 다양한 고객 접점에서 브랜드 아이덴티티를 소비자에게 전달하는 매개체 및 활동 시스템으로 이뤄져 있으며, BDS에는 광고, PR, 판매 촉진, 유통채널 등이 포함된다.

1. 광고

브랜드 아이덴티티를 전달하기 위해 광고 모델을 선정하고 광고 커뮤니케이션의 톤앤매너(Tone & Manner)를 정하며 어떤 매체에 어떻게 광고할 것인가(광고 매체 전략)를 결정하는 것은 기획자의 입장에서 원하는 브랜드 이미지를 구축하기 위한 중요한 작업이다.

광고의 기능(1): 브랜드 인지도 제고

광고가 기본적으로 소비자에게 미치는 영향에는 여러 가지가 있지만 중국 소비자에 대한 역할은 크게 두 가지로 얘기할 수 있다. 첫 번째는 브랜드를 알리는 것이다. 브랜드를 알린다는 것은 상품에 대한 정보를 제공하며 구매 욕구를 자극하여 사도록 유도한다는 의미이다. 중국 시장엔 이미 수많은 브랜드가 경쟁하며 중국 소비자의 마음속 사다리에 오래 남기 위해 다양한 방법으로 알리기 작업을 하고 있다. 그중 영향력과 효과가 가장 큰 것이 바로 광고이다. 특히 TV광고의 영향력이 제일 크다. 수많은 대중에게 동시에 정보를 전달할 수 있는 매체로 TV를 대체할 게 아직은 없기 때문이다. 중국 시장에 처음 진입하는 브랜드로 인지도를 단기간에 높이려면 TV광고는 그 어떤 것보다 먼저 고려해야 한다. 단, 광고비가 엄청나게 든다는 점을 감안해야 한다.

실례로 윤활유 제품을 들어보자. 한국의 자가 운전자의 경우 대부분 윤활유를 교체할 때 단골 정비소에 가서 정비사가 권해주는 윤활유를 그야말로 아무 생각 없이 주입하고 청구하는 금액을 지불함으로써 윤활유 소비는 완료된다. 얼마 전에 "차 값이 얼만데 아직도 아무 윤활유를 넣는가?"라는 내용으로 모 윤활유 브랜드가 광고를 열심히 하였지만 과연 얼마나 많은 운전자들이 윤활유를 교체할 때 그들이 바라는 대로 그 브랜드를 지칭해서 주입할까? 중국의 운전자들은 완전히 다른 소비 양태를 보인다. 2003년에 실시한 윤활유 소비자 인식 조사에 따르면 중국 소비자들은 본인이 직접 구입하는 경우가 42퍼센트나 되며,

중국 5대 광고 매체에 대한 소비자 평가

(단위:%)

	T V	신문	잡지	옥외	라디오
신뢰도가 가장 높다	68	37	24	18	6
주의력을 가장 쉽게 끈다	74	26	24	33	4
매일 가장 많이 접촉한다	79	44	11	27	7
광고의 제품 브랜드 기억이 쉽다	69	28	23	26	6
보고 나서 바로 잊어버린다	16	39	34	31	39
가장 즐겨본다	70	27	25	26	4
제품에 대해 잘 알게 한다	70	43	28	15	6
광고 제품을 더 좋아하게 만든다	69	28	27	22	5
광고 제품을 사고 싶게 만든다	69	29	26	7	5
가장 반감을 준다	33	32	24	15	33
가장 친밀감을 준다	66	29	24	23	11
광고 속에 많은 정보를 담고 있다	65	48	30	22	8
광고에 대해 가장 신경을 안 쓴다	18	37	31	26	45
때로 원하는 정보를 찾으러 간다	49	50	34	8	6
광고 정보가 간결하고 직접적이다	53	34	18	45	9

출처:〈中国广告 〉(2006.5) optimedia

본인이 직접 주입하는 경우도 35퍼센트나 되어 상당한 수의 구매자가 직접 윤활유를 주입하는 것으로 나타났다. 윤활유 교체 및 구매시 운전자 본인이 직접 구체적인 제품 이름과 모델 번호까지 지정해서 선택 구매를 한다고 한다. 그러기 위해선 제품 정보들을 미리 습득해야 하는데, 대부분 광고를 통해 자료를 수집한다. 53퍼센트의 구매자들이 광고를 통해 정보를 습득하며 판매점원을 통해서는 22퍼센트, 주위 사람을 통한 사전 정보 습득은 19퍼센트였다. 제품 구매 시 광고 등을 통해 인지도가 높은 제품을 우선 고려한다는 것이다. 이렇듯 고관여 소비를 보이는 윤활유에서 정보원으로서 광고의 영향력은 매우 크기 때문에 광고를 통해 브랜드를 알리는 작업이 무엇보다 중요하다.[25] 참고로, 관여도(involvement)란 어떤 대상에 대한 관련성이나 중요성을 지각하는 정도를 말하는 것으로 대상에 대한 관심의 강도, 흥미의 정도, 개인적 중요도 등에 따라 고관여(high involvement)와 저관여(low involvement)로 구분한다. 소비자의 관여 수준은 제품의 특성, 소비자의 특성, 사용 상황, 마케팅 커뮤니케이션 등에 따라 달라진다.

광고의 기능(2): 소비자와 브랜드의 관계 형성

두 번째 역할은 소비자와 브랜드 간에 관계를 형성시켜주는 것이다. 광고를 통해 브랜드의 개성(Personality)을 전달함으로써 소비자에게 브랜드에 대한 친밀도를 높이는 것이다. 그것은 소비자가 한 브랜드를 사용함으로써 그 브랜드의 개성과 자신을 동일시하고, 브랜드가 추구하는 준거집단에 자신이 포함되는 느낌을 주기도 한다. 이런 상호작용 속에서 브랜드와 소비자 간의 우호적인 관계는 자연스레 형성된다. 기업의 입장에서도 마찬가지다. 장기적으로 일반 소비자에게 원하는 방향으로 기업 이미지를 구축하기 위해서는 기업 이미지 광고를 통해 전달해야 한다.

중국 광고를 보면 가끔 어떤 광고들은 지나칠 만큼 많은 내용(정보)를 담고 있다. 예전엔 10분을 넘는 TV광고도 있었다. 광고가 방영되는 내내 제품에 대한 상세한 특성과 효익들이 장황하게 설명된다. 광고에 아주 친숙한, 아니 이제는 오히려 광고를 외면하는 우리 같으면 당장에 채널을 돌려 원하는 방송을 찾아갈 것이다. 그러나 중국인들은 다르다. 광고가 방영되는 동안 그 제품에 관한 정보들을 찬찬히 귀담아 듣고 필요한 내용들을 기록하기도 한다. 이것이 단적이긴 하지만 현재 중국인과 광고의 관계가 아닐까. 중국인들은 흔히 의심이 많다고 한다. 상술에 관한 책을 봐도 일단 모든 것을 의심하고 물건을 살 때도 지나칠 만큼 따지고 산다. 이런 습성은 아마도 잦은 전쟁과 상술이 발달한 역사적 내력에서 기인한 것이 아닌가 싶다.

삼사이행(三思而行 sānsīérxíng)과 화비삼가(货比三家 huòbǐsānjiā)라는 말은 중국인의 구매 습성을 가장 잘 나타낸다고 볼 수 있다. '삼사이행'은 어떤 일이나 행동을 하기 전에 세 번을 생각한다는 의미이다. '화비삼가'는 물건을 살 때 최소한 세 가게를 비교한 뒤에 구입한다는 뜻이다. 이렇듯 중국인은 구매 의사 결정을 할 때 신중에 신중을 기한다.[26]

이러한 중국인의 습성 때문에 중국인의 소비 관여 수준은 대개 고관여 쪽이다. 어떤 제품을 사더라도 자신이 필요한 정보들을 하나하나 수집하여 위의 구매 습성에 따라 신중하게 구매를 하기 때문이다. 10분

이상의 광고에서 제품의 정보만 떠드는 것도 이런 중국 소비자의 구매 습성이 있기에 가능하다.

2년 전 나이키는 미국 NBA(프로농구) 스타인 르브론 제임스가 출연한 광고를 대대적으로 방영하였다. '두려움과 싸우는 방(恐惧斗室 kǒngjùdòushì)'이란 제목의 이 광고는 5층 건물에 들어가 층마다 부여된 미션을 완수함으로써 한 층씩 정복해간다는 내용이다. 각 층에는 '쿵후, 중국 여성과 돈의 유혹, 불을 뿜어내는 두 마리 용 등' 대부분이 중국 문화를 나타내는 아이콘들로 채워져 있다.

또한 제일 위층의 원거리 배경들이 상하이의 동방명주탑(东方明珠塔 dōngfāngmíngzhūtǎ)과 고속성장을 상징하는 현대식 고층 건물들로 이뤄져 있다. 광고의 내용을 보면 나이키의 브랜드 아이덴티티인 도전 정신을 역동적인 분위기로 느낄 수 있게 만든 광고였다. 하지만 미국의 한 영웅이 중국의 전통문화를 악(惡)의 축으로 보고 그것을 깨부수는 것으로서 중국인을 모욕하는 느낌을 주었다. 결국 중국 정부로부터 광고 규정을 위반했다는 이유로 방영 금지를 당해 엄청난 비용을 들인 광고가 쓰레기로 변해버렸다.

글로벌 브랜드의 경우 중국의 정서와 문화를 이해하지 못하고 자기의 기준으로 광고를 기획하여 낭패를 보는 이런 사례가 자주 있다. 또 다른 대표적인 사례는 도요타의 잡지 광고이다. 2003년에 도요타는 신

형 자동차를 중국에 출시하면서 두 마리 사자상이 거수경례를 하는 장면의 광고를 실었다. 문제는 사자상이 중국 베이징의 자금성에 있는 바로 그 사자상으로서 바로 중국을 상징한다는 점이었다. 수많은 네티즌들이 분노하였고 과거 일본의 침략에 대한 무책임과 무반성에 대한 질타로 이어졌다. 결국 도요타는 문제의 심각성을 인식하고 자진해서 사과 성명을 발표하고 광고를 철회하였다. '중국 내 광고는 국가 존엄과 이익을 지키고 문화를 존중해야 하며 국가의 관습과 문화를 모욕하지 말아야 한다' 는 중국 정부의 규정을 무엇보다도 중시하고 이런 기본원칙 위에 중국 소비자의 눈과 귀를 끌 광고를 만들어야 한다.

2. 홍보(PR)

홍보란?

기업들은 브랜드 자산을 어떻게 효율적으로 관리하며 구축할 것인가를 고심한다. 과거 수십억에서 수백억 원을 쏟아가며 브랜드를 알리기 위해 광고에 매달렸던 기업들이 주요한 커뮤니케이션 툴이었던 광고의 효용성에 대해 의구심을 갖게 되었다. 실제 투입되는 광고비에 대비해서 과연 그만큼 효과가 있는지에 대한 의문이 제기된 것이다. 이러한 의문에 대해 그 보완책으로 제시된 커뮤니케이션 수단이 바로 PR(Public Relations)이다.

그동안 PR은 마케팅 활동의 부수적인 수단으로만 인식되었다. 이전에는 기업이나 CEO의 활동에 대한 소개, 부정적인 보도의 사전 방지 등 아주 소극적으로 활용해왔다. 최근 커뮤니케이션 수단으로서 PR의 무궁무진한 효용성이 알려지면서 기업 및 제품 이미지의 정립에 적극 활용하고 있다. 이전에는 주로 소극적인 차원에서 '단순 알리기'의 개념에서 접근했다면 이제는 브랜드 이미지 구축을 통한 브랜드 자산의 제고에 기여하고 있다. PR의 역할이 브랜드 아이덴티티를 전달함으로써 타깃 층에 단순히 '인지'하게 하는 수준을 넘어 브랜드를 이해시키고 긍정적인 이미지를 구축하게 하는 단계로까지 확대된 것이다.

브랜드 자산을 구축하기 위한 PR전략 수립의 과정을 살펴보면 다음과 같다.

브랜드 자산을 구축하기 위한 PR 전략 수립 과정

환경분석 (시장, 경쟁, 자사, 타겟)

↓

브랜드 컨셉 분석

| 브랜드 아이덴티티 도출 |
| PR 실행 방안 |
| 브랜드 이미지 조사 |

  기업이 기획하는 브랜드 이미지를 전달하기 위해서는 전략적인 관점에서 브랜드 아이덴티티를 수립하고 전달하는 것이 중요하다. 결국 소비자의 마음속에 구축된 브랜드 이미지는 기업의 브랜드 자산을 강화하는데 강력한 역할을 하기 때문이다.

  그러기 위해 먼저 시장의 경쟁 상황에 대한 분석과 아울러 브랜드 컨셉에 대한 정확한 이해가 선행되어야 한다. 기업이 기획하는 브랜드의 모습(像)에 대한 면밀한 분석이 이루어져야 한다. 이를 위해 브랜드 매니저, 또는 기업에서 그 브랜드를 담당하고 있는 실무자와 커뮤니케이션을 충분히 해야 한다. 또한 브랜드를 둘러싼 내·외부적 환경에 대한 분석도 필수적이다.

  브랜드 컨셉에 대한 이해가 이루어지고 나면 PR을 통해 궁극적으로 어떤 브랜드 아이덴티티를 타깃에 전달할 것인지 설정해야 한다. 이 부분이 가장 중요하다. 전달하고자 하는 브랜드 아이덴티티가 향후 타깃의 마음속에 제대로 전달되었는지, 기획한 아이덴티티와 구축된 이미지와의 차이 조사를 통해 지속적 브랜드 관리가 이루어져야 하기 때문이다.

마지막으로 브랜드 아이덴티티를 타깃에 명확하게 전달하기 위해서 어떤 PR 프로그램을 선정하고 어떻게 실행할 것인가 하는 실행 방안이 수립되어야 한다. 실행 방안을 수립할 때도 구체적으로 전달하고자 하는 브랜드 아이덴티티와 일관성이 있는지 고려되어야 한다.

사례 : 나오바이진의 홍보 전략

앞서 살펴보았듯이 나오바이진은 중·노년층의 건강식품(영양제) 브랜드이다. 출시된 지 2, 3년의 단기간에 10억 위안의 매출을 달성한 이후 줄곧 중국 소비자에게 최고의 브랜드로 인식되어 왔다. 이러한 성공을 거둔 데는 탁월한 마케팅 전략, 특히 새로운 사실을 기사화해 뉴스로 알리는 나오바이진의 PR 전략에 힘입은 바가 크다. 기사거리를 만들어 사람들로 하여금 나오바이진에 대한 흥미를 불러일으키고 구전하게 하였다. 예를 들어, 우주비행사가 나오바이진을 먹었을 때 수면 효과가 개선되었다는 등의 사건을 토픽기사로 잡아 나오바이진의 제품 특징을 알렸다. 나오바이진은 뉴스를 만들어내는 데 뛰어나다. '하나 더' 무료 증정 이벤트와 그로 인해 발생한 사고, 그리고 이에 대한 대처가 그 사례이다.

"나오바이진이 상하이 시장에 진입한 지 반년 만에 사람들의 관심과 지지를 한몸에 받았습니다. 감사의 의미에서 곧 '6천 명의 고객에게는 증정품을, 1만 명에게 상담을' 이라는 행사를 전개할 것입니다." 하는 이벤트 공지를 통해 소비자들의 관심을 불러일으켰다. 그런데 행사장에 만 명이라는 엄청나게 많은 사람들이 몰렸다. 고작 40여 명만 배치되었던 질서 유지 대원으로는 통제할 수 없는 상황이 벌어져 가이드라인이 넘어지고 증정품으로 사용될 나오바이진을 앞다투어 가져가려다 부상자까지 속출하는 사태가 발생했다. 이러한 상황이 뉴스로 보도되었고 소비자들의 고조된 열기가 그대로 전해졌다. 무질서와 안전 불감증이라는 탄식이 나올 만한데 이는 오히려 흥미 있는 뉴스거리가 되어 제품 및 브랜드의 인지도 상승은 물론 기업에도 긍정적인 이미지 가져다주었다. 사건 발생 후 나오바이진은 당일 부상자 모두에게 제품과 위문품을 보냈다. 신문에서 이는 소비자에 대한 성의와 고마움의 표현으로 보도되어 나오바이진의 인지도와 사회 공헌 이미지 제고에 크게 기여하였다.

솔깃한 뉴스거리는 그 어느 광고보다 탁월한 효과를 보인다. 이벤트 행사에서의 사고에도 불구하고 나오바이진이 불티나게 팔려나간 사실만으로도 신문 보도의 효과를 충분히 짐작할 수 있다. 뉴스거리를 만들고 긍정적인 점을 발견하여 홍보하고 구전 효과로 이어지게 하는 나오바이진의 PR전략이 매출 증대로 이어진 사례이다.

PR 실행 방안

수없이 많은 광고 매체와 언론을 접해본 대부분의 CEO와 마케터들은 자신들이 PR에 대해 매우 잘 알고 있다고 믿는 경향이 있다. 그래서 자기 제품이 언론에 어떻게 소개되었고 기자들과의 관계가 얼마나 돈독한지 자랑하는 것을 많이 들을 수 있다. 이들은 PR을 대언론 홍보의 개념으로만 국한해서 생각한다. 대언론 홍보도 중요하기는 하지만 그것은 여전히 PR이 가진 기능의 한 부분에 불과하다. PR이 포괄하는 범위는 이보다 훨씬 넓다.

그럼 PR의 이해를 돕기 위해 이와 관련된 프로그램들을 살펴보자.

① 퍼블리시티

퍼플리시티(Publicity)는 기사거리를 기획하고 보도자료를 작성, 언론사에 배포하여 언론 매체에 기사화(보도)되도록 하는 것을 말한다. PR에 있어서 퍼블리시티는 아주 기본적이며 중요한 부분이다. 우리의 모습을 언론 매체를 통해 외부에 어떻게 정확하게 알릴 것인가의 역할을 퍼블리시티가 상당 부분 맡고 있기 때문이다.

그런데 아무리 좋은 내용이라도 이를 뉴스로 보도해주는 것은 기자의 몫이다. 따라서 기사를 보도하기에 적합한 매체 기자와의 긍정적인 관계를 어떻게 구축하느냐가 실제 기사화를 위해 중요하다.

② 이벤트

새로운 사업이나 제품을 런칭하기 전에 타깃 집단의 이목을 끌어 인지도를 제고하기 위해 이벤트와 판촉 행사가 동원되고 있다. 한류를 이용한 공연 이벤트와 다양한 경품 제공, 1+1(하나 더 끼워주기)과 같은 판촉 행사는 단기간에 많은 중국 고객의 관심과 눈길을 끌 수 있다.

사례 : 독특한 판촉으로 차별화를 시도한 위에싸이

지금은 로레알에 인수된 중국 로컬 화장품 브랜드인 위에싸이(YUE-SAI, 羽西 yǔxī)는 2002년 가을, 10주년을 맞이하여 특별히 '당신의 가을에 아름다움을 넣은'이라는 컨셉으로 화장품을 출시하며 판촉 계획을 세웠다. 9월 28일부터 10월 27일까지 위에싸이 상품을 100위안 이상 구매하면 '위에싸이 10주년 기념우표와 편지봉투 세트'를 주고, 5백 80위안 이상 구매하면 '천연보습제 샘플 1세트와 가방 하나'를 증정품으로 선물하는 것이었다. 당시 '환절기 소비(계절이 바뀌는 시점에서 구매)'와 '10월 1일 국경일 황금연휴 소비'가 겹친 시점에서 SK-II, 에스티 로더 등 모든 고급 브랜드가 소비자를 유인하기 위하여 다양한 판촉을 하고 있어 5백 80위안 이상 고가 구매의 경우, 이들과 직접 경쟁을 하면 승산이 없었다. 그래서 새롭고 독특한 증정품을 준비함으로써 중저가 브랜드와의 차별화를 꾀하는 동시에 고급 브랜드와 경쟁할 수 있도록 기획한 것이었다.

판촉 효과를 더욱 제고하기 위해 위에싸이는 각계각층의 인사들을 초빙하여 위에싸이 10주년 회고전을 열었고, 같은 날 상하이에서는 진위시 화장품 유한공사의 CEO인 진위시 여사와 '코티(COTY)'의 CEO 번 비츠(Bernd Beetz)가 직접 봉투에 기념 사인을 하는 행사를 개최하였다. 이 행사는 '새로운 제품과 증정품'에 '유명인사 효과'까지 더하여 많은 사람들의 관심을 끌었다. 《중국미용유행신문》 등 여러 매체에서 이를 앞다투어 보도함으로써 위에싸이는 브랜드 인지도 및 차별화된 이미지를 한층 제고할 수 있었다.[27]

③ 캠페인

캠페인(Campaign)은 기업의 이미지를 구축하기 위해 장기적으로 전개되는 활동이다. 유한킴벌리가 20년 넘게 전개하고 있는 '우리 강산 푸르게 푸르게'라는 우리 숲을 살리기 위한 캠페인은 대표적인 사례라 할 수 있다.

사례 : LG의 '愛在中國, I love China' 캠페인

어려울 때 도와주는 친구가 진정한 친구이다. 이것을 몸소 실천하여 기업 이미지를 극대화한 사례가 있다. 바로 LG전자의 'I LOVE CHINA 愛在中國(아이짜이 중구어 ài zài Zhōngguó)' 캠페인이다.

2003년 중국에서 사스SARS가 확산되면서 대부분의 외국계 기업들이 짐을 꾸려 중국을 떠날 때 LG의 임직원은 중국 현지에 남아서 베이징 시 50개 주요 병원에 살균 전자레인지, 세탁기, 청소기 등을 지원하고 성금 기부와 사스 예방 기금 공익 광고를 방영하였다. 또 베이징~톈진 간 고속도로에서 소독면을 나눠주고 전 직원 차량에 하트 모양의 '愛在中國' 스티커를 부착하는 등 다양한 캠페인을 전개해 현지 언론과 중국인들로부터 'LG는 진정한 친구'라는 평가를 받았다. 사스라는 위험한 상황에서도 중국인과 함께 한다는 인상을 강하게 전달하여 LG의 브랜드 이미지는 단번에 극대화되었다.

이후 'I Love China 페스티벌'의 활동으로 전환하여 중국 전역을 돌며 다양한 문화 행사를 펼치고 'LG 희망소학교' 건립 기금 마련 행사와 기증을 통해 지속적으로 'I LOVE CHINA(愛在中國)' 캠페인의 취지를 이어가면서 중국에서 LG의 브랜드 이미지를 한층 높이고 있다.[28]

④ 세미나와 출판

세미나와 도서출판(Seminar & Publishing)은 관련 산업에 대한 전문 지식을 외부에 소개하고 전파함으로써 기업의 전문성과 업계 선도(leader) 이미지를 구축할 수 있다. 최근 IT분야에서 기술이 급격히 발전하면서 각 전문 기술 분야에서 세미나를 통해 앞선 지식을 전달하여 선도적인

이미지를 구축하는 기업들이 생겨나고 있다.

⑤ PIP

PIP(President Identity Program)는 아직까지 국내에서는 생소한 개념이다. CEO의 대외적인 이미지가 기업 이미지에 상당한 영향을 끼치는 것에 착안하여 브랜드 아이덴티티를 기업의 CEO에 적용시킨 개념인데 CEO를 하나의 브랜드처럼 기획하여 브랜드 이미지를 구축하는 것이다. 그래서 이를 CEO 브랜딩이라고도 한다.

1999년 후반 HP가 칼리 피오리나를 최초의 여성 CEO로 발표했을 때 HP의 주가가 1.9퍼센트나 상승했다. 이것은 단적으로 CEO인 피오리나의 능력과 그녀의 브랜드 이미지가 HP에 영향을 미쳐 주가 상승이라는 결과로 반영된 것이다. 한 조사에 따르면 CEO의 이미지가 해당 기업의 이미지에 미치는 영향이 50퍼센트 이상이고 미국 투자자의 77퍼센트가 CEO의 이름을 보고 투자 대상 기업을 선택한다고 한다. 한 기업의 CEO 이미지는 그 기업에 중대한 영향력을 미치는 요소인 것이다.

사례 : 다양한 PR로 브랜드 이미지를 구축한 화장품 위에싸이

진위시 화장품 유한공사(이하 진위시)의 CEO인 진위시 여사는 미국의 저명한 텔레비전 아나운서로 미국 국적의 화교이다. 이런 독특한 캐릭터를 반영하듯 자신의 이름을 그대로 화장품 브랜드네임으로 사용하고 있다.

1992년에 설립되어 '아시아 여성을 위한 디자

인'이라는 기업 비전을 가지고 여성의 피부 보호는 물론, 미용과 향수 세 가지 라인의 제품으로 중국 여성 소비자에게 인기를 끌고 있다. 세계적 수준의 품질과 부단한 연구 개발로 중국국가통계국과 CCTV의 TV조사센터, 《인민일보》 정보센터가 수여한 '전국 상점 판매 1위', '전국 시장 점유율 1위', '브랜드 지명도 95퍼센트로 1위', '소비자가 최고의 브랜드' 등의 상을 수상했다. 1999년 포춘 세계포럼 상하이 연회에서 진위시 여사는 중국에서 최고로 유명한 미국인으로 선정되었다.

1996년 5월, 진위시는 세계적으로 유명한 다국적 화장품 기업인 '코티(COTY)'와 합작하였다. 이를 통해 경영 관리, 품질 관리, 유통, R&D, 신상품 개발 등에서 국제적인 수준으로 발전하였고 코티의 글로벌 공급망을 통해 전 세계로 수출하고 있다. 이는 위에싸이 브랜드가 세계적인 브랜드로 성장하는 데 밑거름이 되었다.

진위시 여사는 "기업은 사회에 충실해야 한다"며 사회에 대한 기업의 공익적 책임을 강조했다. 이를 반영하듯 진위시는 많은 공익 사업들을 해왔다. 1994년 화동 지역 수해 때 18만 위안을 기부했고, 1995년 회사 건립 초기에 제4회 세계여성대회에 150만 위안을 협찬했다. 1997년에 중국관광공사는 위에싸이 화장품을 '97 중국국제여행의 해'의 유일한 지정 화장품으로 선포하였다. 또한 미래 고객인 대학생을 대상으로 수년간 '북경대학 진위시 교육기금'을 설립하여 매년 북경대에 입학한 성, 시, 자치구의 수석 여학생들을 후원했으며, 1998, 1999년 연속으로 여성 연맹에서 행사한 혼례 활동을 협찬하였다.

출판을 통한 PR에도 적극적이었는데『세계 각지』, 『아시아 여성 미용 지침』등의 책을 편찬한 진위시 여사는 중국인이 매력적인 현대인이 될 수 있도록 2000년 새로운 책『매력은 어디에서 오나』를 통해 지침을 제시해주었다. 상하이 시정부는 진위시 여사와 회사가 중국의 개혁 개방에 많은 일을 하였다고 표창하였으며 특히 권위 있는 '백옥란 영예상'을 시상하였다.

위에싸이는 중국의 본토 공략을 꿈꾸는 로레알에 의해 2004년 인수 합병된다. 이것은 위에싸이의 관점에서 보면 중국 브랜드를 넘어 세계시장으로 도약하고자 하는 꿈을 달성하기 위한 일환으로 볼 수 있다.

⑥ 위기 관리

불확실한 미래 앞에서 경영을 하다 보면 어느 기업이든 위기 상황에 직면할 가능성이 늘 있다. 이러한 위기에 어떻게 대응하는가에 따라 기업의 생존이 엇갈리기도 한다. 과거 기업들은 위기가 닥쳤을 때 이를 회피하거나 무마하는 데 급급했다. 1991년 업계 부동의 1위를 고수했던 OB맥주가 '페놀 사건'으로 2위로 전락한 것은 위기 관리 실패의 대표적인 사례이다. 이처럼 기업이 위기에 직면했을 때 합리적이고 윤리적으로 판단하여 대처함으로써 위기를 기회로 만들 수 있는 태도가 필요하다. PR이 이런 역할을 맡을 수 있다.

삼성의 예를 들어보자. 삼성이 90년대 중반 중국 시장에서 통합 마케팅을 통해 과감한 광고 활동을 전개하던 무렵 뜻하지 않은 일이 발생했다. 삼성 VCD가 품질과 서비스에 문제가 있다는 투서 내용이 CCTV를 통해 중국 전역에 보도된 것이었다. 그때가 1997년 3월 15일이었는데, 이로 인해 삼성 VCD와 명품 TV 제품을 통해 쌓아온 삼성의 브랜드 이미지는 급속히 추락했다.

이에 삼성은 신속하게 대응책을 강구했다. 첫 번째로 품질을 더욱 높이는 것이었다. 더 나은 제품과 기술로 제품에 대한 소비자의 불만과 불신을 제거하려 했다. 그 다음으로는 무엇보다 서비스를 강조했다. 소비자의 품질에 대한 불신을 해소하기 위한 '찾아갑니다' 서비스, '100일 교환', 'Happy Call' 서비스 등 다양한 서비스를 시행하였으며 이로 인해 이미지가 점차 개선되기 시작하였다. 다양한 서비스 프로그램을 시행하는 동시에 신뢰를 회복하기 위한 광고 캠페인도 시작한다. 이때 모델로 선정된 이가 중국에서 가장 신뢰감을 주는 인물인 천카이거 영화 감독을 모델로 해서 "归根结底 还是三星 guīgēn jiédǐ háishì Sānxīng" 즉 "따져보면 역시 삼성입니다"라는 캠페인을 시작했다. 이렇듯 삼성은 자칫 중국 시장에서 엄청난 위험에 빠질 수도 있었지만 소비자 입장에서 소비자를 위한 다양한 조치를 통해 불만과 불신을 잠재우고 브랜드 이미지를 회복했다.

현재 삼성전자는 〈즈리콰이처(智力快车 zhìlì kuàichē)〉라는 TV 프로그램을 후원한다. 매주 일요일 CCTV-1 채널을 통해 방영되는 고교생 퀴즈 프로그램으로 매주 9천만 명 이상이 시청한다고 한다. 삼성전자는 주장원, 월장원, 연말 장원 학생과 학교에 중국 최고 규모의 장학금과 푸짐한 상품을 제공한다. 또 대학 진학 후 성적이 우수한 학생은 2년간 한국 유학을 지원하는 프로그램도 운영 중이다. 참가자들에게는 매년 한국 방문 프로그램을 운영하여 대한민국의 산업 현장 및 문화를 체험토록 하고 있다.

지금 삼성이 중국에서 최고의 브랜드로 인식되는 결과를 가져온 것도 위기가 닥쳤을 때 이를 회피하기보다는 적극적으로 개선하고, 이를 정확하게 중국 소비자에게 알리면서 장기적인 후원과 고객과의 관계를 돈독하게 쌓는 꾸준한 기업 활동이 밑바탕 되었기에 가능하다.

사례 : 도시바, 근시안적 대응으로 신뢰 추락

2000년 4월, 쓰촨성 청뚜(成都)에 사는 우진이라는 청년이 도시바 노트북의 디스크 드라이브가 가진 결함을 신고하고 이에 대한 보상을 요구했다. 그러나 도시바 측은 이를 단호히 거절했다. 이 내용이 신문과 웹사이트 등에 보도되고 지방에서 전국으로 퍼져가면서 그 여파가 일파만파로 커졌다. 도시바가 미국에서의 유사한 사안에 대해 미국 소비자에게 자발적으로 보상한 사실이 밝혀지면서 이 문제는 일본의 중국인에 대한 멸시라는 중일간의 감정 문제로까지 번졌다. 게다가 당시 일본 우익 인사의 망언과 우익 단체의 돌발적인 행동으로 중일 관계가 악화된 상황이었기 때문에 그 심각성은 더욱 컸다.

뒤늦게 문제의 심각성을 깨달은 도시바는 부사장과 대변인을 통해 이 문제를 기술적 · 법적인 차원에서 해명하고 나섰지만 그 또한 자기 입장에서만 해결하려고 하는 것이어서 중국 소비자와 언론을 더욱 불쾌하게 만들었다. 결국 이는 소비자와 소매상들의 도시바 노트북 불매운동으로 이어졌고, 중국 노트북 시장에서의 점유율도 2000년 초반 19퍼센트이던 것이 2001년 중반 10퍼센트 아래로 떨어지는 결과를 낳았다.

한번 등을 돌린 소비자를 다시 돌아서게 하는 것은 새로운 고객을 끌어들이는 것보다 훨씬 어렵다. 또한 그 소비자의 입소문과 파급 효과는 어떤 수단으로도 막을 수가 없다. 이렇게 실추된 기업 이미지는 결국 그 기업의 다른 브랜드에도 악영향을 미치고, 단기적으로 기업에게 매출 손실을 초래하며, 장기적으로는 브랜드 가치의 하락이라는 치명적인 결과를 낳는다.[29]

⑦ IR, 공장 견학

그 외에도 수많은 PR 프로그램들이 있다. IR(Investor Relations)은 기업의 진정한 가치를 평가받기 위한 투자 유치 및 IPO(기업 공개)와 관련된 것이다. IR의 타깃은 투자자 및 기관들에 초점이 맞춰지며 기업 설명회, 로드쇼 등을 통해 투자 유치를 위한 홍보를 하게 된다. 공장 견학(Open House)은 고객들을 초청하여 생산 시설 등을 보여주는 것으로서 이를 통해 소비자와 신뢰 관계를 쌓는다.

PR에 있어 기업 이미지의 의미

왜 기업 이미지를 말하는가. 소비자들은 단지 제품(Product)만을 구입하는 것이 아니라 브랜드를 구입하기 때문이다. 과거 소비자들은 제품을 구입할 때 품질, 가격 등을 고려했다면 지금은 그 제품을 만드는 기업의 이미지, 브랜드 자체의 이미지 등을 기준으로 삼는다. 따라서 소비자들에게, 또는 잠재 고객에게 어떤 기업 이미지를 구축하느냐가 기업들의 커뮤니케이션 활동의 또 다른 목표가 되었다. 특히 중국의 경우 소비자들이 제품을 구매할 때 어느 회사에서 만든 제품인가가 중요한 구매 결정 요인 중 하나이므로 중국에서 긍정적인 기업 이미지의 구축은 갈수록 중요해지는 사안이다.

기업 이미지는 개인이 특정 기업에 대해 가지는 주관적인 신념, 생각, 인상의 총체라고 정의된다. 기업 이미지가 형성되기 위해서는 기업의 여러 가지 활동이 선행적으로 전제되어야 한다. 그 활동 대부분은 기업 측에서 기획하는 것이 일반적이다. 따라서 어떤 아이덴티티를 설정해서 소비자들의 마음속에 구축하느냐가 기업 커뮤니케이션 활동의 관건이 되었다.

그렇다면 기업 이미지가 기업에게 왜 중요할까. 우선은 궁극적인 기업의 가치를 제고할 수 있기 때문이다. 기업도 결국 사회적인 존재이므로 사회 전반에 걸쳐 호의적인 관계를 설정하는 것이 기업 활동에서 매우 중요하다. 두 번째로 소비자들의 구매 의사 결정 과정에 영향을 미쳐 단기적으로 매출이 증대될 수 있다. 마케팅 측면에서 커뮤니케이션 효율성을 제고할 수 있기 때문에 지속적인 수익을 유지할 수 있다. 마지막으로 기업에게 또 다른 경쟁력의 원천이 될 수 있는 유능한 인재를 채용할 기회가 많아진다. 그리고 내부 직원들의 사기를 고취할 수 있어서 근무의욕도 증대시킬 수 있다.

사례: SK 〈壯元榜 좡웬방 zhuàngyuánbǎng〉

SK의 후원으로 1973년 2월 18일, MBC에서 첫 방송을 시작한 〈장학퀴즈〉는 우리나라 TV 방송 역사상 최장수 프로그램이다. 장학퀴즈는 국민의 건전한 교양을 일깨우고 청소년들의 향학열을 고취시키는 교양 프로그램으로 30년 동안 사람들의 마음속에 자리잡아왔다. 장학퀴즈의 중국판이 〈SK 壯元榜〉으로, 2000년 1월 1일 첫 방송을 시작하여 중국 베이징 TV(BTV)를 통해 매주 주말 고정 프로그램으로 시청자와 만나는 이 프로그램은 상하이, 지앙쑤, 다롄, 허베이, 쓰촨, 후난 등 7개 지역에서 인기리에 방영 중이다. 최근 여론 조사 결과 베이징 지역 고교생의 97.5퍼센트가 이 프로그램을 알고 있으며, 90.7퍼센트가 월 1회 이상 시청하는 것으로 나타났다. 그리고 매회 많은 지역에서 온 참가 신청자가 3천 명에 이른다고 하니 그 열기를 짐작할 수 있다.

SK 고유의 인재 양성 이미지를 통해 중국과의 자연스러운 인적·문화적 교류라는 목적에서 출발한 〈SK 좡웬방〉은 SK의 기업 이미지를 제고하는 데 그치지 않고 중국인들의 한국에 대한 인식을 바꾸는 데 일조하고 있다.

SK는 프로그램 방영 시작과 함께 중국 청소년의 인성 교육에 도움을 주고자 '함께 하는 우리 세상'이라는 공익 청소년 캠페인을 전개했다. SK는 이 캠페인을 통해 중국 청소년들에게 세상을 바라보는 따뜻한 시각과 SK의 기업 문화 중 하나인 '패기'를 비롯하여, '선의의 경쟁', '책임과 권한' 등 중국 청소년들이 갖추어야 할 자질에 대해 이야기한다. 예를 들면 '패기'를 소개하는 공익 광고에서는 중국의 체조선수로 올림픽 금메달을 꿈꾸던 중 불의의 사고로 하반신 불구가 된 상란이 적극적 사고와 진취적 행동으로 자신에게 닥친 시련과 싸워나가며 또 다른 인생의 금메달을 꿈꾼다는 내용을 담아서 많은 중국인들을 감동시켰다.

이제까지 프로그램의 인기에도 불구하고 SK가 회사나 제품 홍보를 하지 않은 것은 아직 중국 사업을 본격화하지 않은 단계였고, 지금까지 중국에 진출한 사업이 소비재가 아닌 산업재 위주였기 때문이었다. 그러나 이제부터는 중국 시장 진출이 가속화될 전망이다. SK(주)는 지난 2004년 10월 28일 베이징에서 중국 사업을 총괄하는 지주회사인 'SK

중국투자유한공사(SK차이나홀딩)'를 설립하고 중국 매출 중 현지 법인 매출 비중을 2004년 2퍼센트에서 2010년 60퍼센트 이상으로 끌어올릴 계획이다. 이것은 SK의 중국 사업 전략이 수출 중심에서 현지화를 통한 적극적인 시장 공략으로 전환함을 의미한다. 이런 시점에서 〈SK 촹 웬방〉을 통해 5년간 쌓아온 긍정적인 이미지와 향후 중국에서 지속적으로 전개할 사회 공헌 활동이 SK가 중국 시장에서 사업을 하는 데 플러스 요인으로 작용할 것으로 기대된다.[30]

3. 판매 촉진

판매 촉진(Promotion)은 브랜드를 취급하는 도소매상의 판매를 장려하고 지원하는 측면과 직접적으로 소비자의 구매를 유인하는 측면으로 구분된다. EXR은 다양한 판매 촉진 행사를 펼쳤는데, 예를 들어 고객의 여행 사진 콘테스트라는 행사는 EXR 브랜드를 입고 여행지에서 친구, 가족 등과 함께 찍은 생기발랄한 모습의 사진을 공모하여 수상자에게 항공권, 아이팟 등의 상품을 주었다. 또 다른 행사로는 VIP 고객을 대상으로 한 파티이다. 일정 금액 이상을 구매한 VIP 고객만을 파티에 초청하여 볼거리와 이벤트를 제공하고 사교의 장을 열어주었다. 이런 다양한 행사를 통해 고객과의 유대 관계를 돈독하게 하고 이는 결국 브랜드 충성도를 높이는 효과를 가져왔다.

판촉은 단기간에 소비자의 구매를 유도하여 매출을 올리는 이점은 있으나 잦은 판촉은 오히려 브랜드 충성도를 떨어뜨리는 결과를 가져오기도 한다. 실제 브랜드 구매 이유가 판촉일 경우 경쟁 브랜드에서 다른 판촉 행사를 할 경우 언제든 고객의 이탈이 일어날 수 있기 때문이다. 브랜드 아이덴티티에 어울리는 판촉 수단을 선정하는 것 또한 소비자에게 브랜드 이미지를 구축하는 데 주요한 요소이다.

|

4. 유통 채널

브랜드가 판매되는 유통 경로와 유통 지역 역시 브랜드 이미지에 영향을 미친다. 특히 중국에서는 전문점보다 백화점에 입점하여 판매되는 브랜드에 고급 이미지를 부여한다. 아직까지 유통에 있어서 다양화가 이뤄지지 못하고 있다. 로드샵 브랜드에 대해서 중국 소비자들은 '저가, 저품질'의 이미지로 인식하고 있다.

화장품 브랜드인 라네즈(LANEIGE, 兰芝 lánzhī)는 상하이 화장품 시장을 공략하면서 주요 백화점 1층에 입점을 하였다. 그 이유는 우리나라와 마찬가지로 백화점 1층에 거의 모든 유명 여성 화장품 매장이 있기 때문이다. 중국 소비자에게 백화점 1층에 입점해 있는 브랜드는 해외 유명 브랜드로 인식된다. 1층에 입점함으로써 다른 해외 유명 브랜드와 동급이라는 이미지를 중국 소비자에게 부여하게 되는 것이다. 중국 화장품 유통 채널의 특수성을 간파하여 브랜드 이미지와 연계한 사례이다.

중국 패션 시장의 유통 경로는 어떨까. 중국 여성복 중 중고가의 여성복 시장은 이미 대부분 해외 브랜드들이 장악했다. 중국에 진출하고

자 하는 국내 여성복 브랜드는 이런 해외 브랜드들과의 경쟁에서 살아
남아야 한다. 해외 브랜드 대부분이 백화점을 주요 유통 경로로 하고
있다. 그런데 고급이미지를 주는 백화점의 수는 한정되어 있다. 어림잡
아 60여 개 정도다. 이렇게 한정된 백화점 수를 놓고 입점을 위한 보이
지 않는 치열한 전쟁이 일어나는 게 지금 중국 여성복 유통 시장이다.

최근 중국 패션 시장에서 유통의 차별화로 대두되는 형태는 'ZARA'
와 같은 SPA(Specialty store retailer of Private label Apparel)이다. 이는
이미 미국, 일본, 유럽 등에서 자리를 잡은 개념인데, 자사에서 기획한
상품을, 직접 생산하여, 자기 브랜드로, 자기 점포에서, 소비자에게 직
접 판매하는 유통 형태이다. 중간 유통 단계를 거치지 않아 유통 마진
이 제외되기 때문에 다른 브랜드보다 합리적인 가격으로 판매가 가능

하다. 스페인 브랜드인 ZARA는 새로운 디자인의 상품이 아주 짧은 주기로 출시되어 여성 소비자들의 구매 심리를 더욱 자극하여 인기를 끌고 있다.

유통 지역 또한 유통 형태처럼 브랜드 이미지에 영향을 미친다. 상하이냐 베이징이냐 하는 중국 내 지리적 차이에 따라 이미지가 달라지며 또한 상하이 내에서도 어느 지역에 매장이 있느냐 하는 것이 브랜드 이미지에 영향을 준다. 이를테면 매장이 상하이의 쉬자훼이(徐家汇)에 있느냐, 아니면 화이하이중루(淮海中路), 난징루(南京路)에 있느냐에 따라 주는 이미지가 다르다. 업종, 제품, 타깃, 트렌드 등을 고려하여 세밀하게 조사한 뒤 최적의 유통 경로와 지역을 선택하여 들어가야 한다.

|

5. PPL

PPL(Product Placement)이란 특정 상품을 영화, 드라마 속의 소도구로 이용해 시청자에게 브랜드를 알리는 광고 방법의 하나이다. PPL을 통해 브랜드 네임뿐만 아니라 협찬 업체의 이미지나 특정 장소 등을 반복 노출시켜 무의식중에 시청자들에게 그 브랜드를 인지시키며 호의적인 이미지를 증대시키는 효과를 얻을 수 있다.

최근 중국에서도 기업들의 브랜드 커뮤니케이션 수단으로 PPL이 이용되고 있다. 다양한 TV 채널의 프로그램에 협찬하는 것은 물론이고, 연예인들의 패션이나 액세서리를 협찬하는 등 PPL이 널리 활용된다.

독일의 도소매 회사인 메트로(METRO 麦德龙 Màidélóng)는 경쟁을

통해 최고의 요리사를 선정하는 한 프로그램의 주협찬사로 PPL을 하고
있다. 방송 시간 내내 메트로 로고가 선명하게 화면에 나오며 광고 방
송에도 메트로가 소개된다.

PANTECH은 〈진실 대모험(真心话大冒险 zhēnxīnhuà dàmàoxiǎn)〉이
라는 TV 오락 프로그램에 협찬하였다. 남녀 연예인들이 출연하여 장기
자랑 및 게임을 하는 프로그램인데 모든 출연진의 옷을 협찬하였다. 가
슴에 PANTECH 로고가 크게 박힌 운동복을 입은 출연진들의 모습을
통해 자연스럽게 브랜드를 알리고 있다.

단순 간접 광고시 인지도 상승이나 실제 구매로 이어지는 효과가 적
고 PPL의 가격 또한 증가하고 있어, 이런 PPL의 효과에 대해 의견이 분
분하다. 그러나 브랜드를 반복적으로 노출시킴으로써 중국 소비자에게
브랜드 인지도 및 이미지를 증대시키는 역할을 하는 것은 분명하다.

8장

피드백
단계

소비자에게 전달한 브랜드 아이덴티티가 제대로 구축되었는지에 대한 검증이 이뤄져야 한다. 이런 검증을 위해 브랜드 아이덴티티와 이미지 사이의 갭이 있는지 분석하는데, 이를 통해 브랜드 요소의 수정과 보완에 대한 가이드라인을 제시하게 된다. 이것이 피드백 단계다.

1.브랜드 노이즈와 리스크 관리

도출한 브랜드 아이덴티티를 BDS에 의해 전달하는 과정에서 방해요소가 작용하는데, 이를 브랜드 노이즈(Brand Noise)라 한다. 갭이 발생하는 주요한 원인 중 하나가 바로 이 브랜드 노이즈로, 부정적 노이즈

(Negative Noise)와 긍정적 노이즈(Positive Noise)로 나뉜다.

부정적 노이즈

경쟁 브랜드가 먼저 컨셉을 선점하거나 경쟁사의 '미투(Me too) 전략'에 의해 브랜드 이미지가 희석되는 것이 부정적 노이즈이다. 미투 전략은 후발 주자가 경쟁사의 인기 제품을 모방하여 그 인기에 편승해서 손쉽게 시장에 진입하려는 것이다. 후발 주자로서는 이미 시장에서 인정받은 제품을 모방하여 내놓음으로써 신제품 출시의 위험(Risk)를 줄이는 이점이 있으며, 경우에 따라서는 선발 주자를 뛰어넘기도 한다. '누가바'와 '누크바', '갈아만든 배'와 '사각사각 배', '가을 대추'와 '홍대추' 등 미투 사례는 수없이 많다.

　중국에서는 모방 제품(일명 짝퉁)이 브랜드 이미지를 심각하게 훼손하고 있다. 중국 체리자동차의 'QQ(奇瑞 qírui)'는 GM대우의 마티즈(중국 모델명 '스파크')를 베낀 다음 저렴한 가격으로 스파크보다 먼저 출시하여 GM의 영업과 브랜드 이미지에 심각한 영향을 끼치고 있다.

　또한 최근 기생충 알 김치 파동은 김치 종주국인 한국의 이미지를 훼손할 뿐 아니라 한국 기업의 김치 브랜드에도 막대한 지장을 초래했다.

　아무리 좋은 품질과 컨셉의 제품이라도 이런 미투 제품과 사회적 사건으로 인해 발생하는 브랜드 이미지의 훼손은 사전에 막기 어렵다. 그러나 강력하고 차별화된 브랜드 아이덴티티를 수립하여 시장에서 확고한 이미지를 구축한다면 부정적 노이즈를 극복하기 쉬워진다. 따라서 소비자의 인식 속에 브랜드와 어떤 강력한 연상 고리를 형성하는지가 매우 중요한 관건이 된다.

긍정적 노이즈

경쟁 브랜드의 실수나 사회적 이슈 등이 브랜드 커뮤니케이션에 긍정적인 이미지를 형성하도록 도움을 주는 경우를 말한다.

예를 들어 1991년 낙동강 페놀 수지 사건으로 두산그룹에 대한 불신이 팽배하였다. 급기야 불매운동이 일어나 OB맥주의 시장 점유율이 곤두박질쳤다. 이 시기에 '깨끗한 물'이라는 컨셉으로 조선맥주의 '하이트'가 출시되었는데, 사회적 분위기에 힘입어 인기가 급상승한다. 하이트 브랜드의 입장에서 보면 당시 경쟁사의 부적절한 대응과 사회적인 이슈가 긍정적인 노이즈로 작용한 것이다.

한류 열풍을 등에 업고 중국에 진출하는 기업의 경우 그들에게 이해되지 않는(그래서 커뮤니케이션에 방해가 되는) 한글 네임이나 한글 표현을 패키지나 광고물, 카탈로그 등에 표기함으로써 긍정적인 도움을 얻고 있다. 한국이라는 원산지 효과를 보는 것이다. 중국인들도 '일본 제품은 좋아도 일본은 싫다'는 생각을 강하게한다. 중국과 일본 사이에 외교 분쟁이 일어날 경우 일본 제품 불매운동이 그 뒤를 따르게 된다. 이것은 한국 제품에 대해 긍정적 노이즈도 작용할 수 있다.

|

2. 브랜드 아이덴티티와 이미지 갭 평가

기획한 브랜드 아이덴티티와 실제 소비자들이 받아들인 브랜드 이미지 사이에 차이가 있는지 조사를 해야 한다. 브랜딩 활동의 결과로 소비자들의 인식 속에 그려진 브랜드에 대한 상(像)이 브랜드 이미지이며, 이는 소비자의 브랜드에 대한 연상 조사를 통해 도출할 수 있다. 소비자 조사를 통해 분석된 브랜드 이미지와 브랜드 아이덴티티의 차이를 평가하는 것은 문제점의 원인을 알아내고 이를 해결하는 피드백 과정을 통해 소비자의 마음속에 올바르게 브랜딩하기 위해서이다.

학습지 브랜드인 대교(大教)의 경우 한국에서는 '최고의, 연구하는, 전문적인' 이라는 아이덴티티를 도출할 수 있는데, '大教' 라는 기업명을 놓고 중국 소비자를 대상으로 한 FGI에서는 '일반 교육' 의 연상 이미지가 주로 조사되었고 '로컬 교육 기관' 이미지도 다수 연상되었다. 이는 실제 기업이 의도한 아이덴티티와 상당한 차이가 있다. 따라서 중국 소비자에게 최고의 글로벌 교육 브랜드라는 아이덴티티를 심어주기 위해서는 '대교' 라는 기업 브랜드를 직접적으로 알리는 것보다는 통합 브랜드인 '이노피(ENOPI, '눈높이' 의 해외 브랜드 네임)' 를 통해 전문 교육 브랜드로 포지셔닝하고 기업 브랜드는 간접적으로 보증하는 브랜드 운용전략을 펼치는 것이 보다 효율적이라는 안을 제안했다.

차이가 발생하는 원인은 첫 번째로, 처음 수립한 브랜드 아이덴티티가 부적합하기 때문이다. 이때에는 브랜드 아이덴티티의 재검토를 통해 적합한 아이덴티티 안을 도출해야 한다. 두 번째는 Brand Delivery가 효율적으로 이루어지지 않았기 때문이다. 이때에는 광고량, 광고 크리에이티브의 효과, 매체 및 유통 전략의 적합성 등 Brand Delivery 전반의 적합성과 효율성을 검토해야 한다. 세 번째는 브랜드 노이즈가 발생했기 때문이다. 이때에는 커뮤니케이션 수단을 통해 소비자에게 전달하는 과정에서 어떤 노이즈가 발생하였는지 분석하여 대처 방안을 수립해야 한다.

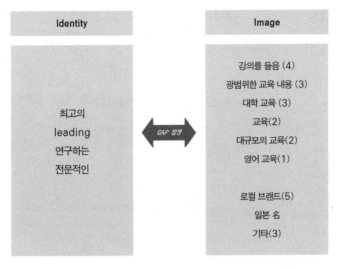

Identity	Image

최고의
leading
연구하는
전문적인

GAP 발생

강의를 들음 (4)
광범위한 교육 내용 (3)
대학 교육 (3)
교육 (2)
대규모의 교육 (2)
영어 교육 (1)

로컬 브랜드 (5)
일본 名
기타 (3)

내부 인터뷰/보도기사/vision 종합   메타브랜딩 FGI 결과 '05. 2

이제까지 메타브랜딩의 BIFM을 통해 중국 소비자의 마음속에 강력한 브랜드를 구축하기 위한 과정을 살펴보았다. 이를 간단히 정리하면 다음과 같다.

첫째, 브랜드의 기반이 되는 철학과 비전을 확립하고 브랜드 컨셉을 도출하며 상징적 요소, 제품적 요소, 개성적 요소, 효익적 요소를 기획하라. 둘째, 소비자의 인식에 경쟁 브랜드와는 차별화되고 강력한 브랜드 이미지를 구축하기 위해 기획된 BCM을 바탕으로 3C(경쟁사, 고객, 자사) 분석과 목표 이미지 포지셔닝을 통해 핵심 아이덴티티와 확장 아이덴티티를 도출하라. 셋째, 기획된 브랜드 아이덴티티에 적합한 BDS을 선정하고 소비자에게 전달하라. 그 과정에서 브랜드 노이즈의 발생 여부를 주의 깊게 살펴보라. 넷째, 브랜드 아이덴티티와 소비자

들이 실제로 받아들인 이미지 사이의 차이가 있는지 분석하고 그 발생
원인을 파악하여 브랜드 요소의 수정과 보완에 적극 반영하라.

　　끝으로 지금까지 중국에 진출하는 기업들의 브랜딩 작업을 맡아서
진행하면서 나름대로 정리한 중국 시장에서 성공하기 위한 브랜딩 전
략 11계(計)를 소개하며 마치기로 한다.

중국에서 성공하기 위한 브랜딩 전략 11계

1. 명확하고 강력한 브랜드 아이덴티티를 확립하라.
2. 고급 이미지로 포지셔닝하라.
3. 타깃을 명확히 하라.
4. Inside China : 중국인들의 입장과 시각에서 브랜딩하라.
5. 잘 지은 네임은 비수와 같다.
6. 중국 스타 마케팅을 활용하라.
7. 한류를 활용하라. 단, 인지도를 위해서만 활용하는 것이 좋다.
8. 광고의 힘을 믿어라.
9. 전략적인 PR 활동을 전개하라.
10. 브랜드 이미지에 적합한 유통 전략을 수립하라.
11. 브랜드 노이즈를 잘 관리하라.

3부

중국 소비자의 구매 행태에
나타나는 10대 소비 트렌드

중국의 정치, 경제, 사회, 문화의 급격한 변화와 더불어 중국 소비자의 소비 행태도 많은 변화가 일어나고 있다. 특히 상하이와 같은 대도시는 이미 글로벌 수준의 비즈니스 환경을 구축하고 있으며 소비 문화 또한 상당히 앞서 있다. 또한 2008년 베이징 올림픽과 2010년 상하이 엑스포를 계기로 하여 중국 기업들도 글로벌 브랜드로 도약하기 위해 몸부림을 치고 있으며, 중국 소비자들 또한 소득 증가에 따른(물론 중산층 이상에 해당되는 얘기지만) 구매력과 씀씀이가 점점 커지고 있다. 명품 소비에 있어서도 루이비통의 4대 소비 고객군으로 중국 소비자들이 당당히 자리를 차지하고 있고, 구찌, 몽블랑, 롤스로이스 등의 3대 소비 시장으로 중국이 떠올랐다.

중국인의 소비 형태는 점점 개성화, 다양화, 현대화되고 있다. 과거 사회주의 계획 경제 기간 중 억눌렸던 소비 심리가 시장 개방과 경제 발전을 거치며 다시 살아나 근검절약이 미덕이던 분위기에서 소비를 중시하는 사회로 이행하고 있다. 점점 자기의 취향과 개성을 추구하여 구매를 하고 그에 따라 특정 브랜드만이 아닌 다양한 브랜드를 구매하는 형태를 보이고 있다. 서구의 브랜드와 서비스가 물밀 듯 들어오면서 로컬 브랜드를 선호하던 구매에서 외국 브랜드로 바뀌며 선진 서비스를 향유하는 소비가 일어나고 있다.

한편 중국 소비자의 소비 형태에 뚜렷한 현상이 나타나는데 그것은 중국 소비자들이 특정 브랜드만 구매하기(충성도가 높은 구매) 보다는 그와 유사한 브랜드가 있으면 쉽게 전환 구매를 한다는 것이다. 아직까지 특정 브랜드에 대한 충성도가 높지 않으며 또한 특정 브랜드에 대한 지식이 적은 편이기 때문이다. 브랜드에 대한 지식이란 그 브랜드의 컨셉이나 가치 등에 대해 얼마나 정확히 알고 있느냐를 말하는데, 남이 사니까 나도 산다는 식의 군중 심리 또는 추종 성향이 중국 소비자에게 분명 나타나고 있다. 이는 후발 주자라 하더라도 충분히 중국 소비자들에 차별화된 브랜드 컨셉이나 이미지로 정확하게 전달한다면 기존의 다른 브랜드의 고객들을 끌어올 수 있는 충분한 기회가 있다는 것을 보여준다.

이렇듯 다양하고 개성화되는 중국 소비자의 구매 형태 이면에는 중국인의 잠재의식 속에 자리잡은 몇 가지 주요한 특성들이 작용한다. 신뢰를 중시하는 성향, 자기의 체면을 중요하게 생각하고 남에게 드러내고자 하는 과시 소비 성향, 중국의 56개 민족과 다양한 지역 및 문화에서 기인한 다양성 등이 그것이다.

이러한 잠재의식과 최근의 경제 사회 변화, 2008년과 2010년 중대한 국가 규모의 중요 행사를 고려하여 중국 소비자의 트렌드를 살펴보는 것은, 중국 시장에서 어떻게 브랜드 마케팅을 해야 하며 중국 소비자에게 어떤 커뮤니케이션 전략을 펼칠 것인가를 고민하는 한국 기업에게 좋은 정보를 제공할 것이다. 중국의 소비 트렌드를 이해하는 데 도움이 될 10개의 키워드는 '건강(Health)', '뷰티(Beauty)', '그린(Green)', '향수(Nostalgia)', '개인주의(Egoism)', '신애국(Neo-Patriatic)', '퓨전(Fusion)', '소프트(Soft)', '네트(Net)', '공익(Public Good)' 이다.

1 |

건강(健康, Health)

건강은 삶의 중요한 관심사

'건강을 잃으면 모든 것을 잃는다'란 말이 있다. 그만큼 건강이 중요하다는 말이다. 한국 모 방송사에서 방영하는 신의학 다큐멘터리 〈생로병사의 비밀〉이 오래전부터 인기를 끌고 있다. 세계에서 가장 빠르게 고령화 사회로 진입하고 있다는 한국, 21세기 한국인의 키워드는 무엇인가? '얼마나 오래 살 것인가?' 보다는 '얼마나 건강하게 오래 살 것인가?'이다. 〈생로병사의 비밀〉은 먹고, 자고, 활동하는 우리 삶에 대한 총체적인 접근을 통해 '건강 지수'와 '행복 지수'를 동시에 높일 수 있는 '건강한 삶의 방식'을 제시한다'고 프로그램 기획 의도를 밝히고 있는데, 이는 건강을 중요한 삶의 기준으로 생각하고 질병을 예방하며 장수하고자 하는 대중의 심리와 세태에 부합한다.

한편 몸짱이 건강한 육체의 상징 중 하나로 여겨져 너도나도 헬스클럽을 열심히 찾고 있다. 그와 함께 각종 테라피(Therapy)가 지친 몸과 마음의 회복을 돕고 있고, 육체적 건강뿐만 아니라 정신적 건강을 위해 요가도 인기를 모으고 있다.

이런 활동들이 중국에서도 서서히 인기를 끌고 있다. 급속한 경제 발전과 더불어 중국인의 가계 소득이 증가하고 생활 수준이 향상되면서 건강에 대한 인식 변화와 함께 건강 보조 식품 산업이 빠른 속도로 성장하고 있다.

중국의 건강 보조 식품은 2천 년이 넘는 역사를 자랑한다. 최초로 중국을 통일한 진시황이 불로장생과 영원한 부귀를 꿈꿔온 이후 역대 모든 제왕이 건강을 위한 음식과 처방을 찾았다. 신선이 만들었다는 불로장생 약 '선단(仙丹)'은 건강 보조 식품의 원형이다.

80년대 중반 이후 중국인들의 생활 수준이 올라가면서 삶의 질을 추구하게 되었고 건강에 대한 관심과 요구가 증대되면서 보양이나 자양 식품을 찾는 새로운 트렌드가 형성되었다. 건강에 대한 관심이 더욱 고조된 데는 2002년 발생한 사스의 영향도 매우 컸다. 베이징, 상하이, 광저우 시민을 대상으로 조사한 자료에 따르면, 사스 발생 이후 제품 구매의 주요 원인으로 건강 중시가 87.1퍼센트(2004년 SuperCATI 조사)였다.

사스 발발로 중국인의 일상 생활에서 위생에 대한 인식의 대전환이 일어났으며, 그 과정에서 건강 제품과 건강 마케팅 등 건강 소비가 소비의 신조류를 이루었고, 이에 따라 건강 소비 시장이 급격히 성장하고 있다.

건강소비

이런 신조류는 다양한 제품과 서비스로 나타나는데, 과거 가전에서 초절전 기능이 중요한 제품의 효익(Benefits)이었다면 이제는 산소 발생과 소독 기능이 더 중요해져, 이 기능이 강화된 에어컨과 고온 살균 기능의 세탁기가 등장하였다. 가구에서는 건강과 환경 보호 인식에 따라 천연 원목의 제품이 인기를 끌고 있으며, 건강 기구 및 선진 서비스를 도입한 휘트니스 센터가 요가와 수영 등의 서비스를 제공하며 건강 관련 시장에서 각광을 받고 있다.

이러한 변화는 외국 건강 보조 식품 브랜드에게도 중요한 기회 요인으로 작용하고 있다. 건강 보조 식품의 세계적 브랜드인 암웨이(Amway, 安利 anli)는 1999년 뉴트리라이트(粗崔莱 Nutrilite) 건강 보조 식품을 시장에 런칭한 후 중국 건강 식품 시장에서 줄곧 매출액 1위를 달리고 있다. 암웨이는 또한 중국에서 다양한 공익 활동을 통해 중국 소비자에게 건강에 대한 인식을 고취시키고 브랜드의 신뢰도를 높이고 있다. '건강이 있어야 미래가 있다(有健康, 才有将来, jiànkāng, cái yǒu jiānglài)'는 슬로건하에 개최해 온 '암웨이 뉴트리라이트 건강 달리기(安利粗崔莱健康跑)'는 이제 암웨이의 대표적인 공익 브랜드가 되었다.

건강 소비는 식품 분야에서 두드러지게 나타나며 '녹색 식품(绿色食品, Green Food yǒu)'이 대표적이다. 녹색 식품이란 우수한 환경에서 정해진 기술 규정에 맞추어 오염 없이 안전하게 우수한 품질로 생산된 식용 농산품 및 가공품을 가리킨다. 중국 소비자의 안전한 먹거리를 위해 중국 정부가 발벗고 나서서 철저하고 체계적인 관리를 하고 있다. 대형 할인점 등 쇼핑 센터에 가면 식품 코너에 '녹색 식품' 마크가 부착되어 있는 것을 볼 수 있어, 그곳에 진열된 유기 농산품과 일반 식품들은 중국 소비자들이 믿고 구매를 하고 있다. 중국 소비자들은 이처럼 다양한 영역에서 건강 소비를 하고 있다. 이러한 트렌드에 힘입어 더욱 다변화된 제품과 서비스가 만들어져 중국의 건강 소비 시장을 발전시킬 것이다.

2 |

뷰티(美, Beauty)

상하이에서 한국의 명동이나 압구정에 해당하는 곳은 과연 어디일까? 난징루(南京路)와 화이하이루(淮海路) 이 두 곳을 빼고는 상하이 패션을 얘기할 수가 없다. 아니 중국 오피니언 리더들의 패션 트렌드를 알 수 있다 해도 과언이 아니다. 난징루, 화이하이루 어느 곳을 가든지 고급 백화점과 쇼핑몰 등을 쉽게 찾을 수 있으며, 수많은 상하이 젊은이들이 나름대로 패션 감각을 뽐내며 거리를 활보하고 있다.

그 중 최근에 개발된 난징시루(南京西路)는 고급 브랜드의 직영 매장과 쇼핑몰 등이 즐비하여 상하이 패션을 이끌고 있다. 특히 이세탄과 plus66 주변은 고급 브랜드를 쇼핑하러 오는 상류층과 유행에 민감한 패션광들로 늘 붐빈다. 화이하이루는 젊은 층을 유혹하는 독특하고 차별화된 상점들이 많아 상하이 유행의 발신지 역할을 하고 있다.

중국 젊은 소비자들은 패션에 민감하며 특히 유행을 참고하면서 자기만의 차별화된 아름다움(美, Beauty)과 개성을 표출하려고 하는 소비 성향을 강하게 보이고 있다. 이런 소비 트렌드는 패션뿐만 아니라 가전 분야에까지 영향을 미치고 있

다. 특히 휴대전화 등 소형 가전의 경우 제품 디자인 면에서 기능성은 물론 형태적인 미까지 고려하여 중국 소비자들에게 소구하고 있다. 이제 '미'는 중국 젊은 소비자들에게 주요한 구매 포인트이다.

최근 한 조사(2007년 왓슨스 리서치 자료)에서는 '미'와 관련하여 나타나는 주요 소비 특성을 4가지로 정리했다. 첫 번째는 여성 소비자의 피부 보호에 대한 관심 증대이다. 이들은 한방과 천연 식물 재료 등 피부에 효과가 좋은 제품을 주로 구매한다. 두 번째는 헤어 케어 개념의 일반 소비자로의 확대 보급이다. 기존에는 헤어 전문점(헤어 살롱)에서만 헤어 케어 서비스를 받을 수 있었는데, 헤어 케어에 대한 개념이 확대되고, 관련 제품이 일반 유통점에서 판매되자 일반 소비자에게도 점점 보급되고 있다. 더 많은 일반 소비자들이 모발을 보호하고 관리해야 한다는 헤어 케어에 대한 인식과 자신만의 패션 스타일을 추구하고자 하는 니즈가 늘어나고 있다. 세 번째는 남성의 미에 대한 인식 변화이다. 최근 '남색 시대(男色時代 nánsè shídài)'라고 하여 남성도 패션 및 스타일을 중요시하며 외모 가꾸기에 빠져들고 있다. 이에 따라 남성 전

용 전문 화장품이 속속 시장에 등장하고 여성의 전유물이었던 성형을
받는 남성들도 증가하고 있다. 네 번째는 건강 관련 산업의 성장이다.
신체의 건강이 외적인 미로 발현되므로 몸의 영양 상태 증진을 위해 건
강 제품 소비가 확산되고 있다.

현재 중국 젊은 소비자들은 자기 자신을 꾸미는 데 아낌없이 투자를
하고 있다. 한 조사에 의하면 비록 월 수입에 차이가 있어도 자기를 꾸
미는 데 소비하는 돈의 비율은 거의 비슷하다. 예를 들면, 월 수입
18,000위안인 사람이 패션, 화장품 등에 쓰는 돈이 3,000위안이라면,
월 수입이 2,000위안인 사람은 500위안 정도이다. 구매하는 제품의 가
격, 질의 차이는 있겠지만 패션에 대한 관심도에는 큰 차이가 없이 높
다고 볼 수 있다. 특히 화장품은 아무리 중국 로컬 브랜드가 상대적으
로 싸도 외국 브랜드를 많이 구매한다.

중국 소비자들의 미에 대한 추구와 그에 따른 소비가 확산됨에 따라 '뷰티 경제'라는 말까지 생겨났다. 뷰티 산업은 그 파급 효과가 크며 무한하게 확장될 수 있다. 2007년 미스월드 선발대회를 성공리에 마친 중국 하이난성의 싼야(三亞)는 뷰티 경제 도시로 차별화된 도시 이미지를 구축하고 세계 시장에 홍보하면서 뷰티 문화를 선도하고 있다.

중국 소비자들의 미와 패션 스타일은 서구와 일본, 한국의 영향을 많이 받고 있다. '여성스러움과 우아함'은 유럽이나 미국의 엘레강스한 이미지를 지향한다. 그리고 일본 잡지나 한국 TV 드라마 속의 패션 스타일이나 트렌드를 필사적으로 따르며 소화시키려고 한다. 여기에 한국 미용, 패션 브랜드들의 기회가 있다 하겠다. 어떻게 중국 젊은 소비자들에게 우리 브랜드만의 미적 가치를 부여할 것인가가 해결해야 할 중요한 과제이다.

3 |
그린(綠色, Green)

2008년 베이징 올림픽은 그린 올림픽?

맑은 날이건 흐린 날이건 관계없이 도시 전체를 뿌옇게 감싸안은 스모그는 이제 중국 대도시의 일반적인 광경이 되었다. 온갖 자동차가 뿜어내는 매연과 공장 굴뚝에서 쏟아져 나오는 연기로 중국의 대도시는 늘 잿빛이다.

2007년 8월 공중환경연구중심에서 발표한 자료에 의하면, 중국 당국은 삼성과 펩시콜라, GM, 3M, 듀퐁 등 90여 개의 다국적 기업을 환경 오염을 일으키는 주범으로 꼽으며 감시 대상으로 분류하였다. 또한 다국적 기업들이 환경 보호라는 사회적 책임보다는 이윤 추구만 도모한다고 꼬집었다.

중국 정부는 날로 심각해지는 환경 오염의 실태를 파악하기 위해

2008년 2월부터 전국 180만 개 업체를 대상으로 환경 오염 발생원 조사를 대대적으로 시작하였다. 중국 정부는 또한 2006년부터 시작된 11차 5개년 규획(規劃) 기간(2006~2010) 중 GDP당 에너지 소비량은 20퍼센트 줄이고 주요 환경 오염 물질 배출량은 10퍼센트 삭감한다는 방침을 세웠다. 그리고 2008년부터 에너지 절약뿐만 아니라 환경 보호 실적을 지방 정부의 평가 기준으로 새로 추가하였다.

국가환경보호총국이 2007년 10월에 발표한 '상장회사에 대한 환경 심사 관련 기준'에 따르면 앞으로 상장을 희망하는 기업은 과거 3년 간의 기업 활동에 대해 환경 조사를 의무적으로 받아야 한다. 그 기준에 미달하는 업체는 상장을 못 한다. 금융권에서는 '녹색 대출'이라는 심사 체계가 도입되어 '환경 오염 유발 블랙 리스트'에 올라간 기업은 은행 대출을 할 수 없다. 환경 오염 유발 기업들에 대한 중국 정부의 감독과 견제는 더욱 강화될 것으로 보인다.

'무엇을 위한 성장인가'에 대한 경각심, 환경 제품 출시 잇달아

중국 정부가 이와 같이 환경 오염 문제에 대해 강력하게 대처하게 된데는 일차적으로 그린 올림픽을 표방한 2008년 베이징 올림픽과 관련이 있다. 그리고 하천의 70퍼센트가 오염돼 있고 국토의 27퍼센트에서 사막화가 진행되는 상황에서, 지금까지 성장의 그늘에 놓여 잠시 잊고 있던 '무엇을 위한 성장인가'라는 문제 제기가 두 번째 이유가 된다.

2007년 4월 22일 세계지구의 날에 중화환경보호기금회(中华环保基金会)에서는 '자원 절약, 녹색 소비, 재활용, 쓰레기 분리 수거, 폐건전지 등 회수, 야생동물 및 자연 보호'의 환경 보호 행동 지침서를 발간하여 환경 보호에 대한 인식을 제고하고 적극적으로 계몽하고 있다.

환경 보호에 대한 인식은 정부에서 기업 차원으로 발전하여 제품 생산 활동에서 구체화되고 있다. 중국 가전 업체의 대표 브랜드인 하이얼

은 세제가 필요 없는 세탁기를 출시하여 소비자들의 많은 관심을 끌었다. 또한 클리닝으로 세탁을 끝내는 기능을 선보여 물을 절약하고 환경 오염을 줄인다는 속성으로, 특히 신혼부부들에게 인기를 모았으며, 국경절 연휴 기간에는 부모님에게 드리는 효도 선물로 최고의 판매를 기록했다고 한다.

다국적 대형 할인점인 월마트는

재생이 가능한 포장지를 매장에서 사용하여 이를 구매하는 중국 소비자에게 환경 보호 의식을 심어주고 있다. 중국인들이 중추절이면 찾는 월병에도 '녹색 월병'이라 하여 원재료 및 포장재를 환경을 보호할 수 있는 재료로 사용하여 만들었고, 환경 오염 물질이 많이 배출되는 가죽 산업에서도 제조 공정에 생물 기술을 도입하여 사람과 환경에 무해하도록 하였다.

베이징 올림픽의 성공적인 개최와 맞물려 환경 문제에 대한 인식은 점점 저변으로 확산되고 있다. 또한 중국 정부도 환경 오염 문제를 해결하기 위해 강력하게 대처하고 있다. 이러한 상황에서 한국 기업들은 환경 친화적인 기업 활동을 통해 환경 보호 기업으로 이미지를 구축해야 할 것이다.

4 |

향수(乡愁, Nostalgia)

과거의 재해석, 향수 또는 복고 마케팅

복고(复古) 마케팅은 과거에 선보인 제품이나 서비스를 다시 유행시키는 것이다. 과거로 회귀한다는 의미에서 리트로(Retro) 마케팅이라 하여, 흔히 과거의 추억을 연상시키기 때문에 향수 마케팅으로도 불린다. 중국에서는 이를 화이지우(회구, 怀旧)라고 하며 이런 소비 현상을 화이지우시아오페이(회구 소비, 怀旧消费 huáijiù xiāofèi)라고 한다.

이러한 복고 또는 향수 마케팅이 중국에서 유행하는 이유는 지난 20여 년 간의 급속한 경제 성장과 발전, 그리고 서구 문화와 외국 제품들이 쏟아져 들어오면서 점점 많은 중국인들이 잃어버린 전통 문화와 가치에 대해 그리움을 가지게 되었기 때문이다. 또한 천편일률적으로 동질화되고 획일화된 현대 문명 사회에서 새로움을 추구하는 방식으로

과거를 활용하는 면도 있다. 한편 복고는 역동적이며 발 빠르게 변화하는 현대 사회에서 소외되고 뒤처지는 듯한 불안 심리를 안정시키며 안도감을 주기도 한다. 과거의 모습을 그대로 살려내어 상품으로 판매하는 경우도 있지만, 대부분은 과거의 멋스러움과 여유로움을 현대적 감각에 맞춰 변화시켜 만들어내고 있다.

중국 시장에서 이런 향수 마케팅은 다양하게 나타난다. 그 중 대표적인 것이 치파오(旗袍 qípáo)나 당장(唐裝 tángzhuāng, 당나라 때 전통 복장) 같은 중국 고전 복장의 현대화이다. 상하이탕(SHANGHAI-TANG, 上海滩)과 같은 브랜드들이 전통 복장을 현재의 패션 감각에 맞게 디자인하여 고가로 판매하고 있다. 또한 종이에 그림을 새겨 만드는 창화(窗花)도 새롭게 재조명되어 명절 때나 특정 일에 복을 기리는 선물로 인기를 끌고 있다. 보석과 액세서리도 복고풍의 영향을 받아 전통적으로 복을 상징하는 동물상이 많이 팔렸으며, 여기에는 '安'과 '福'

의 두 글자가 평안과 행복을 염원하며 가장 많이 새겨졌다.

건축에서는 현대식 아파트나 건물에 중국 전통의 건축 양식을 구현하는 경우가 늘고 있다. 예를 들어 상하이 신천지의 경우 카페와 레스토랑, 상점 등으로 개조할 때 석고문 양식을 그대로 유지하여 상하이의 현대와 과거를 보여주고 있다. 옛날 상하이 거리 풍경을 그대로 옮겨놓은 위위앤루(愚园路)의 거리는 많은 중국인들의 향수를 자극하여 발길이 이어지고 있다.

광고에서는 백주로 유명한 찐리우푸(金六福)의 '春节回家, 金六福酒'라는 카피의 광고가 고향과 그곳에 계신 노부모에 대한 중국인의 그리움을 잘 나타내고 있다. '춘절이 다가와 옛날을 회상하며 고향으로 돌아가는 길(回家), 그리고 그곳에 도착하여 늙으신 부모님을 뵙고 함께하는 시간, 그것이 가족에게는 가장 좋은 선물이다'라고 얘기하며 광고는 끝을 맺는다. 가족과 부모에 대한 전통적인 중국인의 정서를 잘 활용한 광고이다.

과거에 대한 향수는 60, 70년대 마오쩌둥 시대를 그리워하는 현상으로도 나타난다. 복고풍의 한 식당에선 내부 인테리어에서부터 메뉴, 룸, 서비스 직원의 용어까지 그 당시 분위기를 느낄 수 있도록 만들었다. 예를 들어 여직원의 경우 손님이 찾아오면 '同志您好, 热烈欢迎(tóngzhì nín hǎo, rèliè huānyíng 동지, 안녕하세요. 열렬히 환영합니다)' 이렇게 구호를 외치며 인사를 한다. 또한 각 룸은 '文工团(wéngōngtuán, '문화 선전 공작단'의 준말)', '科技组(kējìzǔ, '과학기술팀'의 준말)', '自留地(zìliúdì, 자유 경작지)' 식으로 부르고, 벽면에는 그 당시 사회 상황을 보여주는 사진들과 마오쩌둥의 인물사진을 걸어놓았다. 중국인들의

의식 저 깊은 곳에 마오쩌둥은 군왕으로 인식되어 아직까지 존경의 대
상으로 여겨져 많은 중국인들이 마오쩌둥 시대에 대한 그리움으로 이
곳을 찾는다고 한다.

향수와 복고는 급속하게 성장하고 변화하는 현재의 중국에 대한 반
향으로 나타나고 있으며 중국 소비자의 정서와 맞물려 지속적으로 이
어질 전망이다.

5 |

개인주의(个人主义, Egoism)

강력한 소비 계층의 등장

중국이 서구의 자본주의를 수용하고 사회, 문화, 예술 모든 측면에서 서구화되면서 에고이즘이라는 현상이 나타났다. 중국식 에고이즘의 특징은 중국이라는 사회의 역사적·정치적 특수성으로 인해 집단 속의 타인을 의식한다는 점에 있다. 에고이즘은 '이기주의'로 번역해야 하겠지만, 이러한 중국적 특성을 고려하여 '개인주의'로 쓰기로 한다.

중국식 개인주의는 소비 면에서 개성화로 나타난다. 개인주의적 성향을 극명하게 드러내며 중국 소비의 강력한 핵심으로 등장한 계층을 '소황제, '80后 세대', 'ATM 세대', '월광족(月光族)' 등 다양한 용어로 부르고 있다. '소황제'는 요즘 가정에서 한 자녀밖에 낳지 않아 부모 및 친지들이 받들어 모신다고 할 정도로 극진하게 보살피는 자녀를

가리키는 이름이다. 이들은 어릴 때부터 원하는 것이면 뭐든지 부모들이 해줘서, 어른이 되어서도 여전히 엄청난 소비력을 자랑한다. 통계에 의하면 1980년생부터 1989년생까지의 소황제 인구는 약 2억 4천만 명이나 된다고 한다. '80后 세대'는 80년 이후 출생한 젊은 층을 가리키는 말이다. 이들은 소황제처럼 여유로운 가정 환경에서 성장하여 현재를 즐기는 향유형 소비 성향을 보인다. 이들은 또한 자기만의 개성을 강조하며 남의 구속을 받기 싫어하고 소비를 통해 즐거움을 추구한다. 휴대전화 케이스와 MP3의 배경 색깔을 수시로 바꾸고 가구도 자유자재로 조립이 가능한 것을 선호한다. 전체 인터넷 사용자 중 54.9퍼센트가 '80后 세대'이고, 이들 대부분이 중국의 대표적인 메신저인 'QQ'를 통해 친구들과 의사소통한다고 해서 'QQ족'이라고 한다. 이에 따라 이러한 메신저와 블로그(BLOG)를 통한 제품이나 서비스의 구전 효과도 커지게 되었고, 인터넷 매체의 영향력도 점점 증가하고 있다.

'ATM 세대'는 'Accumulation shorten, Tingled on consumption, Making no plan'의 앞글자로 '저축은 하지 않고 수입의 대부분을 소비에 지출하며 무계획적인 삶을 사는 젊은 층'을 가리킨다. 이 세대에 속한 직장인을 대상으로 한 설문 조사 자료에 의하면 24.7퍼센트가 '저축을 전혀 안 한다'고 하며 한 달 평균 소비 지출액은 1,180위안으로 일반인의 지출액 880위안보다 훨씬 많았다. '월광족'은 한달(月) 월급을 모두(光) 소비에 지출한다고 해서 붙여진 말이다. 이처럼 현재 중국의 유복한 젊은이들은 자신의 개성을 위해, 자기만의 만족을 위해 소비를 하고 있다.

소비자의 개성화에 맞춰 최근에 가장 변화하고 있는 중국 내 산업은 웨딩 분야이다. 특히 과거 천편일률적인 모습의 결혼 사진을 찍던 웨딩 스튜디오도 이제는 다양화, 개성화된 젊은 소비자의 욕구를 충족하기 위해 다양한 사진을 연출하여 자기만의 결혼 사진을 간직하고픈 신세대 소비자들에게 호응을 얻고 있다.

소비에 있어 강력한 주체로 등장한 젊은 층은 가정 내에서도 이미 많은 부분에서 의사 결정에 영향력을 미치고 있다. 가정에서 TV 채널권은 이미 어린이들이 장악하고 있고, 집이나 자동차를 구입할 때도 어린이들의 입김이 세다. 다음 표에서만 봐도 젊은 세대의 가정 내 의사 결정에 미치는 영향력이 다양한 부분에서 나타나고 있음을 알 수 있다.

나의 역할	의사 결정
절대적 의사 결정자	신문과 잡지, 음료, 문구, 전자 게임, 소프트웨어
중요한 의사 결정자	내 옷, 위생용품, 자전거, VCD/DVD, TV 채널 , PC, 스포츠 용품
중요한 영향	가족 여행, 가족끼리 영화 보기 등 다른 가족 활동
의견 제공	가족의 옷, 주택 및 자동차 구입, 가구 , 택시타기, 다른 중요한 집안 일

가정 내 의사 결정에 강력한 영향을 미치며 소비의 핵심 계층으로 꼽히는 젊은 층의 다양한 요구와 개성에 부응하는 마케팅으로 그들을 우리 소비자로 만드는 전략이 무엇보다 중요하다.

6 |

신애국(新爱国, Neo-patriotic)

항저우의 고대 건축물에 들어선 맥도날드에 분노하다

2007년 베이징의 자금성 내에서 7년넘게 영업해온 세계적인 커피 전문점 브랜드인 스타벅스가 결국 문을 닫았다. 한 텔레비전 뉴스 앵커가 자신의 블로그에 고궁 내 스타벅스가 존재한다는 것은 중국의 문화적 자존심을 훼손하는 일이라는 취지로 글을 올렸는데, 이에 동조하는 수많은 네티즌들이 고궁 내 매장의 철수를 요구하자 결국 스타벅스가 손을 든 것이다. 급속한 경제 발전의 과정에서 잠시 잊혀졌던 중국인의 민족주의가 마구잡이로 들어오는 서구 문물에 대응하여 신애국주의로 표출된 대표적인 사례이다.

2006년 9월에 항저우의 팡꾸지에(坊古街 Fánggǔjiē)에 있는 장원성 백화점이 패스트푸드점인 맥도날드로 바뀐 사실에 대해 비분강개하는 다음의 블로그 내용도 이런 맥락에서 이해할 수 있다.

"나라의 고속 발전과 더불어 많은 도시의 전통 건축물들이 본래의 의미를 잃고 점점 기억 속에서 사라지고 있다. 핑야요(平遥) 고성은 이미 해체 위기에 놓여 있고 베이징의 쓰허위엔(四合院) 역시 급격히 쇠퇴하고 있으며, 상하이의 전통이 숨쉬던 오래된 골목들도 사라져 간다. (중략) 옛 고대 건축물을 보호하는 것은 선조들을 존중하고 역사를 보호하는 것이다. 어떠한 형태로든 파괴되는 것은 참을 수 없는 일이다. 하물며 정크 푸드인 서양의 패스트 푸드가 들어오다니! (중략) 우리 고대 건축물들이 서양의 쓰레기 같은 브랜드의 광고판으로 전락하고 있다."

(참고로 장원성(张允升) 백화점의 원래 이름은 장원성 털모자(张允升线帽, Zhāng Yǔnshēng Xiànmào) 백화점으로 항저우에서 제일 먼저 개설한 백화점이었다. 청나라 때 강둑의 모서리에 세워진 건물로 '杭州清河坊四拐角 (Hángzhōu Qīnghéfáng Sìguǎijiǎo)'라고 하여 항저우의 여행 관광지 중 하나이다.)

중국 국산 브랜드와 외국 브랜드에 대한 중국 소비자의 인식에도 점점 많은 변화가 일어나고 있는데, 여기서도 중국인의 민족주의를 엿볼

수가 있다. 2005년에 조사된 '중국 소비자의 중국 국산품에 대한 신뢰와 구매 의향에 대한 자료'에서는 중국 국산품에 대해 신뢰하지 않는다는 응답이 무려 88.1퍼센트였다. 그러나 2007년 조사 자료에 의하면 중국 소비자들의 로컬 브랜드에 대한 신뢰가 53.0퍼센트로 증가하였다. 유행 소비재(Fast Moving Consumer Goods)와 의류 제품의 경우 중국 소비자들은 로컬 브랜드에 더욱 분명한 신뢰를 보내고 있다. 중국 소비자들이 자국 브랜드에 대해 신뢰와 지지를 보내는 주요 원인은 애국주의 심리가 한몫했으며, 로컬 제품의 품질이 그만큼 좋아졌기 때문이다. 중국 소비자들은 이제 과거 외국에서 들어온 것이면 무조건 좋다라는 인식에서 탈피하고 있다.

중국 소비자의 애국주의 심리를 이용한 대표적인 로컬 브랜드 사례로 'aigo' 이동디스크(USB)를 들 수 있다. 92년 창립한 北京华旗资讯 디지털 유한회사는 96년 'aigo(爱国者, 애국자)'라는 이동디스크 제품을 출시하였다. 중국인들의 애국 심리를 적극적으로 활용하기 위해 제품이름도 '애국자'로 지었다. 이동디스크에서 시작하여 지금은 MP3 제품에서도 세계 유수의 브랜드와 경쟁할 수 있는 중국 민족 브랜드가 되었다.

중국인들의 애국주의는 일시적으로 나타났다가 시간이 지나면 사라질 현상이 아니다. 급속한 경제 성장과 더불어 무비판적으로 받아들여온 외국 문화 및 문물에 대해 내재되어 있던 반발과 각성의 발로로서 중국적인 전통과 문화에 대한 자긍심을 그 바탕에 깔고 있다. 여기에 최근 100년간 서구에 침탈당한 역사에서 비롯되는 열등감이 더해져서 '중국식 민주주의'는 더 강화될 가능성이 높다. 이런 중국인들의 애국 심리와 동화될 수 있는 'Think Global, Act Local', 중국 시장에서의 글로컬리제이션(Glocalization)이 절실히 요구된다.

7 |

퓨전(融合, Fusion)

KFC 퓨전 메뉴로 중국인의 입맛을 사로잡다

현재 중국 시장에는 수많은 서구 외식 브랜드들이 진출하여 중국 소비자의 입맛을 사로잡기 위해 다양한 마케팅을 전개하고 있다. 그 중 가장 성공한 브랜드를 들라면 누구나 KFC(肯德基)를 꼽을 것이다. 맥도날드(麦当劳)를 크게 앞질러 중국에서 선풍적인 인기를 모으는 KFC의 성공 요인은 무엇일까? 철저한 상권 분석과 시장 조사를 바탕으로 한 점포 운영 전략에 그 주요 원인이 있겠지만, 그와 더불어 빼놓을 수 없는 것이 중국인의 입맛에 맞는 제품 개발이다.

중국에서 한류의 인기가 최고조에 올랐던 2004년 '한국 김치 돼지고기 트위스터'를 내놓으며 성공적으로 중국 시장에 '트위스터'를 정착시켰다. 서구 패스트푸드와 한국 전통 음식인 김치, 그리고 한류의 절묘한 융합(퓨전, Fusion)이 만들어
낸 성공작이었다. 이런 퓨전은 다
양한 메뉴에서 나타나고 있다. '트
위스터'를 북경오리 스타일로 만
든 것, 고기 대신 계란을 속에 넣은
제품, 중국식 죽 등이 그 예이다.
그리고 KFC의 대표 메뉴인 프라이
드 치킨 이외에 닭을 좋아하는 중국인 입맛에 맞춘 다양한 치킨 메뉴와
'푸스단타(葡式蛋挞)'라는 포르투갈식 소형 계란 케이크 등 중국인의
식성과 입맛에 맞춘 퓨전 메뉴들이 중국 소비자를 유혹하고 있다.

퓨전 현상은 산업 전반에 걸쳐 일어나고 있다. 특히 최첨단 제품들
은 이미 퓨전화되었다고 해도 과언이 아니다. 그 중 퓨전이 가장 활발
히 일어나는 분야는 소비 전자(가전)으로, 단순한 제품과 기술의 융합
에서 소프트웨어와 서비스의 융합으로 발전하는 추세에 있다. 일상 생
활의 중요한 필수품이 되어버린 휴대전화, 엄청난 분량의 내용을 담은
전자 사전 등이 바로 그런 상품들이다.

특히 최근 중국 소비자에게 인기를 끌고 있는 가정용 홈시어터의 경
우 음향, 모니터, DVD 등 소비가전의 모든 기능이 통합된 융합 디지
털가전의 대표적 제품이다.

'Computer(电脑)' Communication(通信)' Consumer Electronics(家
电)'의 약자를 딴 3C 디지털 융합 제품의 대표 사례로 중국 로컬 가전
브랜드인 TCL의 'M-BOX'가 있다. M-BOX는 일반 TV와 녹화기, 게
임기, DVD와 PC로 다양한 활용이 가능하며 그 이름도 'Movie(영화),

GaMe(게임), Music(음악), Multi-digital(멀티 디지털 기능)'에서 따왔다.

한편 하겐다즈(Häagen-Dazs哈根达斯) 아이스크림은 중추절을 맞이하여 중국 시장에 월병 아이스크림을 선보여 선풍적인 인기를 끌었다. 가장 중국적인 음식 중 하나인 월병과 서구의 아이스크림의 만남은 퓨전의 한 단면을 보여주었다.

퓨전은 비중국적인 것과 중국적인 것과의 융합, 제품과 제품의 융합, 제품과 서비스의 융합, 서비스와 서비스의 융합의 형태로 다양한 분야에서 일어나고 있다. 퓨전은 아예 없던 것을 창조하는 것이 아니다. 기존에 있던 것을 가져와 그대로 활용하는 것도 또한 아니다. 제품 또는 기능의 창조적 연결을 통해 새로운 기능과 효익을 만들어내는 것이다. 퓨전은 일시적 트렌드가 아니라 하나의 커다란 흐름이자 대세로 자리잡고 있으며 이는 중국에서도 마찬가지이다. 새로운 것을 추구하는 중국 소비자를 우리 고객으로 끌어들이기 위해 중국 문화의 바탕 위에 이국적인 특히 한국적인 것의 융합을 고려해야 할 것이다. 그러나 그전에 무엇보다 중요한 것은 중국 소비자의 잠재의식 속에 숨어 있는 니즈가 무엇인지 이를 먼저 파악하고 이를 충족시킬 수 있는 퓨전이어야 한다.

8 |

소프트(软, Soft)

감성 소비를 이끄는 소프트화, 여성화 소비

얼마 전까지만 해도 중국에서 자동차는 남성들의 전유물이었다. 그러나 최근 중국에도 여성 운전자가 부쩍 늘고 있다. 통계에 의하면 여성 운전자가 2003년 25.4퍼센트에서 2006년에는 30.9퍼센트로 증가하여 전체 운전자의 3분의 1에 이른다. 이에 따라 자동차 업계에서는 여성층을 공략하기 위해 '情侶车(칭뤼처, 연인차)'라고 하여 브랜드는 같지만 외형 등에서 여성을 고려한 신차를 내놓았다. 또한 상하이화푸치처(上海华普汽车)는 2006년에 '海芙206'라는 여성 전용 자동차를 출시하기도 했는데, 여성 전용 자동차의 잠재 시장은 점점 증가하는 여성 운전자로 인해 매우 커지고 있다.

여성 소비자를 공략하는 'Hello Kitty(헬로키티)' 휴대전화가 출시되

어 또한 인기를 얻었는데, 여성의 감성에 초점을 맞춘 디자인과 내부 메뉴, 게임 등이 주요한 성공 요인이었다. 중국에서 초콜릿의 대표 브랜드인 'DOVE(德芙)'는 TV 시리즈 광고에서 초콜릿의 브라운 실루엣이 아름다운 여성의 몸을 감싸고 도는 장면과 달콤한 초콜릿의 미각을 시각적으로 표현하여 여성들의 감성을 자극하고 있다.

베이징의 '천시바이훠(晨曦百货)'는 고급스럽고 젊으며 스타일리시한 여성 용품 백화점으로 유명하다. 이곳은 여성 전용 백화점을 주창하며, 22세에서 45세까지의 성공한 여성을 타깃으로 도시 여성을 위한 백화점으로 포지셔닝하고 있다. 그에 어울리는 여성 패션과 화장품, 액세서리 등의 수많은 브랜드가 넓은 매장을 가득 채우고 도시의 여성을 유혹하고 있다.

과거에 '중국' 하면 으레 연상되던 높은 도수의 백주를 마시는 젊은이들을 최근에는 보기 쉽지 않다. 중국도 술 문화가 점차 저도수를 즐기는 문화로 바뀌고 있으며 술을 즐겨하지 않는 젊은이들 또한 늘고 있다. 최근 중국에도 와인 열풍이 불고 있다. 저도수, 저자극, 부드러운 맛의 와인은 고도수의 술을 기피하는 트렌드와 맞물려 도시 여성 소비자의 호응이 좋은 편이다.

과거 영화 〈터미네이터〉의 아널드 슈왈츠제네거와 같은 근육질의 남성이 부러움의 대상이었다면 지금은 배용준처럼 꽃미남이 각광을 받고 있다. 이는 중국도 마찬가지다. 터프하고 강인한 남성상에서 부드러운 남성이 더 선호되는 시대로 바뀌고 있다. 여성화, 소프트화되는 소비 트렌드가 남성의 미에 대한 이런 인식 변화를 가져왔다. '남색 시대'라고 하여 남성도 패션 및

스타일을 중요시하여 자신의 외모 가꾸기에 빠져들고 남성 전용 전문 화장품도 속속 등장하는 등 점점 여성화 소비가 일어나고 있다.

구매 결정권에서 여성의 영향력이 점차 증가되고 있다. 중국은 상당수 가구가 맞벌이를 하고 있다. 사회주의 시대부터 이어져온 남녀평등 의식과 중국 여성들의 경제 활동 증가로 가정 내 발언권은 날로 증가하고 있다. 한 조사에 따르면 '가정 내 수입 및 지출 관리를 누가 맡고 있는가'란 질문에 70년대에 출생한 기혼자의 경우 73.6퍼센트가 공동으로 관리한다고 응답하였다. 브랜드 충성도가 비교적 높은 중국 여성 소비자의 심리를 어떻게 사로잡고 그리고 점점 소프트화되는 중국 소비 트렌드에서 중국 소비자들의 감성에 어떻게 호소할 것인가에 마케팅과 커뮤니케이션 전략의 초점을 맞춰야 할 때이다.

네트(网, Net)

중국, 지금 온라인으로 접속 중

올해 24세가 된 허잉(何英)은 매일 지하철을 타고 출퇴근한다. 오늘도 지하철엔 출근하는 사람들로 가득하다. 대학생으로 보이는 이들은 하나같이 귀에 이어폰을 꽂고 다운로드 받은 최신 음악을 MP3로 듣는 한편, 손은 친구들과 문자를 주고받느라 분주하다. 옆에 앉은 30대 중반으로 보이는 넥타이 차림의 아저씨는 휴대전화로 현재 주식 현황을 알아보느라 정신없다. 사무실에 도착해 동료들과 인사를 나눈 후 자리에 앉아 컴퓨터를 켜고 바로 이메일을 확인한다. 어제 다른 부서에 부탁한 자료들이 이메일로 도착했는지 확인하기 위해서다. 이런저런 바쁜 일들을 처리하니 곧 점심시간이 되어 식사를 빨리 끝내고 잠시 짬을 내서 친구와 QQ메신저를 통해 잡담을 즐긴다. 퇴근 후 어디서 만나 쇼핑할

지, 무얼 먹을지 등, 인터넷 쇼핑몰과 검색 엔진을 통해 사전 가격과 정보를 검토하는 것도 물론 잊지 않는다. 이는 최근 중국 대도시 젊은 직장 여성의 일반적인 모습이다.

중국인터넷정보센터가 발표한 '중국 인터넷 발전상황 통계보고'에 따르면 중국의 인터넷 이용자가 2억 1,000만 명에 달해 미국의 2억 1,500만 명에 이어 세계 2위로 부상했다. 특히 베이징과 상하이의 인터넷 보급률은 45퍼센트를 넘어섰다. 휴대전화 이용자도 오래전에 4억 명을 넘어 중국 인구 3명당 1명 꼴로 휴대전화를 보유하고 있는 셈이다. 요즘은 중국인들이 휴대전화로 문자를 보내고 인터넷을 통해 정보를 이용하는 것을 어디서든 쉽게 볼 수 있다.

인터넷의 주 이용자는 18~24세의 젊은이로 전체 이용자의 31.8퍼센트를 차지한다. 2006년 중국 도시의 중상층을 대상으로 한 조사에서 젊은 층의 주요한 정보 채널로 '인터넷'이라는 응답이 78.51퍼센트였

[표] 중국 젊은이들의 주요 정보 채널(2006)

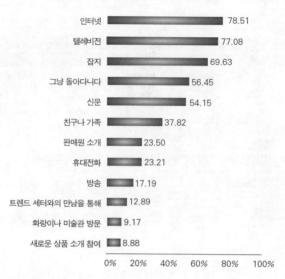

채널	비율
인터넷	78.51
텔레비전	77.08
잡지	69.63
그냥 돌아다니다	56.45
신문	54.15
친구나 가족	37.82
판매원 소개	23.50
휴대전화	23.21
방송	17.19
트렌드 세터와의 만남을 통해	12.89
화랑이나 미술관 방문	9.17
새로운 상품 소개 참여	8.88

다. 젊은이들은 얻고자 하는 정보를 주로 인터넷을 통해 습득한다는 것이다.

인터넷을 통해 중국 네티즌들은 주로 메신저로 친구와 채팅하고 인터넷 신문을 보며 PC방 등에서 온라인 게임을 즐긴다. 최근에는 온라인상에서 자신만의 개성을 표현하며 주장과 생각을 다양하게 피력할 수 있는 블로그(博客 bókè, 部落 bùluò http://www.cyworld.com.cn)가 인기를 끌고 있다. 한국의 싸이월드(赛我网 sàiwǒwǎng)도 중국 네티즌을 대상으로 한류를 적극 활용한 블로그 서비스를 제공하고 있다.

중국 인터넷의 발전 속도와 함께 성장하는 대표적인 산업은 온라인 쇼핑이다. 2007년 중국의 온라인 쇼핑 시장은 594억 위안으로 5,500만 명의 소비자가 온라인 구매 경험이 있다고 한다. 중국 최대 온라인 전자상거래 사이트인 타오바오닷컴(淘宝网, táobǎowǎng http://www.taobao.com)의 2007년 매출 중 화장품 판매액은 26억 위안이다. 이는 미국 화장품 브랜드 에이본(AVON)의 중국 내 6,400여 개 점포의 총 매출보다 크다. 의류 판매액은 57억 8,000만 위안인데, 이는 베이징의 대형 백화점의 의류 판매액보다 큰 액수이다. 이처럼 온라인 쇼핑은 이미 중국 소비자의 소비 습관으로 자리를 잡았다.

중국 온라인 광고 시장 규모는 2006년 60억 1,000만 위안이고 2007년 100억 위안을 돌파했다(iResearch의 통계). 인터넷 이용자의 주도층인 젊은 층을 공략하는 다양한 온라인 광고와 판촉들이 지속 성장함에 따라 인터넷은 향후 TV, 신문, 잡지와 함께 4대 매체로 자리잡을 것으로 전망된다. 중국의 젊은 소비자들을 타깃으로 하는 우리 기업들에게 이는 기존의 전통적인 광고와 오프라인 마케팅 방식만 고집할 게 아니라 인터넷이라는 기반을 활용해 어떻게 온라인으로 효과적인 커뮤니케이션을 할 것인가를 고민해야 함을 의미한다.

10 |

공익(公益, Public Good)

기업의 사회적 책임에 대한 사회와 소비자의 관심과 요구가 커지면서 기업들은 사회 공익 활동을 통해 더불어 함께 사는 사회를 만드는 데 노력하고 있다. 다양한 자선과 기부 등의 공익 활동이 궁극적으로 기업의 가치를 높이는 데 도움을 준다는 인식에서이다. 바디숍(BODY SHOP)이 좋은 사례인데, 그들은 '사람, 자연, 동물, 환경 보호'라는 기업의 철학을 사회 활동을 통해 실천함으로써 소비자들이 이에 공감하고 동참하게 하여 바디숍을 세계적으로 유명한 브랜드로 자리잡게 하였다. 기업의 명성은 곧 소비자가 제품을 구매하는 데 중요한 결정 요인이 되며, 기업의 공익 활동은 이런 명성을 강화하는 데 중요한 역할을 한다. 그리하여 기업의 공익 활동을 마케팅 활동과 연계시켜 보다 적극적으로 그 성격과 활동 범위를 확장시킨 '공익 연계 마케팅(Cause

THE B**O**DY SHOP.

Related Marketing)'이 기업 PR의 주요한 방안으로 활용되고 있다. 마찬가지로 중국에서도 점차 기업의 사회적 책임과 공익에 대한 관심이 증가하고 있다.

一瓶水 一分钱 yī píng shuǐ yìfēn qián.
물 한 병을 사면 한 푼 1/100위안을 기금으로.

수원지의 빈곤층 아이들이 학교를 다니도록 지원할 수 있다는 농푸산취엔(农夫山泉)의 TV광고 카피이다. 중국 생수 시장의 대표 브랜드인 농푸산취엔은 생수 제품의 가장 중요한 부분인 수원지의 지역 주민들의 생활에 관심을 가지고 이 지역의 빈곤한 아이들에게 도움을 주는 '饮水思源(yǐnshuǐsiyuán)' 캠페인을 시행하였다. 이 캠페인을 통해 1,000여 개의 산 속 수원지에 있는 가난한 아이들을 도와주고 있다. 비록 기업의 목적이 영리 추구이지만, 최근에는 중국 소비자에게 호감이 가는 기업 브랜드로 이미지를 정립하기 위해 공익 활동을 앞세운 기업 광고들이 등장하고 있다.

모토로라는 12년 동안 420만 달러의 기금을 마련해 70여 개 희망소학교를 설립했으며 1만 3천여 명의 학생들을 지원해왔다. 또한 환경보호를 위해서 2005년 말에 노키아와 함께 40여 개 중요 도시에 그린

박스를 만들어 폐휴대전화와 부속품을 수거하는 캠페인을 벌였다. 이 러한 활동으로 '光明公益奖(Guāngmíng Gōngyìjiǎng)', '中国公益事业心 企业(Zhōngguó Gōngyì Shìyèxīn Qǐyè)' 등의 상을 수상하여 중국 사회 에 공익에 앞장서는 기업으로 인식되었다.

삼성전자 또한 2004년 말에 '희망공정 삼성 Anycall(希望工程三星 Anycall基金 Xīwànggōngchéng Sānxīng Anycall Jījīn)'을 설립하여 2005 년부터 2007년까지 900만 위안을 지원하였으며, 매년 15개의 '삼성 Anycall 희망소학교(三星anycall希望小学)'를 설립하여 배움을 갈망하던 중국 어린이들에게 배울 수 있는 기회를 제공하였다. 2007년에는 중국 장애인연합회(中国残联 Zhōngguó Cánlián)와 결연을 맺고 2009년까지

매년 전국 각지 불우한 가정의 백내장 환자 2,000명이 수술을 받을 수
있도록 지원하기로 하였다.

2007년 어린이 TV 방송인 'HAHA TV'에서는 '하하 아름다운 마음
이 있는 세상(哈哈美丽心世界Hahā Měilìxīn Shìjiè)'라는 캠페인을 벌여
자라나는 중국 어린 학생들에게 주위의 어려운 사람들을 생각하고 도
와주는 마음을 가질 수 있도록 계몽하였다. 각 학교를 돌아다니며 어린
아이들이 만든 바람개비 개수만큼 기금을 만들어 자선 단체에 기부금
으로 전달하는 등 '함께 손을 잡으면 비바람도 무섭지 않고 행복을 가
져다줄 거야'라는 캠페인의 주제가처럼 더불어 잘 사는 사회에 대한 인
식을 어린이들뿐만 아니라 어른들에게도 심어주고 있다.

외국 기업인 한국 기업의 경우 중국 소비자에게 친근하고 호감이 가는 기업으로 자리매김하기 위해 특정 목적이나 계산에서가 아닌 진정으로 중국이 더불어 잘 사는 사회가 될 수 있도록 지원하고 계몽하는 사회 공익 활동을 적극적으로 전개할 필요가 있다. 자기의 이익이 아닌 중국 사회의 공익을 먼저 생각하는 기업은 중국 소비자들로부터 사랑받는 브랜드가 될 것이며 중국 시장에서 그만큼 빛나는 명성을 얻게 될 것이다.

1) 베이징브랜드자산평가회사(北京名牌产资评估公司)

http://www.mps.com.cn 참조.

2) Angus Maddion(2002: 264) 참조.

3) http://www.sasi.group.shef.ac.uk/worldmapper

4) 중국국가통계국 http://www.stats.gov.cn

5) http://knowledge.wharton.upenn.edu에 실린 'Selling in China' 및 이에 대한 조선일
보의 2006년 10월 20일자 보도자료〈중국 진출 기업들 '10억 거대시장' 환상서 벗어나라〉
참조.

6) 은종학(2005) 참조.

7) Schlevogt, Kai-Alexander의 'The Branding Revolution in China'(*China Business
Review*, May-June, 2000, 54쪽)과 《LG 주간경제》(2001. 6. 6) 참조.

8) 김재문(2003) 참조.

9) 케인 켈러(2001: 85)참조.

10) 원 저서의 제목은 *Differentiate or Die* 로서 한국어 번역서의 제목보다 훨씬 자극적이다.

11) 북경대학중국어문학계 어언학교연실(2003) 참조.

12) 코래드광고전략연구소 편(1996) 참조.

13) 이명숙(2004) 참조.

14) 김병희(2000: 9) 참조.

15) 이견실(1998: 176) 참조.

16) 여러분이 중국어를 안다면 www.baidu.com에서 '味道好极了'와 네슬레 커피의 중문 네
임인 '雀巢'를 동시에 검색함으로써 이에 대한 스토리를 더 많이 감상할 수 있을 것이다.

17) 그룹슬로건: http://www.haier.com/cn/haier/culture/faith.asp,

부문별슬로건: http://www.haier.com/cn/haier/culture/faith10_03.asp

18) 셰룽화, 리미앤예 편저(2002: 51-52) 참조.

19) 니에웨이, 주궈친, 천훙(2004: 31) 참조.

20) 《인민일보》, http://www.people.com

21) http://www.sciencetimes.com.cn

22) 연합뉴스 2003월 6월 23일 보도자료 참조.

23) 김민수(2005a) 참조.

24) http://www.emkt.com.cn

25) 조평규(2005) 참조.

26) 메타브랜딩, 〈2003년 윤활유 소비자 인식조사〉 참조.

27) 김민수(2004b) 참조.

28) 김민수(2005a) 참조.

29) 임문홍(삼성전자 중국본사 마케팅팀 부장), 〈삼성전자 브랜드마케팅 사례발표〉와 김익
수(2004) 참조.

30) 김민수(2005b) 참조.

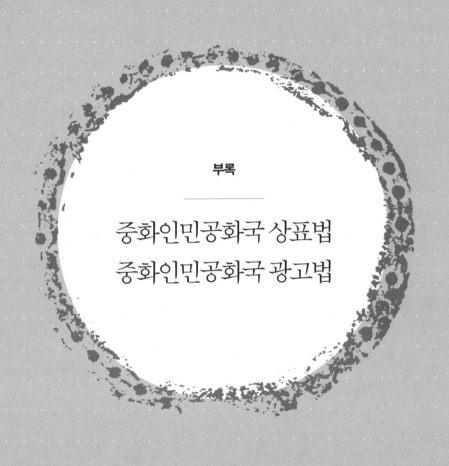

부록

중화인민공화국 상표법
중화인민공화국 광고법

1982년 8월 23일 제5회 전국인민대표대회 상무위원회 제24차 회의에서 통과, 1993년 2월 22
일 제7회 전국인민대표대회 상무위원회 제30차 회의에서 제1차 수정안 〈중화인민공화국 상
표법 개정에 대한 결정안〉 통과

2001년 10월 27일 제9회 전국인민대표대회 상무위원회 제24차 회의에서 제2차 수정안 〈중
화인민공화국 상표법 개정에 대한 결정안〉 통과

이 2001년 12월 1일부터 시행

제1장 총 칙

제1조 이 법은 상표의 권리를 강화하고 상표의 전용권을 보호하며 생산자와 경영자로 하여금
상품이나 서비스의 품질을 보장하게 하고 상표에 대한 신뢰를 보호해줌으로써 소비자와 생산
자, 경영자의 이익을 보장하고 사회주의적 시장경제 발전을 도모하기 위해 특별히 제정한다.

제2조 국무원의 공상행정관리부문(工商行政管理部门) 상표국은 전국의 상표 등록 및 관리
업무를 주관한다. 국무원의 공상행정관리 부문은 상표심사위원회(商标评审委员会)를 설립
하여 상표 쟁의에 관한 업무를 담당하게 한다.

제3조 상표국의 비준을 거쳐 등록한 상표가 등록 상표(注册商标)이다. 여기에는 상품 상표
(商品商标)와 서비스 상표(服务商标), 그리고 단체 상표(集体商标)와 증명 상표(证明商标)
가 포함된다. 상표권자는 등록 상표에 대한 전용권을 가지며 동시에 법률의 보호를 받는다.

　이 법에서 지칭하는 단체 상표란, 단체나 협회 또는 기타 조직의 명의로 등록된 것으로서

해당 단체의 구성원으로 하여금 상업적 활동시 사용하게 함으로써 상표 사용자가 해당 조직의 구성원임을 나타내는 표지 역할을 하는 것을 말한다.

이 법에서 지칭하는 증명 상표란, 어떤 상품이나 서비스에 대해 감독 능력을 지닌 조직의 규제를 받으며, 이 조직 이외의 기관이나 개인이 이 상표를 자신의 상품이나 서비스에 사용할 때 상품이나 서비스의 원산지, 원료, 제조 방법, 품질, 또는 기타 특정 품질을 증명하는 표지로 사용되는 것을 말한다.

단체 상표와 증명 상표의 등록과 관리에 관한 특수 사항은 국무원의 공상행정관리 부문의 규정에 따른다.

제4조 자연인, 법인 또는 기타 조직이 생산, 제조, 가공, 선택, 혹은 위탁 판매하는 상품에 대해 상표 전용권을 취득해야 하는 경우에는 상표국에 상품 상표 등록 출원을 해야 한다.
자연인, 법인 혹은 기타 조직이 자신이 제공하는 서비스 항목에 대해 상표 전용권을 취득해야 하는 경우에는 상표국에 서비스 상표 등록 출원을 해야 한다.
이 법에서 상품에 관한 규정은 서비스 상표에도 적용된다.

제5조 둘 이상의 자연인, 법인 또는 기타 조직은 같은 상표를 공동으로 상표국에 출원할 수 있으며 그 상표 전용권을 공동으로 향유하고 행사할 수 있다.

제6조 국가가 반드시 등록 상표를 사용하도록 규정한 상품은 반드시 상표 등록을 출원해야 하며 상표 등록 절차를 받지 않은 상품은 시장에서 판매할 수 없다.

제7조 상표 사용자는 자신의 상표를 사용하는 상품의 품질에 책임을 져야 한다. 각급 공상행정관리 부문은 상표 관리를 통하여 소비자를 기만하는 행위를 제지해야 한다.

제8조 자연인, 법인 혹은 기타 단체의 상품이 타인의 상품과 식별 가능하도록 하는 모든 가시적인 표지, 즉 문자, 도형, 자모(字母), 숫자, 입체적 표지와 색채 조합 및 이와 같은 요소를 조합한 표지는 모두 상표로 출원하여 등록할 수 있다.

제9조 상표 등록 출원을 한 상표는 뚜렷한 특징을 지녀 식별하기 쉬워야 하고, 타인이 먼저 취득한 합법적 권리(상표 등록자는 '등록 상표'라고 표시하거나 등록된 상표임을 표기할 수 있는 권리가 있다)와 충돌해서는 안 된다.

제10조 다음 각 항에 해당하는 표지는 상표로 사용할 수 없다.
(1) 중화인민공화국의 국가명, 국기, 국장(印章), 군기(軍旗), 훈장과 동일하거나 유사한 표장, 그리고 중앙 국가 기관이 위치한 특정 장소의 명칭 또는 상징적 건축물의 명칭이나 도형과 동일한 표장.
(2) 외국의 국가명, 국기, 국장, 군기와 동일하거나 유사한 것. 단 해당국 정부의 동의를 얻은 경우는 예외로 한다.
(3) 다수의 정부가 참여하는 국제 조직의 명칭, 깃발, 휘장과 동일하거나 유사한 표장. 단, 그 조직의 동의를 얻거나 일반 사람들의 오해의 소지가 없는 것은 예외로 한다.
(4) 규제를 하기로 공표된 것, 또는 그 상표를 보증하는 행정부 측 표지 및 검사용 인장과 동일하거나 유사한 것. 단 권한을 부여받은 경우는 예외로 한다.
(5) 적십자사, 적신월사(회교도의 구호 기관)의 명칭 또는 심벌과 동일하거나 유사한 것.
(6) 특정 민족에 대한 차별성이 있는 것.
(7) 과대 선전이나 사기의 성격을 지니고 있는 것.
(8) 사회주의의 도덕과 풍습을 문란하게 하거나 그 외에 나쁜 영향을 미칠 수 있는 것. 현급(縣圾) 이상의 행정구역 지명과 일반 대중에게 널리 알려진 외국 지명은 상표로 쓸 수 없다. 그러나 그 지명이 별도의 의미를 지닌 경우, 그리고 단체 상표와 증명 상표의 한 부분을 구성하는 경우는 예외로 한다. 지명을 사용하는 상표로서 이미 등록된 것은 계속하여 효력을 지닌다.

제11조 다음 각 항에 해당하는 표지는 상표로 등록될 수 없다.
(1) 지정 상품의 보통 명칭, 도형, 사이즈만으로 된 표장.
(2) 상품의 품질, 주요 원료, 기능, 용도, 무게, 수량 및 기타 특징만을 직접적으로 표시한 표장.
(3) 현저한 특징이 결여된 표장.

전 항에 열거된 표지가 사용을 통하여 현저한 특징을 취득하여 식별하기 쉬운 경우에는 상표로 등록할 수 있다.

제12조 입체적 표지로 상표 등록을 출원한 경우, 상품 자체의 성질을 그대로 드러내는 형상, 기술적인 효과를 그대로 드러내는 형상, 그리고 상품의 실질적인 가치를 그대로 드러내는 형상은 등록할 수 없다.

제13조 기존의 상품과 동일하거나 유사한 상품에 대해 상표 등록을 출원하면서 그 상표가 아직 중국에 등록되지 않은 타인의 저명 상표(馳名商标)를 복제한 것이거나 모방 또는 번역한 것이어서 그 저명 상표와 쉽게 혼동을 일으킬 수 있는 것이라면 등록을 불허하고 사용을 금지한다.

기존의 상품과 동일하지 않거나 유사하지 않은 상품에 대해 상표 등록을 출원한다고 하더라도 그 상표가 이미 중국에 등록된 저명 상표를 복제하거나 모방, 또는 번역한 것이어서 소비자에게 오해를 불러일으켜 해당 저명 상표권자에게 불이익을 초래할 수 있는 경우, 등록을 불허하고 사용을 금지한다.

제14조 저명 상표의 인정은 다음 각 항의 요소를 고려해야 한다.
(1) 그 상표에 대한 관련 공중의 인지 정도
(2) 그 상표 사용의 지속 기간
(3) 그 상표의 모든 선전 활동의 지속 시간, 정도 및 지역 범위
(4) 그 상표가 저명 상표로서 보호받은 기록
(5) 그 상표의 저명성에 대한 기타 요소

제15조 권한을 부여받지 못한 대리인 또는 대표자가 자신의 명의로 피대리인 또는 피대표자의 상표 등록을 추진할 경우, 피대리인 또는 피대표자가 이의를 제기하면 등록할 수 없고 사용이 금지된다.

제16조 상표 중 상품의 지리적 표지가 되어 있지만 그 지역에서 생산된 것이 아니어서 대중

의 오해를 불러일으킬 경우 상표로 등록할 수 없으며 그 사용을 금한다. 다만 이미 선의로 등록된 것은 계속하여 효력이 있다.

전 항에서 말한 지리적 표지란 상품이 어떤 지역에서 유래하고, 그 상품의 특정한 품질, 신용 혹은 기타 특징이 주로 그 지역의 자연 요소 혹은 인문적인 요소에 의해 결정되는 표장을 가리킨다.

제17조 외국인이나 외국 기업이 중국에서 상표 등록을 출원하는 경우에는, 출원인의 소속 국가와 중화인민공화국이 체결한 협정 또는 양국이 모두 참여한 국제 조약에 따라 처리하거나 상호주의원칙에 따라 처리해야 한다.

제18조 외국인이나 외국 기업이 중국에서 상표 등록을 출원하거나 기타 상표 업무를 처리하고자 할 때에는 반드시 중국 정부 당국이 인가한 상표 대리 자격을 가진 조직에 대리 업무를 위탁해야 한다.

제2장 상표 등록의 출원

제19조 상표 등록을 출원할 때에는 규정된 상품 분류표에 따라 출원서에 상표를 사용할 상품 종류 구분과 상품 명칭을 기재해야 한다.

제20조 상표 등록 출원인이 동일한 상표를 상이한 상품류에 등록을 출원하고자 할 때에는 반드시 상품 분류표에 따라 별도로 상표 등록 출원을 해야 한다.

제21조 등록 상표를 동일한 유 속의 다른 상품에 사용하고자 할 경우에는 반드시 별도로 상표 등록 출원을 해야 한다.

제22조 등록 상표를 기타 다른 표시로 변경하고자 할 경우에는 다시 상표 등록 출원을 해야 한다.

제23조 등록 상표에 대하여 등록인의 명의, 주소 또는 기타 등록 사항을 변경할 경우에는 반드시 상표 등록 변경 신청을 해야 한다.

제24조 상표 등록 출원인이 자신의 상표를 외국에서 처음 상표 출원한 날짜로부터 6개월 이내에 중국에서 같은 상품에 동일한 상표로 상표 등록 출원을 한 경우에는 해당 국가와 중국이 체결한 협정 또는 양국이 동시에 참여한 국제 조약에 따라 또는 양국이 상호 승인한 우선권 원칙에 따라 우선권을 행사할 수 있다.

전 항에 따라 우선권을 주장할 경우, 상표 등록 출원시 반드시 서면으로 그 취지를 밝혀야 하며, 또한 3개월 이내에 처음 제출했던 상표 등록 출원서의 부본을 제출해야 한다. 서면에 의해 주장하지 않거나, 상표 등록 출원서의 부본을 제출하지 않고 기한을 넘길 경우 우선권을 주장하지 않는 것으로 간주한다.

제25조 중국 정부가 주관하거나 승인한 국제 전시회에 전시된 상품에 처음 사용한 상표라면, 해당 상품이 전시된 날로부터 6개월 내에 그 상표의 등록 출원인이 우선권을 행사할 수 있다.

전 항에 따라 우선권을 주장할 경우, 상표 등록 출원시 반드시 서면으로 그 취지를 밝혀야 하며, 또한 3개월 이내에 상품을 전시한 전람회의 명칭, 전시했던 상품에 그 상표를 사용했다는 증거, 전시 일자 등의 증빙 서류를 제출해야 한다. 서면으로 주장하지 않거나 증빙 서류를 제출하지 않고 기한을 넘길 경우, 우선권을 주장하지 않은 것으로 본다.

제26조 상표 등록 출원시 보고한 항목과 제출한 자료는 반드시 진실하고, 정확해야 하며 완전해야 한다.

제3장 상표 등록의 심사와 비준

제27조 상표 등록을 출원한 상표가 본 법의 관련 규정에 부합하는 경우 상표국에서 심사 후 이를 공고한다.

제28조 상표 등록을 출원한 상표가 본 법의 관련 규정에 부합하지 아니하거나, 이미 타인이 동일 상품 또는 유사 상품에 대하여 등록했거나, 이미 출원 공고 결정을 받은 상표와 같거나 유사한 경우, 상표국은 이를 기각하며 공고하지 않는다.

제29조 2인 또는 그 이상의 상표 등록 출원인이, 동일하거나 유사한 상품에 동일하거나 유사한 상표를 출원한 경우에는, 먼저 출원한 자의 상표를 출원 공고한다. 다수가 같은 날짜에 출원을 했다면 그 명칭을 먼저 사용한 자의 상표를 공고하며 나머지 출원서는 기각하며 공고하지 아니한다.

제30조 출원 공고가 결정된 상표에 대해서는 출원 공고일로부터 3개월 이내에 누구든지 이의 신청을 할 수 있다. 출원 공고 기간 만료일까지 이의가 없는 경우에는 등록 결정을 하고 상표 등록증을 발급하고 등록 사항을 공고한다.

제31조 상표 등록 출원은 타인이 이미 소유하고 있는 우선권을 해치는 것이어서는 안 되며, 또한 타인이 이미 사용하고 있거나 이미 일정한 영향력을 행사하고 있는 상표를 부당한 수단으로 우선 등록하는 것이어서는 안 된다.

제32조 상표 등록 출원이 기각되어 공고가 되지 않은 상표의 경우, 상표국은 그 내용을 서면으로 상표 등록 출원인에게 통지해야 한다. 기각에 불복하는 상표 등록 출원인은 기각 통지를 받은 날부터 15일 이내에 상표심사위원회에 재심을 청구할 수 있다. 상표심사위원회에서는 심의 결정을 하고 서면으로 출원인에게 통지한다.

당사자가 상표심사위원회의 결정에 불복할 경우, 통지를 받은 날로부터 30일 이내에 인민법원에 소송을 제기할 수 있다.

제33조 출원 공고된 상표에 대하여 이의 신청이 제기된 경우, 상표국은 반드시 이의 신청인과 피(被)이의 신청인이 진술하는 사실과 이유를 듣고 사실 조사를 거친 후 심의 결정해야 한다. 당사자가 불복하는 경우, 통지를 받은 날로부터 15일 이내에 상표심사위원회에 재심을 신청할 수 있다. 상표심사위원회에서는 심의 결정을 하고 서면으로 이의 신청인과 피이의 신

청인에게 통지한다.

당사자가 상표심사위원회의 결정에 불복하는 경우, 통지를 받은 날로부터 30일 이내에 인민법원에 소송을 제기할 수 있다. 인민법원은 반드시 상표 재심 절차의 상대방에게 제3의 당사자 자격으로 소송에 참가하도록 통보해야 한다.

제34조 당사자가 법정 기한 내에 상표국의 심의 결정에 대하여 재심을 신청하지 않거나 상표 심사위원회의 심의 결정에 대하여 인민법원에 제소하지 않을 경우 심의 결정은 효력을 발생한다. 심의 결정 과정에서 이의가 받아들여지지 않을 경우 등록을 비준하고 상표 등록증을 발급하며 상표 공보에 게재한다. 심의 결정 과정에서 이의가 받아들여질 경우 등록을 비준하지 않는다.

심의 결정 과정에서 이의가 성립되지 않아 등록이 비준된 경우, 상표 등록 출원인의 상표 전용권 취득일자는 출원 공고된 후 3개월의 기간이 만료된 날부터 기산한다.

제35조 상표 등록 출원과 상표 재심 청구에 대해서는 지체 없이 심사를 진행해야 한다.

제36조 상표 등록 출원인 또는 상표권자가 상표 등록 출원 서류 또는 등록 서류에서 명백한 오류를 발견한 경우에는 정정을 신청할 수 있다. 상표국은 법에 의거하여 직권 범위 내에서 정정하고 이 사실을 당사자에게 통지한다.

전 항에서 오류의 정정이라 함은 상표 등록 출원 서류나 등록 서류의 실질적인 내용에는 관련되지 않는다.

제4장 등록 상표의 갱신, 양도 및 사용 허가

제37조 등록 상표는 등록 결정일로부터 10년 간 유효하다.

제38조 등록 상표의 유효 기간이 만료된 후에도 계속 등록 상표를 사용하고자 하는 경우에는 유효 기간 만료 6개월 전에 등록 갱신 출원을 해야 한다. 그 기간 내에 출원을 하지 않은 경우

에는 6개월의 연장 기간이 주어진다. 연장 기간이 만료되었는데도 출원하지 아니하면 그 등록 상표를 말소한다.

　　매 등록 갱신의 존속 기간은 10년이다. 등록 갱신은 심사를 거쳐 허가한 후 공고한다.

제39조 등록 상표를 양도하는 경우 양도인과 양수인은 양도 협정을 체결하여야 하며 또한 공동으로 상표국에 신청서를 제출해야 한다. 이때 양수인은 반드시 해당 등록 상표를 사용하는 지정 상품의 품질을 보증해야 한다.

　　등록 상표의 양도는 심사 비준을 거쳐 공고한다. 양수인은 공고일로부터 상표 전용권을 가진다.

제40조 상표권자는 상표 사용 허가 계약 체결을 통하여 타인에게 등록 상표의 사용을 허가할 수 있다. 상표권자(허가인)는 사용권자(피허가인)가 그 등록 상표를 사용하는 상품의 품질을 감독해야 한다. 사용권자는 반드시 등록 상표를 사용하는 상품의 품질을 보증해야 한다.

　　타인의 등록 상표 사용을 허가받은 경우에는 그 등록 상표를 사용하는 상품에 사용권자 이름과 상품의 생산지를 표시해야 한다.

　　상표 사용 허가계약서는 반드시 상표국에 신고하고 등록해야 한다.

제5장 등록 상표 쟁의의 재정

제41조 이미 등록된 상표가 본 법 제10조, 제11조, 제13조의 규정을 위반한 경우 및 기만 또는 기타 부정한 수단으로 등록받은 경우, 상표국은 그 상표 등록을 취소한다. 그 외 단체나 개인도 상표심사위원회에 해당 등록 상표 취소 재정(裁定)을 청구할 수 있다.

　　이미 등록된 상표가 본 법 제13조, 제15조, 제16조, 제31조의 규정을 위반한 경우에는 상표 등록일로부터 5년 내에 상표 소유자 또는 이와 이해관계가 있는 자가 상표심사위원회에 해당 등록 상표 취소 재정을 청구할 수 있다. 악의적으로 등록한 경우 저명 상표 소유자는 5년 기한이라는 제약을 받지 않는다.

　　앞의 두 항에서 규정한 경우 이외에 이미 등록된 상표에 대하여 쟁의가 있는 경우, 그 상표의 등록 결정일로부터 5년 이내에 상표심사위원회에 등록 상표 쟁의 재정 신청을 할 수 있다.

상표심사위원회는 등록 상표 쟁의 재정 신청을 받은 후 관련 당사자에게 정해진 기간 내에 답변을 제출하도록 통지해야 한다.

제42조 등록 결정 전에 이의 신청 및 재정의 대상이 되었던 상표에 대해서는 동일한 사실이나 동일한 이유를 가지고 또다시 재정을 청구할 수 없다.

제43조 상표심사위원회는 등록 상표의 존속 또는 취소 여부를 재정한 후 반드시 이를 서면으로 관련 당사자에게 통지해야 한다.

당사자가 상표심사위원회의 재정에 불복할 경우에는 통지받은 날로부터 30일 이내에 인민법원에 소송을 제기할 수 있다.

인민법원은 반드시 상표 재정 절차상의 상대방 당사자를 제3의 당사자 자격으로 소송에 참가하도록 통보해야 한다.

제6장 상표 사용의 관리

제44조 등록 상표를 사용함에 있어 다음 각 항의 행위 중 하나에 해당하는 경우 상표국은 기간을 정하여 이를 시정하도록 명령하거나 또는 등록 상표를 취소한다.

(1) 등록 상표를 임의로 변경한 경우

(2) 등록 상표의 등록인, 주소, 기타 등록 사항을 임의로 변경한 경우

(3) 등록 상표를 임의로 양도한 경우

(4) 연속하여 3년간 등록 상표를 사용하지 않은 경우

제45조 등록 상표를 사용하면서 해당 상품을 저급하게 만들거나 낮은 품질의 상품을 좋은 상품이라고 위장하여 소비자를 기만하는 경우, 각급 공상행정관리 부문에서는 그 상황에 따라 기한을 정하여 시정하도록 명령한다. 이와 함께 그 사실을 통보하거나 벌금을 부과할 수 있으며, 또는 상표국이 그 등록 상표를 취소할 수 있다.

제46조 등록 상표가 취소되었거나 기간이 만료되었음에도 갱신하지 아니한 경우, 상표국은 등록 상표의 취소일 또는 소멸일로부터 1년 동안 해당 상표와 동일하거나 유사한 상표 등록 출원에 대해서 등록 결정을 하지 않는다.

제47조 본 법 제6조의 규정을 위반한 경우 지방공상행정관리 부문은 기간을 정하여 상표 등록 출원을 명령하며 동시에 벌금을 부과할 수 있다.

제48조 미등록 상표의 사용이 다음 각 호 중 하나에 해당하는 경우, 지방공상행정관리 부문은 해당 상표의 사용을 금지시키고 기간을 정하여 시정하게 하며 동시에 공개 견책하거나 벌금을 부과할 수 있다.
(1) 등록 상표를 사칭하는 경우
(2) 본 법 제10조의 규정을 위반하는 경우
(3) 제품이 저급하거나 낮은 품질의 상품을 좋은 품질인 것처럼 위장하거나 소비자를 기만하는 경우

제49조 상표국의 등록 상표 취소 결정에 불복하는 자는 통지를 받은 날로부터 15일 이내에 상표심사위원회에 재심을 신청할 수 있고, 상표심사위원회에서는 그것에 대해 심의 결정을 하고 신청인에게 서면 통지한다.
　　당사자가 상표심사위원회의 결정에 불복할 경우, 통지를 받은 날로부터 30일 이내에 인민법원에 소송을 제기할 수 있다.

제50조 본 법 제45조, 제47조, 제48조 규정을 근거로 하여 공상행정관리 부문이 내린 벌금 부과 결정에 당사자가 불복하는 경우, 통지를 받은 날로부터 15일 이내에 인민법원에 소송을 제기할 수 있다. 기간 만료일까지 소송을 제기하지 않으면서 또한 처벌 결정을 불이행하는 경우, 관련 공상행정관리 부문은 인민법원에 강제 집행을 신청한다.

제7장 상표권의 보호

제51조 상표권의 효력은 등록 결정된 상표와 사용이 허가된 지정 상품에 한한다.

제52조 다음 사항에 해당하는 행위는 상표권을 침해한 것으로 본다.

(1) 상표권자의 허락 없이 해당 등록 상표와 동일 또는 유사한 상표를 동일 또는 유사한 상품
에 사용하는 행위

(2) 상표권을 침해한 상품을 판매하는 행위

(3) 타인의 등록 상표 표지를 위조하거나 무단 제조하는 행위, 혹은 위조하거나 무단 제조한
등록 상표 표지를 판매하는 행위

(4) 상표권자의 동의 없이 해당 등록 상표를 변경하거나, 상표를 변경한 그 상품을 시장에
유통시키는 행위

(5) 기타 타인의 상표권에 손해를 끼치는 경우

제53조 본 법 제52조에 규정된 상표권 침해에 관한 각 사항 중 하나라도 침해를 하여 분쟁이
생긴 경우 당사자들 간의 협상을 통해 해결할 수 있다. 협상을 원치 않거나 협상이 성립되지
않을 경우, 상표권자 또는 이해관계인은 인민법원에 소송을 제기할 수 있으며, 공상행정관리
부문에 사건 처리를 요구할 수도 있다. 공상행정관리 부문이 사건을 처리할 시에는 침해 행
위 성립이 인정되는 경우 즉각 권리 침해 행위를 중지할 것을 명령하고, 권리 침해 상품을 제
조하고 등록 상표 표지를 위조하는 데 사용된 도구를 몰수, 소각하며 아울러 벌금을 부과할
수 있다. 당사자가 처리 결정에 불복할 경우 통지받은 날로부터 15일 이내에 중화인민공화국
행정소송법에 의거하여 인민법원에 소송을 제기할 수 있다. 소송 제기 기간 만료일까지 소송
을 제기하지 않으면서 결정도 이행하지 않을 경우 공상행정관리 부문은 인민법원에 강제 집
행을 신청할 수 있다. 처리를 맡은 공상행정관리 부문은 당사자의 청구에 따라 상표권 침해
에 따른 배상액을 조정할 수 있다. 조정이 성립되지 않을 경우, 당사자는 중화인민공화국민
사소송법에 따라 인민법원에 소송을 제기할 수 있다.

제54조 상표권을 침해한 행위에 대해서는 공상행정관리 부문이 법에 따라 조사, 처리할 권한

을 갖는다. 범죄 혐의가 있는 경우에는 지체 없이 사법 기관으로 이송하여 법에 따라 처리하게 해야 한다.

제55조 현급 이상의 공상행정관리 부문은 이미 취득한 위법 혐의 증거 자료나 제보 자료에 의거하여, 타인의 상표권을 침해한 혐의가 있는 행위에 대하여 조사 처리할 때, 다음과 같은 직권을 행사할 수 있다.

(1) 관련 당사자를 심문하고, 타인의 상표권의 침해와 관련된 정황에 대해 조사한다.

(2) 당사자의 권리 침해 활동에 관련된 계약서, 영수증, 장부 및 기타 관련 자료를 열람하고 복제한다.

(3) 당사자가 타인의 상표권을 침해하는 행위가 이루어진 혐의가 있는 장소에 대해 현장 조사를 실시한다.

(4) 권리 침해 행위와 관련된 물품을 검사하며, 타인의 상표권을 침해한 증거가 있는 물품에 대하여 차압 혹은 압류할 수 있다.

　　공상행정관리 부문이 법에 의거하여 전 항에 규정된 직권을 행사할 때 당사자는 반드시 협조하고 협력해야 하며 기각하거나 방해하면 안 된다.

제56조 상표권 침해에 대한 손해 배상액은 침해자가 침해 기간 동안 침해 행위를 통해 얻은 이익으로 하거나, 피침해자가 침해 기간 동안 침해 행위로 입은 손해액으로 한다. 여기에는 피침해자가 침해 행위를 제지하기 위해 지불한 합리적 지출이 포함된다.

　　전 항에서 언급한 침해자가 침해 행위를 통해 획득한 이익이나 또는 피해자가 권리 침해를 당해 입은 손실액을 정확히 판단할 수 없을 때에는 인민법원이 침해 행위의 정도에 따라 인민폐 50만 위안 이하의 배상을 판결한다.

　　상표권을 침해한 상품인지 모르고 판매하였고, 해당 상품을 자기가 합법적으로 취득한 물건임을 증명할 수 있고 제공자가 누구인지 밝힐 수 있는 경우에는 손해 배상 책임을 지지 않는다.

제57조 상표권자 또는 이해 당사자가 타인이 현재 상표권을 침해하고 있거나 장차 침해할 것이며, 만약 즉각 제지하지 않는다면 장차 합법적 권익이 회복되기 어려울 정도로 손해를 입

을 수 있다는 것을 증명할 수 있는 증거 자료를 가지고 있는 경우, 기소하기 전에 인민법원에 관련 행위의 금지 명령이나 재산 보전 조치를 신청할 수 있다.

인민법원이 전 항의 신청을 처리할 때에는 중화인민공화국민사소송법 제93조에서 제96조까지, 그리고 제99조의 규정을 적용한다.

제58조 상표권 침해 행위를 제지하는 데 있어, 증거 자료가 멸실될 우려가 있거나 그 시점이 지나면 취득하기 어려운 상황이라면, 상표권자나 이해 당사자는 기소하기 전에 인민법원에 증거 보전을 신청할 수 있다.

인민법원은 신청을 접수한 후 반드시 48시간 내에 심의 결정을 해야 하며 보전 조치 결정이 내려지면 즉시 집행을 해야 한다.

인민법원은 신청인에게 담보 제공을 명령할 수 있으며 신청인이 담보를 제공하지 않을 경우 신청을 기각한다.

인민법원에서 보전 조치를 취한 뒤 신청인이 15일 내에 소송을 제기하지 않을 경우 인민법원은 보전 조치를 해제해야 한다.

제59조 상표권자의 허가 없이 동종 상품에 해당 등록 상표와 같은 상표를 사용하는 범법 행위를 한 경우, 피해자의 손해에 대한 배상뿐만 아니라 법에 따라 형사 책임을 묻는다.

타인의 등록 상표 표지를 위조 혹은 무단 제조하는 행위, 또는 위조나 무단 제조된 등록 상표의 표지를 판매하는 범법 행위를 한 경우, 피해자에 대한 손해 배상 외에도 법에 따라 형사 책임을 묻는다.

등록 상표를 도용한 상품이라는 것을 명백히 알면서도 판매하는 범법 행위를 한 경우 피해자에 대한 손해 배상 외에도 법에 따라 형사 책임을 묻는다.

제60조 상표의 등록, 관리, 재심 업무에 종사하는 국가 기관 공무원은 반드시 법에 따라 공정하게 집행하고, 청렴결백해야 하며, 업무에 충실하고 친절하게 서비스해야 한다.

상표국, 상표심사위원회 및 상표의 등록, 관리, 재심 업무에 종사하는 국가 기관 공무원은 상표 대리 업무 또는 상품 생산 경영 활동에 종사할 수 없다.

제61조 공상행정관리 부문은 반드시 건전한 내부 감독 제도를 마련하여 상표의 등록 관리와 재심 업무를 맡고 있는 국가 기관 공무원이 법률과 행정 법규를 집행하고 규율을 준수하는지에 대해 감독하고 조사한다.

제62조 상표 등록, 관리, 재심 업무에 종사하는 국가 기관 공무원이 직분을 소홀히 하거나 부당한 방법으로 직무를 유기하거나 직권 남용, 부정 행위로 상표의 등록, 관리, 재심 사항 처리에 법을 위반하고 뇌물을 수수하거나, 부정한 방법으로 이익을 도모한 경우에는 법에 의해 형사 책임을 물을 수 있다. 아직 범죄를 구성하지 않은 경우에는 법에 따라 행정 처분을 한다.

제8장 부칙

제63조 상표 등록 출원 및 기타 상표 사무를 처리하는 경우에는 비용을 납부해야 한다. 구체적인 비용 기준은 별도로 정한다.

제64조 이 법은 1983년 3월 1일부터 시행한다. 1963년 4월 10일에 국무원이 공포한 상표관리조례는 동일한 시점에 폐지된다. 기타 상표 관리와 관련된 규정 중에서 본 법에 저촉되는 것은 모두 그 효력을 상실한다.
본 법이 시행되기 전에 이미 등록된 상표는 계속 유효하다.

1994년 10월 27일 제8차 전국인민대표회의 상무위원회 제10회 회의 통과
1994년 10월 27일 중화인민공화국 대통령령 제34호 공포

제1장 총칙

제1조 광고 활동을 규범화하고 광고 사업의 건전한 발전을 촉진하며, 소비자의 합법적인 권익을 보호하고 사회경제적 질서 유지를 도모하는 한편, 사회주의적 시장경제 하에서 광고가 적극적인 역할을 수행하도록 하기 위해 본 광고법을 제정한다.

제2조 중국에서 광고 활동에 종사하는 광고주, 광고 사업자, 광고 집행자는 반드시 본 법을 준수해야 한다.
　　본 법에서 말하는 광고란, 상품이나 서비스 제공자가 비용을 부담하여 특정한 매체나 형식을 통하여 자신이 팔고자 하는 상품이나 서비스를 직접 혹은 간접적으로 알리는 상업 광고를 가리킨다.
　　본 법에서 말하는 광고주란, 상품이나 서비스를 판매하기 위하여 직접 또는 타인에게 위탁하여 광고를 기획, 제작, 집행하는 법인 및 기타 경제 조직이나 개인을 가리킨다.
　　본 법에서 말하는 광고 사업자란, 광고주의 위탁을 받아 광고의 기획, 제작, 대행 서비스를 하는 법인이나 기타 경제 조직 또는 개인을 가리킨다.
　　본 법에서 말하는 광고 집행자란, 광고주 또는 광고주가 위탁한 광고 사업자를 위하여 광고를 집행하는 법인이나 기타 경제 조직을 말한다.

제3조 광고는 반드시 진실하고 합법적이어야 하며 사회주의적 정신 문명 건설의 요구에 부합되어야 한다.

제4조 광고는 거짓된 내용을 포함해서는 안 되며 소비자를 기만하거나 오도해서도 안 된다.

제5조 광고주와 광고 사업자 및 광고 집행자가 광고 활동에 종사할 때에는 반드시 국가가 정한 법률 및 행정 법규를 준수해야 하며, 공평, 성실, 신뢰의 원칙을 따라야 한다.

제6조 현급 이상의 인민정부에서는 공상행정관리국이 광고의 감독·관리 기관이 된다.

제2장 광고 수칙

제7조 광고의 내용은 반드시 인민의 심신건강에 도움이 되어야 하며, 상품과 서비스의 질적 향상을 촉진시키고, 소비자의 합법적 권익을 보호한다. 또한 사회의 공적 윤리와 직업 윤리를 준수하고, 국가의 존엄성과 이익을 보호해야 한다.
광고에 아래와 같은 사항이 포함되어서는 안 된다.
1. 중국의 국기, 인장, 국가(노래)의 사용
2. 국가 기관의 명칭이나 국가 기관 공무원의 이름 사용
3. '나라에서', '최고', '가장', '제일' 등과 같은 용어 사용
4. 사회의 안정을 방해하고 신체의 안전을 해치거나 재산권을 침해하고 사회의 공공 이익을 손상시키는 내용
5. 사회의 공공질서를 어지럽히고 사회의 미풍양속을 해치는 요소
6. 음란, 미신, 공포를 조장하고 폭력적이며 추악한 내용
7. 민족, 종족, 종교, 성별을 차별하는 내용
8. 환경과 자연 자원의 보호를 방해하는 내용
9. 법률과 행정 법규가 금지를 규정한 기타 상황

제8조 광고는 미성년자와 장애인의 심신건강을 해쳐서는 안 된다.

제9조 광고에서 상품의 성능, 생산지, 용도, 품질, 가격, 생산자, 유효 기간, 약속에 대해 표시하거나 서비스의 내용, 형식, 품질, 가격, 약속에 대해 표시할 때에는 반드시 분명하고 확실하게 해야 한다. 상품이나 서비스 광고에 부수적으로 증정품을 제공한다고 표시했다면 증정하는 물품의 종류와 수량을 명확히 표시해야 한다.

제10조 광고에 사용하는 수치, 통계 자료, 조사 결과, 요약문, 인용어 등은 반드시 진실하고 정확해야 하며 출처를 명확히 밝혀야 한다.

제11조 광고에 언급되는 특허품이나 특허 아이디어는 반드시 특허 번호와 특허 종류를 명시해야 한다. 특허권을 얻지 못했다면 광고에 허위로 특허권을 취득했다고 표현해서는 안 된다.
　아직 특허권을 받지 못한 특허 출원서 및 기간이 만료되거나 신청이 기각되거나 무효 처리된 특허의 사용을 금지한다.

제12조 광고에서 다른 기업의 상품이나 서비스를 폄하해서는 안 된다.

제13조 광고는 반드시 소비자가 광고라고 판별할 수 있는 식별력을 보유해야 한다.
　대중 매체는 뉴스 보도 형식으로 광고를 집행해서는 안 된다. 대중 매체를 통해 집행되는 광고는 소비자가 오해하지 않도록 반드시 다른 비(非)광고성 정보와 구별되는 광고라는 표기가 있어야 한다.

제14조 약품과 의료 기기 광고는 아래와 같은 내용을 포함해서는 안 된다.
1. 효능을 표시하는 비과학적인 단언이나 보증
2. 치료율이나 효과의 비율을 밝히는 것
3. 다른 약품이나 의료 기기와 효과 또는 안전성을 비교하는 것
4. 의약품 연구 기관, 학술 단체, 의료 단체 또는 전문가, 의사, 환자 등의 명의나 형상을 이용하여 증명하는 행위

5. 법률과 행정 법규가 금지하는 기타 내용

제15조 약품 광고의 내용은 반드시 국무원 위생 행정부서나 성, 자치구, 직할시의 위생 행정 부서가 허가한 설명서를 기준으로 삼아야 한다. 의사의 지도하에 사용해야 한다고 국가가 규정한 약품의 광고는 반드시 "의사의 처방에 따라 구매하고 사용하시오(按医生处方购买和使用)"라고 표기해야 한다.

제16조 마취 약품, 향정신성 약품, 독성 약품, 방사성 약품 등의 특수 약품은 광고할 수 없다

제17조 농약품 광고는 아래의 내용을 포함해서는 안 된다.
1. 무독, 무해하다고 안전성을 절대적으로 단언하는 것
2. 비과학적으로 효능을 표시하는 단언이나 보증을 포함하는 것
3. 농약의 안전 사용 규정을 위반하는 문자, 언어, 그림을 포함한 것
4. 법률과 행정 법규가 금지하는 기타 내용

제18조 라디오, 영화, TV, 신문, 잡지 등에 담배 광고를 해서는 안 된다. 대기실, 극장, 회의실, 체육 시설 등의 공공 장소에 담배 광고물을 설치해서는 안 된다. 담배 광고에는 반드시 "흡연은 건강에 해롭다(吸烟有害健康)"라는 문구를 명시해야 한다.

제19조 식품, 주류, 화장품 광고의 내용은 반드시 위생적으로 허가된 사항에 부합되어야 하며, 의료 용어나 약품과 혼동하기 쉬운 용어를 사용해서는 안 된다.

제3장 광고 활동

제20조 광고주, 광고 사업자, 광고 집행자들이 광고 활동을 할 때에는 반드시 법에 따라 서면 계약을 해야 하며, 이때 각 측의 권리와 의무를 명확하게 기재해야 한다.

제21조 광고주, 광고 사업자, 광고 집행자는 광고 활동 중 어떤 형식으로든 불공정한 경쟁을 해서는 안 된다.

제22조 광고주가 직접 또는 타인에게 위탁하여 광고를 기획, 제작, 집행할 경우, 그것을 통해 판매하는 상품이나 서비스는 광고주 자신의 사업 영역에 부합되어야 한다.

제23조 광고주가 광고의 기획, 제작, 집행을 위탁하는 경우, 반드시 합법적인 경영 자격을 갖춘 광고 사업자와 광고 집행자에게 위탁해야 한다.

제24조 광고주가 직접 혹은 타인에게 위탁하여 광고를 기획, 집행할 경우 반드시 다음의 진실하고 합법적이며 유효한 증빙 자료를 보유하거나 제시해야 한다.
1. 영업 허가증 및 기타 생산, 경영 자격을 증명하는 문건
2. 광고 속의 상품에 대하여 품질 검사 기관이 발급한 품질 증명 문건
3. 광고의 진실성을 확인할 수 있는 기타 증명 문건

본 법규 제34조 규정에 따라, 광고를 집행할 때에는 반드시 유관 행정부서의 심사를 거쳐야 하며, 이때 관련 허가 문건을 제출해야 한다.

제25조 광고주나 광고 사업자가 광고에 타인의 명의나 형상을 사용하려면, 반드시 관계자의 서면 동의를 얻어야 한다. 민사 행위 무능력자나 민사 행위 능력 제한자의 명의나 형상을 사용하려면 반드시 보호 감독자의 서면 동의를 얻어야 한다.

제26조 광고업에 종사하려면 반드시 필요한 전문 기술 인원과 제작 설비를 갖춰야 하며, 또한 법에 따라 기업 또는 광고업 등록 절차를 거쳐야 한다. 라디오와 TV, 방송국, 잡지 출판업체에서 광고 업무를 할 때에는 반드시 전문 광고업체를 통해 일을 해야 하며, 법에 따라 광고업의 겸업에 대한 등록을 해야 한다.

제27조 광고 사업자, 광고 집행자는 법률과 행정 법규에 따라 관련 증명 문건을 검토해야 하

며, 광고 내용이 사실과 부합하는지 면밀하게 검사하여야 한다. 광고의 내용이 부실하거나 증명 문건이 완전치 못하다면, 광고 사업자는 기획, 제작, 대행 업무를 해서는 안 되며, 광고 집행자는 광고를 집행하면 안 된다.

제28조 광고 사업자, 광고 집행자는 국가의 관련 규정에 따라 광고 업무의 접수 등기, 심사 결정, 관련 서류 관리 등의 제도를 만들고 정비해야 한다.

제29조 광고비 수납은 반드시 합리적이고 공개적이어야 하며, 비용의 기준과 수납 방식은 반드시 물가 및 공상행정관리국에 기록을 남겨두어야 한다. 광고 사업자, 광고 집행자는 반드시 비용 기준과 수납 방법을 공개해야 한다.

제30조 광고 집행자가 광고주나 광고 사업자에게 제공하는 매체의 커버리지, 시청률, 발행량 등의 자료는 진실해야 한다.

제31조 법률이나 행정 법규가 생산이나 판매를 금지시킨 상품이나 서비스, 그리고 광고의 집행이 금지된 상품과 서비스는 기획, 제작, 집행되어서는 안 된다.

제32조 아래와 같은 상황이 하나라도 있으면 옥외 광고를 할 수 없다.
1. 교통 안전 시설이나 교통 표지판을 이용하는 경우
2. 도시의 공공 시설, 교통 안전 시설, 교통 표지판의 사용에 영향을 미치는 경우
3. 생산 활동이나 국민 생활에 불편을 초래하거나 도시 미관을 해치는 경우
4. 국가 기관, 유물 보호 및 명승 고적지 등의 건축 통제 지역
5. 해당 지역의 현급 이상 지방 인민 정부가 옥외 광고 설치를 금지하는 지역

제33조 옥외 광고의 설치 계획과 관리 방법은 해당 지역의 현급 이상의 지방인민정부가 광고 감독·관리 부문, 도시건설 부문, 환경보호 부문, 공안(경찰) 등의 관련 부서들을 조직하여 제정한다.

제4장 광고의 심사

제34조 라디오, 영화, TV, 신문, 잡지 및 기타 매체를 통하여 약품, 의료 기기, 농약, 가축 치료제 등의 상품 광고나 법률, 또는 행정 법규에서 심사를 거치도록 규정한 기타 광고는 반드시 집행 전에 관련 법률이나 행정 법규에 따라 주관 행정 부서(이하 '광고 심사 기관'으로 약칭함)를 통하여 광고 내용에 대한 심사를 받아야 한다. 심사를 거치지 않은 광고는 집행할 수 없다.

제35조 광고주가 광고 심사를 신청할 때에는 법률 및 행정 법규에 의거하여 광고 심사 기관에 관련 증명서를 제출해야 한다. 광고 심사 기관은 법률 및 행정 법규에 의거하여 심사하고 결정해야 한다.

제36조 어떤 조직이나 개인이든 광고 심사 결정 문서를 위조 또는 변조하거나 양도해서는 안된다.

제5장 법률상의 책임

제37조 본 법의 규정을 위반해서 광고를 통해 상품이나 서비스에 대해 허위 사실을 유포하는 경우, 광고 감독·관리 기관은 광고주에게 집행 정지 명령을 내린다. 아울러 광고 집행액과 동일한 액수의 비용을 들여 최초 광고와 상응하는 범위를 대상으로 하여 공개적으로 부정적인 영향을 바로잡는 조치를 취하게 한다. 또한 광고비의 1배 이상 5배 이하의 벌금을 부과한다. 그리고 책임이 있는 광고 사업자와, 광고 집행자로부터 광고비를 몰수하며 아울러 광고비의 1배 이상 5배 이하의 벌금을 부과한다. 사건의 경위와 내용이 엄중할 경우, 법에 따라 광고 사업을 중단시킨다. 의도적인 범죄라고 판단될 경우 법에 따라 형사 책임을 묻는다.

제38조 본 법규를 위반하여 허위 광고를 발표하거나 소비자를 기만하고 오도함으로써 상품이나 서비스를 구매한 소비자의 합법적인 권익에 손해를 끼친 경우, 광고주는 법에 의거하여 민사상 책임을 진다. 광고 사업자, 광고 집행자가 광고의 허위 사실을 알면서도 광고를 기획,

제작, 집행한 경우 법에 의하여 연대책임을 진다.

광고 사업자, 광고 집행자가 광고주의 실명과 주소를 제공하지 못할 경우 모든 민사상 책임을 진다. 사회 단체나 기타 조직이 허위 광고를 통해 소비자에게 상품이나 서비스를 추천함으로써 소비자의 합법적 권익에 손해를 끼친 경우 법에 의거하여 연대책임을 져야 한다.

제39조 본 법 제7조 제2항 규정을 위반하여 광고를 집행하는 경우, 광고 감독 · 관리기관은 책임이 있는 광고주, 광고 사업자, 광고 집행자에게 집행 정지, 공개 사과의 책임을 물을 수 있다. 또한 광고 비용의 1배 이상 5배 이하의 벌금을 부과한다. 사건의 경위와 내용이 엄중할 경우 법에 의거하여 광고 사업을 중단시킬 수 있다. 의도적인 범죄 행위에 해당하는 경우 법에 따라 형사 책임을 묻는다.

제40조 본 법 제9조에서부터 제12조 규정을 위반하여 광고를 집행하는 경우, 광고 감독 · 관리기관은 책임이 있는 광고주, 광고 사업자, 광고 집행자에게 집행 정지 및 공개 사과를 명령하며 광고비를 몰수한다. 또한 이와 함께 광고 비용의 1배 이상 5배 이하의 벌금을 부과할 수 있다.

본 법 제13조를 위반하여 광고를 집행하는 경우, 광고 감독 · 관리기관은 광고 집행자에게 정정을 명하고 1천 위안 이상 1만 위안 이하의 벌금을 부과한다.

제41조 본 법 제14조부터 제17조까지, 그리고 제19조 규정을 위반하여 약품, 의료 기기, 농약, 식품, 주류, 화장품 광고를 집행하거나, 본 법 제31조 규정을 위반하여 광고를 집행하는 경우, 광고 감독 · 관리기관은 책임이 있는 광고주, 광고 사업자, 광고 집행자에게 수정, 또는 집행 정지를 명하며 광고비를 몰수한다. 또한 이와 함께 1배 이상 5배 이하의 벌금을 부과할 수 있다. 상황이 엄중한 경우 법에 따라 광고 사업을 중지시킨다.

제42조 본 법 제 18조 규정을 위반하여 라디오, 영화, TV, 잡지에 담배 광고를 하거나, 공공장소에 담배 광고를 설치하는 경우, 광고 감독 · 관리기관은 책임이 있는 광고주, 광고 사업자, 광고 집행자에게 광고 중지 명령을 내리고 광고비를 몰수한다. 이와 함께 광고 비용의 1배 이상 5배 이하의 벌금을 부과할 수 있다.

제43조 본 법 제34조 규정을 위반하여 광고 심사 기관의 비준을 얻지 않고 광고를 집행한 경우, 광고 감독·관리 기관은 책임이 있는 광고주, 광고 경영자, 광고 집행자에게 광고 정지의 명령을 내리고 광고비를 몰수한다. 또한 이와 함께 광고비의 1배 이상 5배 이하의 벌금을 부과한다.

제44조 광고주가 허위로 증명 문건을 제공한 경우, 광고 감독·관리 기관은 1만 위안 이상 10만 위안 이하의 벌금을 부과한다. 광고 심사 결정 문건을 위조·변조, 혹은 양도하였을 경우 광고 감독·관리 기관은 위법 행위를 통해 발생한 소득을 몰수하며 1만 위안 이상 10만 위안 이하의 벌금을 부과한다. 범죄에 해당하는 경우 법에 의거하여 형사 책임을 묻는다.

제45조 법을 위반한 광고 내용에 대해 광고 심사 기관이 심사, 비준, 승인 결정을 내렸을 경우, 직접적으로 책임이 있는 주요 담당자와 그 밖의 책임자에 대해 소속 기관이나 상급 기관, 행정 감찰 부문에서 법에 의거하여 행정 처분을 내린다.

제46조 광고 감독·관리 기관과 광고 심사 기관의 직원이 직무 소홀, 직권 남용, 사익을 위해 부정 행위를 한 경우 행정 처분을 내린다. 범죄에 해당되는 경우, 법에 따라 형사 책임을 묻는다.

제47조 광고주, 광고 사업자, 광고 집행자가 본 법규를 위반하고 아래와 같은 침권 행위 중 하나라도 저지른 경우 법에 따라 민사 책임을 진다.
1. 광고 속에 미성년자나 장애인의 심신 건강에 해를 끼치는 내용이 있는 경우
2. 타인의 특허를 도용한 경우
3. 다른 생산 경영자의 상품이나 서비스를 폄하한 경우
4. 광고 중에 타인의 명의나 형상을 허가 없이 사용한 경우
5. 기타 타인의 합법적인 민사 권익을 침해한 경우

제48조 당사자가 행정 처벌 결정에 불복할 경우, 처벌 통지를 받은 날로부터 15일 이내에 처벌 결정을 내린 기관의 한 단계 상급 기관에 재심을 신청할 수 있다. 당사자는 또한 처벌통지를 받은 날로부터 15일 이내에 직접 인민법원에 기소할 수 있다.

재심 기관은 재심 신청을 접수한 때로부터 60일 이내에 재심에 대한 결정을 내려야 한다. 당사자가 재심에 불복할 경우 재심 결정일로부터 15일 이내에 인민법원에 기소할 수 있다. 재심 기관이 정해진 기간이 지나도록 결정을 내리지 않으면 당사자는 재심 기간 만료일로부터 15일 이내에 인민법원에 기소할 수 있다.

당사자가 정해진 기간이 지나도록 재심 신청이나 인민법원에 기소를 하지 않으면서 처벌 결정을 이행하지 않는다면 처벌 결정을 내린 기관은 인민법원에 강제 집행을 신청할 수 있다

제49조 본 법은 1995년 2월 1일부로 시행된다. 본 법 시행 전에 제정된 여타의 광고 관련 법률이나 법규가 본 법과 그 내용이 부합되지 않을 경우 본 법을 따른다.

| 참고문헌 |

김경석(2003), 『자본주의의 시, 광고슬로건』, 커뮤니케이션북스.

김민수(2004a), 「나오바이쩐의 성공전략」, 『브랜드리포트』, http://www.brandreport. com

김민수(2004b), 「아시아 여성을 위한 화장품 위에싸이」, 『브랜드리포트』, http://www. brandreport.com

김민수(2005b), 「중국에서 성공하기 위한 브랜딩 전략 5계명」, 《월간 디자인》 2005년 2월 호.

김민수(2005), 「차이나 브랜드 리포팅」, 《차이나21》 2005년 2월호.

김병희(2000), 『광고와 대중문화』, 한나래.

김원식(2001), 「광고 슬로건」, 『언어와 언어학』(한국외대) 26집.

김원식(2002), 「광고 텍스트의 수사학적 표출 수단: 슬로건을 중심으로」, 《언어 와 언어학》(한국외대) 29집.

김익수(2004), 『중국 시장 마케팅』, 박영사.

김재문(2003), 「저신뢰 사회의 브랜드 전략」, LG경제연구원, 《주간경제》 736호.

김치수, 김명숙, 장인봉(1999), 「신문광고 슬로건에 나타난 언어현상 연구」, 《불 어불문학 연구》 38집, 한국불어불문학회

메타브랜딩(2003), 「중국 소비자의 윤활유에 대한 인식조사」.

문삼섭(2005), 『상표법(제2판)』, 세창출판사.

박종한(2003), 「중국에 진출한 한국 기업의 브랜드 네이밍 분석」, 《중국언어연구》 17, 한국 중국언어학회.

박종한(2006), 「중국의 옥외광고물 언어자료에 대한 사회언어학적 고찰 어음상의 특징을 중 심으로」, 《중국문학》 제47집, 한국중국어문학회.

박종한, 나민구(2004), 「한국의 광고 및 인쇄매체에 사용되는 한자의 해음(諧音) 현상 활용에 관한 연구」, 《중국언어연구》19, 한국중국언어학회.

이견실(1998), 『100문 99답으로 엮은 현대광고 입문』, 나남출판.

이명숙(2004), 「미국 기업들의 광고 슬로건 엿보기」, 『광고정보센터』, http://www.advertising.co.kr

정상은 외(2004),「중국 내수시장 공략의 성공 조건」, 《삼성경제연구소 CEO Information》 제477호.

조평규(2005), 『중국을 뒤흔든 한국인의 상술』, 달과소.

코래드광고전략연구소(1996), 『광고대사전』, 나남.

한국패션협회, 삼성패션연구소(2004년), 「중국 패션 소비시장 분석과 대응전략」.

황의봉(2004), 「한국 식당 수복성 온대성 사장의 성공스토리」, 《신동아》2004년 6월호)

KBS 1TV 〈신화창조의 비밀〉(2003년 12월 26일), '100원짜리 과자의 도전, 13억 중국 대륙의 입맛을 잡아라'.

니에웨이倪伟, 주궈친朱国勤, 천홍陈虹 편(2004), 『字体设计』, 上海人民美術出版术.

리중류李中流, 장수제张淑杰 공저(1999), 『广告文案』, 中国建筑工业出版社.

북경대학 중국어언문학계 어언학교연실 北京大学中国语言文学系语言学教研室편(2003), 『汉语音字准』, 北京语文出版社.

셰룽화谢荣华, 리미앤예李缅晔 편저(2002), 『패션의류와 화장품 광고(服装&化妆品广告)』, 广东经济出版社.

위빙난余秉楠(2002),『字体设计基础』, 北京: 人民美术出版社.

중국법제출판사中国法制出版社 编(2005), 『商标法一本通』, 北京: 中国法制出版社.

허신샹何新祥(2001), 『广告语言修辞艺术』, 中南大学出版社.

Maddison, Angus(2001), The World Economy: A Millennial Perspective, Paris: OECD.

알 리스 · 로라 리스(2000), 『인터넷 브랜딩 11가지 불변의 법칙』, 오성호 역, 김영사.

로빈 윌리엄스 저(2000), 『디자인이 뭐야? 타이포그라피가 뭐야?』, 장동근 편역, 미진사.

잭 트라우트와 스티브 리브킨 저(2000), 『튀지 말고 차별화 하라』, 이정은 역, 더난출판.

잭 트라우트와 알 리스 저(2002), 『포지셔닝 Positioning: The Battle for Your Mind』, 안진환 역, 을유문화사.

케인 켈러 저(2001), 『브랜드 매니지먼트』 브랜드앤컴퍼니 역, 브랜드앤컴퍼니(주).

프란시스 후쿠야마 저, 『트러스트: 사회도덕과 번영의 창조』, 구승회 역(1996), 한국경제신문사.

관련 웹사이트

크라운제과 www.crown.co.kr

한국인삼공사 www.kgc.or.kr/new_version/brand/brand_01.html

EMKT www.emkt.com.cn

EXR www.exrchina.com/aboutEXR/brand_identity.jsp

SK www.sk.co.kr

IBM www.ibm.com/ibm/us

농푸산취앤农夫山泉 www.nfsq.com.cn/tea/main.asp

이리伊利 www.yili.com

中华人民共和国商标法 www.zmsb.com/9501/sbf/1201.htm

중국 온라인 상표 검색 사이트 www.cha-tm.com.cn

스타벅스 상하이 지역 홈페이지 www.starbucks.sh.cn/zh-cn

北京名牌资产评估公司 www.mps.com.cn/cn3.htm

펑잉风影 www.s-dew.com/index.jsp

✚ 메타브랜딩 중국 사업부 소개

메타브랜딩은 'Everything about Branding' 이라는 전략적 기치 아래 브랜드 네이밍, 브랜드 디자인은 물론 브랜드 컨설팅, 세계를 아우르는 글로벌 브랜딩까지 통합적 브랜딩 활동을 제안하는 전략적 브랜딩 파트너이다. 또한 BBN(the Business Branding Network) 공식 네트워크 협력사로서 글로벌 브랜딩 네트워크 시스템을 통해 글로벌 마켓 리서치, 리걸 모니터링(legal monitoring), 각국에 적합한 언어 · 시각 자료 제시(verbal&visual demonstration) 등의 프로세스로 기업의 성공적인 해외 브랜드 런칭 및 확장을 가능하게 한다. (BBN: 전세계 25개국 27개 기업이 전세계적으로 분포되어 있는 전문적인 글로벌 브랜딩 네트워크)

메타브랜딩 중국 사업부는 2002년 국내 최초로 중국 네이밍 사업을 시작으로 중국에 집중된 브랜드 전략에서 네이밍, 리서치, 마켓 컨설팅, 디자인까지 국내 기업이 중국에 유연하게 적응하기 위한 실질적인 솔루션을 제공한다. GS, 롯데, 한국야쿠르트, 파리바게뜨, 놀부 등 다수의 네이밍 및 컨설팅 성공사례를 가지고 있으며, 다년간 축적된 성공 노하우를 바탕으로 중국 시장에 진출하는 한국 기업의 성공적인 브랜딩을 돕고 있다.

· **메타브랜딩 중국 사업부 서비스 영역**

1. China Branding Consulting
· 메타브랜딩의 BIFM(Brand Identity Flow Model)을 적용한 중국
  시장에 적합한 브랜드 아이덴티티 재정립 및 브랜딩 요소 도출
· 브랜드 운용 전략 수립(브랜드 계층 구조, 포트폴리오 등)

2. Market Research
· Survey 서비스(정량 및 정성 조사)
· 프로젝트 단위의 시장, 제품, 전략, 기업 분석 서비스
· 기업 의사 결정을 지원하는 분석, 자문 서비스
· 마켓, 소비자, 경쟁사에 대한 정보 및 입체적인 분석 리포트 제공

3. Brand Development
· 중국 시장에 대한 분석을 통한 방향 수립과 브랜드 네임 개발
· 중국 소비자에게 효율적으로 커뮤니케이션하기 위한 디자인 전략 제시 및 CI, BI 개발

4. Brand Marketing Strategy
· PR : 매체 관리, News Release, Issuing 등
· Promotion Marketing : 광고/제작물, 이벤트, 웹페이지 기획
· 협력 네트워크 구축 서비스(Marketing Channel)
· 세일즈 프로모션(판촉 활동, 전시회, 세미나, 로드쇼 등)

- **메타브랜딩 중국 사업부 주요 실적**

리서치 / 컨설팅 부문

- GS 중국 진출 기업 브랜드 전략
- GS 칼텍스 주유소 및 부대 사업에 대한 중국 소비자의 인식 조사
- 롯데 호남석유화학 기업 브랜드 이미지에 대한 중국 소비자 인식 조사
- SPC 중국 베이커리 시장 조사
- SPC 〔파리크라상〕, 〔파리 바게뜨〕 중국 시장내 브랜드 운용 전략
- SK 네트웍스 유통점 신규 중문 BI/중문 네임 소비자 인식 조사
- dayrich 광고에 대한 중국 소비자의 인식 및 필요성 조사
- dayrich 康使에 대한 인식 및 필요성 조사

> 중국 발효유 시장에 대한 조사
>
> 중국 방판 조직 네임에 대한 중국 소비자 인식 조사
>
> 신제품 개발 방향 수립을 위한 중국 소비자 니즈 및 제품 수용도
>
> 조사

- 대교 베텔스만 〔Enopi〕 서비스에 대한 고객 만족도 조사
- 대교 사교육에 대한 중국 소비자의 인식 조사
- LG 생활건강 신규 중문 브랜드에 대한 소비자 인식 조사
- 동화엔텍 신규/기존 중문 CI에 대한 중국 고객의 인식 조사
- 동화엔텍 중국 진출 전략
- 피죤 생활용품에 대한 중국 소비자의 인식 조사
- 놀부 중국 시장에서의 브랜드 운용 전략
- 놀부 중문 브랜드 적합성 진단
- 놀부 신규 BI에 대한 중국 소비자의 인식 조사

- 남양 중국 건강기능 식품 시장 조사
- 남양 기존 CI 적합성 판단
- FTN 패션에 대한 중국 소비자 인식 및 브랜드 컨셉 수용도 조사
  패스트 패션 시장 적합성 조사를 통한 중국 진출 판단

네이밍 부문

- GS 기업 브랜드 중문 네임 개발
- GS칼텍스 [Kixx], [auto Oasis], [joy Mart] 브랜드 중문 네임 개발
- 팬텍 기업 및 제품 브랜드 중문 네임 개발
- 대교 [눈높이] 브랜드 중문 네임 개발
- 엔프라니 기업 및 제품 브랜드 중문 네임 개발
- 한국야쿠르트 기업 및 방판, 제품 브랜드 중문 네임, 디자인 CI, BI 개발, 중국 진출 기업
  브랜드 운용 전략, 중국 시장 신제품 개발 방향 전략 및 광고 인식 조사
- 놀부 기업 및 고급 한정식 프랜차이즈 브랜드 영문 및 중문 네임개발
- 놀부 [항아리갈비], [바베츠] 프랜차이즈 브랜드 중문 네임 및 디자인 개발
- 대상 협력사 브랜드 중문 네임 개발
- LG생활건강 [이자녹스] 화장품 브랜드 중문 네임 개발
- 파리바게뜨 중문 네임 개발
- 파리크라상 중문 네임 개발
- CGV 중문 슬로건 개발
- 도루코 기업브랜드 중문 네임 개발
- FTN 패션 브랜드 중문 네임 개발
- 듀오백 기업브랜드 중문 네임 개발
- 피죤 패밀리브랜드 중문 네임 개발
- 다이모스 현대자동차 계열 기업 브랜드 중문 네임 개발
- 시큐어소프트 글로벌 보안 솔루션 브랜드 중문 네임 개발
- 농협 수출용 인삼 브랜드 중문 네임 개발

- 크라운제과 〔죠리퐁〕 브랜드 중문 네임 개발
- 한샘 아동용 가구 브랜드 영문 및 중문 네임 개발
- 신원 〔SI〕, 〔SIEG〕, 〔KOOLHaaS〕 패션 브랜드 중문 네임 개발
- 노블레스 명품 잡지 브랜드 중문 네임 개발
- 넥센타이어 기업 브랜드 중문 네임 스크리닝
- 남양 기업 브랜드 영문 및 중문 네임 개발

중국 시장 브랜드 전략

1판 1쇄 찍음 2008년 8월 28일
1판 1쇄 펴냄 2008년 9월 5일

펴낸곳 궁리출판

지은이 박종한, 김민수
펴낸이 이갑수
주간 김현숙
편집 변효현, 김주희
디자인 이현정, 전미혜
영업 백국현, 도진호
관리 김옥연

등록 1999. 3. 29. 제300-2004-162호
주소 110-043 서울특별시 종로구 통인동 31-4 우남빌딩 2층
전화 02-734-6591~3
팩스 02-734-6554
E-mail kungree@chol.com
홈페이지 www.kungree.com

ISBN 978-89-5820-135-9   93320

값 18,000원